国家社会科学基金教育学青年项目"青少年价值观学习的情感基础研究"（课题批准号：CEA160202）研究成果
教育部人文社会科学重点研究基地南京师范大学道德教育研究所研究成果

Jiazhiguan Xuexi de Qinggan Jichu Yanjiu

价值观学习的情感基础研究

王　平／著

北京师范大学出版集团
BEIJING NORMAL UNIVERSITY PUBLISHING GROUP
北京师范大学出版社

图书在版编目（CIP）数据

价值观学习的情感基础研究/王平著.—北京：北京师范大学
出版社，2023.1
ISBN 978-7-303-28465-8

Ⅰ.①价… Ⅱ.①王… Ⅲ.①青少年教育－品德教育－研究－
中国 Ⅳ.①D432.62

中国版本图书馆 CIP 数据核字（2022）第 242528 号

图书意见反馈：gaozhifk@bnupg.com 010-58805079
营销中心电话：010-58802755 58800035
北师大出版社教师教育分社微信公众号 京师教师教育

出版发行：北京师范大学出版社 www.bnup.com
北京市西城区新街口外大街 12-3 号
邮政编码：100088
印　　刷：北京虎彩文化传播有限公司
经　　销：全国新华书店
开　　本：787 mm × 1092 mm　1/16
印　　张：14.25
字　　数：234 千字
版　　次：2023 年 1 月第 1 版
印　　次：2023 年 1 月第 1 次印刷
定　　价：56.00 元

策划编辑：郭　翔　　　　　责任编辑：宋　星
美术编辑：焦　丽　　　　　装帧设计：焦　丽
责任校对：康　悦　　　　　责任印制：马　洁

序

Preface

　　看到王平刚刚完成的《价值观学习的情感基础研究》书稿，我发自内心地替他高兴，也为这个由我自己开创并令我坚持思考、研究多年依然兴趣不减、痴迷的学术领域能够再添新彩感到由衷欣慰。

　　我从 20 世纪 80 年代开始关注、研究情感教育，至今已有 30 多年。这期间虽然研究断断续续，但是我对这一领域保持着始终如一的热爱和敏感。这些年我所带教的学生也大多选择了与此相关的主题作为他们学术研究的方向和志趣，从而将当初自己的一个教育哲学认识框架逐步向教育学科的各个分支领域扩展和细化。王平就是这其中之一。从 2011 年开始，他就在我这里学习情感教育，并以此为论题展开他博士论文的选题和思考，最终在北京师范大学获得教育学博士学位。他热爱哲学，勤奋而好学，在此后的工作中，他一直在我身边，参与多项和情感教育相关的研究课题，协助我梳理情感教育的思想和研究成果。他不仅在这个过程中得到了学术训练，而且在一定程度上拓展了这个领域的研究。现在呈现出来的这本书就是他最近几年学习成果的结晶。

　　在这本书中，王平将对情感教育的研究延伸到价值观教育领域，立足情感教育研究的旨趣、主张，通过对价值观及其形成过程的考察，提出将情感作为价值观形成和教育的基础这一重要命题。这与我们多年来倡导、呼吁的回归人的完整生命，重视情感在人的生命中的重要地位和作用的思想和理念是一脉相承的。回到人的存在和人的完整生命之中，价值观不仅是外在的要求和规范，更是人自身的需要和不可分割的一部分，尤其与人内在的情感、精神等紧密相关。人不能没有价值观，而价值观的形成，必然要回到人的存在和人的完整生命之中去完成。

本书从情感教育的视角论证这一过程，立论情感在价值观形成中的基础性地位和作用，为价值观教育理论的发展和实践提供了新的思考维度。同时，我们也可以将它看成对情感教育理论研究的进一步深化。王平在书中基于将情感作为价值观形成和教育的基础这一观点，提出并论证了价值观教育的"学习者"立场，并就学校教育在儿童青少年积极健康的价值观形成中如何发挥作用，从课程教学、教师教育、学校环境建设等几个主要方面进行了尝试性探索。虽然这些探索有的还比较浅显，但是毕竟迈出了这一步，我深信他在书中谈到的很多观点对于情感教育的实践应用有重要的指导意义，值得继续探索、丰富和发展。

多年来，作为我个人从事教育研究的一个"母细胞"，"情感及其教育"的繁衍作用在很大程度上已经或者正在辐射到教育学的各个领域。对于教育哲学和道德教育而言，我们始终坚持将情感作为人的素质的要素之一，甚至是最重要的基础。由情绪情感与人的德性发展之间的密切联系，以及它们的早发性、对情境的敏感性、互动性等特征扩展到在人的特定关系中被引发、联结而产生的种种需求等，都与人对他人、对外部世界、对自己的反应习惯和态度等相关。这些正是构成价值观的牢固基石，而对这方面的思考既是教育哲学和德育理论工作者的职责与使命所在，也是21世纪教育改革和道德教育研究尤其不能忽视的层面。王平在这方面的探索是一项基础性的理论工作，对教育改革和实践工作具有启发价值和意义。

学术研究是快乐的、享受的，也是艰苦的、需要付出努力与汗水的。王平对情感教育的研究发自内心地认同，愿意以此作为自己学术研究的领域，并坚持努力。我支持他的这一选择，赞赏他乐此不疲的学术探索精神。当代社会也需要能够坚守学术初衷和使命的年轻学者。

　　我相信，情感教育是现代人情感文明建设的教育使命。我也坚信，关注人的情感、关心人的生命是教育学的学术根基和值得继续探索的、富有魅力的学术领域。

　　衷心地期待王平能够延续我们过去所做，在情感教育这一园地里做出更多新的成就来！

朱小蔓

2020 年 1 月

目 录
Contents

引　言
人的价值观近况及其教育难题

当原始人类从包罗万物的自然界中脱离出来，在自我意识的萌芽和觉醒中将自身独立于自然界并与自然界中的其他事物区分开来的时候，他与自然界之间的和谐状态就已经被打破了。人从他的母体——自然界中脱离出来，无论愿意与否，都只能在实然和应然两个维度上与动物相区分。与自然界的这种对象化关系宣告了人成为再也回不了自然界的生灵以及在某种意义上"独立于"自然界的另一个"人"的空间——人类社会的诞生。在社会中生活，人只能继续前进，不断发展理智，用一种新的、充满人性的和谐取代永不复返的类人猿时代的和谐。① 这是自然对人的惩罚，也是自然对人的成全，正因为如此，人才"成为人"。

然而，"成人"的道路并非一帆风顺，人身上的种种缺陷并没有因为物质的丰富和经济的发展而有实质性的减少，也没有因为人类历史上创造的那些璀璨的文明而得以掩盖。人一方面难以完全摆脱自然以及自身的缺陷而成为他们心中向往的神，另一方面又不能回到自然而与其他生物划而等之。哲学诗人荷尔德林看到了人的这一处境，他怀着沉重的心情吟唱人的无家可归的灾难，吁请人对自己精神家园的回归。

如果人生纯属辛劳，人就会

仰天而问：难道我

所求太多以至②无法生存？是的。只要良善

和纯真尚与人心为伴，他就会欣喜地拿神性

来度测自己。神莫测而不可知？

神湛若青天？

我宁愿相信后者。这是人的尺规。

人充满劳绩，但还

诗意地安居于这块大地之上。我真想证明，

就连璀璨的星空也不比人纯洁，

人被称作神明的形象。

大地之上可有尺规？

绝无。③

---

① ［美］弗洛姆：《爱的艺术》，李健鸣译，7 页，上海，上海译文出版社，2008。
② 编者注："以至"应改为"以致"。
③ ［德］海德格尔：《人，诗意地安居：海德格尔语要》，郜元宝译，75 页，桂林，广西师范大学出版社，2000。

自然与人类社会、动物与神之间的徘徊状态注定导致了人的纠结、矛盾甚至是痛苦。"在我的存在的一端，我与石头和木头是同一的。在这里我不得不接受普遍规律的支配。这是我生存的基础……然而，在我的存在的另一端，我又区别于万物。在这里我冲破了类同的封锁线，作为一个人而单独存在着。"①这是人面对的永恒难题。也正是这样的难题框定了人的复杂、人性的深刻、人类的特殊——人从大自然的母体中脱离出来，生而为人；人无可选择地在一起生活。在"成人"的过程中，人开始思考、劳动、创造，无知的人对一切方面都感到好奇并不断探索，几千年的进化和直立行走注定了人以牺牲身体的快速发育为代价来换取大脑的进化，以追求真理为目标的孜孜以求的理智思索和人与生俱来的以及在一个整全生命层面都无法舍弃的情感需要共同构成人的意识、思维、精神乃至人格，而对于疾病、痛苦、死亡的恐惧则催生了人对于超越自我局限的神性的向往和追求……除了生存之外，人还在一切方面运用形成的自我意识和学习到的价值标准来衡量、判断、度测、描绘自己、他人以及所生活的这个世界。我们思考自身的价值和意义，思考为何存在，如何生活。

因此，我们首先不是因为自我意识和信仰走到一起，而是因为作为"人"走到一起。因为是人，因为有了意识的觉醒、思考的能力以及对于解决人的生存和存在问题的渴望，我们常常不满足于、不甘于，事实上也不可能与动物为伍。对于人的局限和人所面对的困难的挑战，对于更好的生活和自我的要求与期盼，对于自己的观念、行为，我们常常要问一问："我是谁?""为什么我会做出这些行动? 为什么我做的是这个行动而不是相反的一种或其他任何一种?"②正是在对这些观念、行为、选择的反思中，人才有了对价值的追寻和探讨，生成了我们对于何为"更好"的判断和选择——人的价值观。价值观因为人、人性而被需要，从而有了存在的可能与必要。而且因为我们是人，所以我们又必然要在一起生活。由此，每个人的价值观又不断地加强我们彼此之间的需要(因为共同的价值观，我们更加牢固地在一起)，抑或使我们之间不可避免地永远存在冲突、斗争和矛盾(因为价值观上暂时的不同和分歧)。

---

① [印]泰戈尔：《在爱中彻悟：泰戈尔瞬息永恒集》，刘建、刘竞良译，16 页，天津，天津人民出版社，2009。

② [西]萨瓦特尔：《伦理学的邀请——做个好人》，于施洋译，18 页，北京，北京大学出版社，2008。

今天，我们身处一个经济全球化发展的时代，信息的数量增大，传播速度加快，人在认知、思维、观念、选择、行为、准则等各个方面受到的影响更大，以及可供驰骋的机会更多；不同国家、民族和地区人们之间的交流更多、更快捷、更频繁。不过，一方面，信息的增多并不代表个体知识的增长，也并不意味着价值和意义的深入。在众多的选择中不知如何选择，从而在海量的信息中迷失自我——很多时候，我们很少或者根本就没有去问自己"为什么会有这样的观念和想法""为什么会做出这样而不是那样的行为""自己的观念和行为对他人意味着什么"等问题。我们也很少甚至不会(也许是来不及)对自己以及自己与他人之间的不同观念、行为加以比较、斟酌。现代人面临着比以往更多、更新的思想困扰、精神迷茫和生命困惑。另一方面，人与人交往与联系的频繁也并不等于相互之间关系的亲近，深层次的文化冲突与挑战仍然不断——地球村不是真正的家，可是却真实地存在着。……地球村的到来，远远不能成为人们欢庆的理由[1]，人类面临着新的生存困境。联合国教育、科学及文化组织(以下简称联合国教科文组织)总干事伊琳娜·博科娃在2015年发布的《反思教育：走向全球共同利益》报告序言中这样说道："这是一个动荡的时代，世界变得越来越年轻，对于人权和尊严的渴望正在上升。"今天，我们看到并且正亲身感受着不同国家、民族和地区人们之间愈加密切的相互依存和联系，可与此相伴随，我们也能隐约地感觉到与日俱增的不宽容、暴力犯罪、缺少安全、忽视生命和尊严等威胁。它们正在影响我们的思想、观念，挑战人类社会，使得我们长期以来面临的很多矛盾没有得到彻底解决，新的矛盾又不断出现；旧的矛盾在今天又有了新的含义，新旧问题、矛盾一起影响包括你我在内的每一个个体。

所有这些不仅造成了我们行为的低效、错误乃至失败，而且有时给我们造成情绪情感上的困扰……而它们归根结底都可以表现并且源自人在各种不同"选择"(无论是观念上的认知还是行为上的实践)中的困惑、矛盾甚至是失误和偏颇。人最内在的本性中有一种深刻的分裂。无论他怎样看待他自己，他都必须既反对自身又反对不是他自身的东西。他看见一切事物都在冲突或矛盾中。……但人也不能安于这

---

[1] 杜维明：《超越启蒙心态》，见梁涛、顾家宁：《国学问题争鸣集(1990—2010)》，350页，桂林，广西师范大学出版社，2010。

种分裂。他克服、超越分裂的方法就表现出他对自身所持有的观念。① 无论是我们自身的分裂和迷茫，还是我们与他人之间的争论与冲突，都或多或少是由我们的判断以及建立在这种判断基础上的认识、观念，亦即价值观上的差异、不当、错乱和不能相互共存引起的。甚至可以说，人在现实生活中的种种争论、迷茫、矛盾以及在精神上的困扰和疾病都与人的观念和价值观层面有着根源性的联系。如果要在这些迷茫之中获得更清晰确凿的自我认识，在种种争论之中达成和解，在彼此的误会之中求得理解，在所有的不同之中寻求一致，就需要我们从人的价值观着眼、出发并寻找答案。对此，有人早就做出过精辟的论述，就像德国哲学家、文化哲学的创始人卡西尔（Ernst Cassirer，1874—1945）所说的那样，正是依靠这种基本的能力——对自己和他人做出回答（response）的能力，人才成为一个"有责任的"（responsible）存在物，成为一个道德主体。②

因此我们也看到，关注人的价值观状况、重视对人尤其是儿童青少年的价值观教育和引导几乎是在价值观多元时代人们难得的"共识"之一。从全人类作为一个命运共同体的发展，到各个国家、民族和地区的社会历史文化传统，再到每一个个体在为人处世、职场工作、日常生活乃至个人修身养性等方面，对于那些凡是有助于增进人们美好生活的正向、积极、健康价值观的强调几乎从未中断过。价值观体现了一个国家、民族的精神、文明和血脉，关乎个人的观念、信仰和人格，在个人的生活幸福、国家民族的稳定繁荣、人类文明的进步发展等方面的重要性是基础的、贯穿始终的。

价值观如此重要，但它既不是静止不变的，也不是与生俱来的，更不能自然显现、被人理解，并在个体和社会的双重辩证意义上成为"构成"和"促进"美好生活的坚强力量。

我们对自己、他人以及不同的现象和事物持有不同的价值观和选择，并在这些不同的价值观之间形成差异甚至是矛盾和冲突。影响价值观的因素，除了遗传因素之外，更为重要的是在后天的文化环境及生活经历中形成的认知、情感、体验和判断。可以说，人有多复杂，人的生活有多复杂，价值观就有多复杂；多样、丰富、

---

① [德]雅斯贝斯：《时代的精神状况》，王德峰译，137 页，上海，上海译文出版社，1997。
② [德]卡西尔：《人论》，甘阳译，9 页，上海，上海译文出版社，1985。

具体而又复杂的价值观之间既可以求同存异、和谐相处，也可以相互矛盾甚至形成对立与冲突。无论是在价值观的形成(价值观是如何形成的)还是在不同价值观之间的关系(和谐还是矛盾、顺遂还是冲突)上，教育的作用都是不容忽视的，甚至是根本性的。"教育"一词和"价值观"一词是密切相关的，"教育"也意味着——从某些方面来讲它主要指——教授一个人或一种文化的内在价值观，为的是让这些价值观变得外显，能被人认识到和被分享。①

现代生物科学、心理学、人类学等学科都在不断地以新的发现和成果证明我们目前对于"人"的认识、了解还只是冰山一角。人类潜能的开发对于人类认识和理解的深入、人的具体的成长以及对于整全而有质量的生命与人生的求索等，仅仅依靠遗传和自然的力量是不够的。对于这一点，就是持"自然主义教育"观点的卢梭也不否认。卢梭认为，自然的理想状态还不能帮助人类实现自己的最大潜能，人类向文明的迈进意味着人能够自强，具有责任感、热爱自然等品质。生命整全、健康成长所需要的那些条件、支撑，本身就是重要的价值观品质，必然要依靠教育才能获得。教育不仅帮助我们获得在价值观内容、层次等方面的改善和提升，而且在它自身全部的活动过程中渗透并以一定的价值观为导向和依据。尽管我们不可能完全用经验的方法——试验和观察的方法——来决定教育的目的应该是什么，但是，我们可以从某些基本的假设或几种选择可能带来的后果方面进行辩驳。如果我们选择后一种方式，我们可以运用经验的方法来表明我们的选择确实达到了预期结果中的最好状态。但是，我们仍然需要哲学的立论来说服别人：我们所寻求的结果应该是有价值的。② "价值观"既是教育的内容，又规定着教育的方向。教育包括教育中的内容选择、条件营造、方法使用、目标观念等，在培养人的价值观等方面发挥着重要的作用。

然而，对于价值观形成及发展的教育和引导并非容易的事情。价值观及其形成和发展过程的复杂性、模糊性，以及长期以来的教育尤其是学校教育在思想观念、实践操作等方面的一些缺失、遗憾等，都在客观上导致了学校价值观教育的诸多"难堪"乃至吊诡的现象。例如：

---

① 〔意〕里纳尔迪：《对话瑞吉欧·艾米利亚：倾听、研究与学习》，周菁译，121 页，南京，南京师范大学出版社，2014。

② 〔美〕诺丁斯：《教育哲学》，许立新译，1~2 页，北京，北京师范大学出版社，2008。

（1）价值观是群体的，更是个体的，"积极""健康""正向"的价值观期待对于身处不同境遇的个体来说是不同的。什么样的价值期待、价值观倾向是在一定的生活范围、境遇和人群中共同需要并相对一致的？在特殊的情况和境遇中，价值观的特殊性如何把握？学校教育如何处理一般与特殊、共同价值观与具体价值观之间的关系？这些是价值观教育在内容取舍上面临的困扰。

（2）价值观的形成和发展过程受到多种复杂、隐秘因素的影响。学校教育如何敏感地发现、综合、运用各种不同的因素，并使之形成促进积极价值观形成的合力，而不是彼此之间相互消解、分力，成为阻碍因素甚至是将学生的价值观引向负面方向，这是关系到价值观教育效果的方法（采用何种方法和途径开展价值观教育）甚至是方法论（将具体的方法和价值观内容的取舍结合起来考量）问题。

价值观教育需要面对的更为根本性的问题是如何理解价值观，价值观的形成过程是怎样的。长期以来，促进人的思想道德和价值观成长一直被作为教育工作的重中之重，也是学校教育的根本任务和目标。党的十八大以来，以习近平同志为核心的党中央高度重视儿童青少年一代的思想道德和价值观教育，在回答"培养什么人""怎么培养人"等教育的"时代之问"中，为新时代儿童青少年的思想道德和价值观教育指出了明确的方向。习近平总书记多次强调，立德树人作为教育的根本任务，是铸魂育人的工程。要给儿童青少年上好"人生第一课"，帮助其扣好"人生第一粒扣子"，培养具有大爱大德大情怀的人。

事实上，价值观并非抽象的，而是与人的状况和人的社会实践密切联系在一起的。马克思在谈论人的主体性这一问题时就提到过，人是现实的，并处于一定的历史条件之中，作为实践的主体，人的"意识在任何时候都只能是被意识到了的存在，而人们的存在就是他们的现实生活过程。[①] 因而，当我们谈论人、研究人的时候，就既不能脱离社会实践也不能离开历史文化的语境。作为一种社会性的实践存在，人的本质不是单个人所固有的抽象物。在其现实性上，它是一切社会关系的总和。[②] 在这个意义上，人的价值观也是具体的，价值观的生成和教育应当并且也只有回到具体的社会生活实践中，与儿童青少年个体的生活经验、学习经验相结合的

---

① 《马克思恩格斯选集》第一卷，72 页，北京，人民出版社，1995。
② 《马克思恩格斯选集》第一卷，56 页，北京，人民出版社，1995。

时候，才得以可能。当然，强调人的实践主体性，并不是否认人的能动性，更不是否弃人的自然属性，马克思高度肯定了人的主体性之中的自然生命的力量，他甚至说，全部人类历史的第一个前提无疑是有生命的个人的存在①，也正是因为人的生命的灵动、丰富以及无限的可能性，人对那些具有积极和正向功能的基本和核心价值观的诉求才有了生命之根，而价值观对人的感召力、凝聚力和生命力才得以可能。

同时，作为一种历史文化存在，人之"主体"又意味着，人是处于既有的历史条件和关系范围之内的自己②，也就是说，生命既是个体的，也是群体的，作为个体的生命"不是某种处在幻想的与世隔绝、离群索居状态的人，而是处在一定条件下进行的、现实的、可以通过经验观察到的发展过程中的人"③。核心价值之所以成为核心和基础，既在于它的个体发展价值，又在于它作为联结个体与社会、国家和民族之间的精神纽带。核心价值观，其实就是一种德，既是个人的德，也是一种大德，就是国家的德、社会的德。④ 这意味着，儿童青少年的价值观引导和培育只有回到他们的日常生活中，回到他们生长、生活的历史文化之中，才可能浸染他们的心灵和精神，铸就高尚的灵魂。学校教育将"百年大计，教育为本""十年树木，百年树人""立德树人，培根铸魂"等作为教育的指导思想和任务目标，正是看到了对儿童青少年进行思想道德和核心价值观教育在中国特色社会主义事业以及国家前途和民族命运中的战略性、根基性、长期性地位和极端重要的意义。

在这方面，过去以强调道德认知、道德理性为主要认识基础的西方主知主义道德和价值观形成的观点有其偏颇和不足之处，因而也是近年来不断受到挑战和质疑的。由于对人的非理性、情绪情感等层面的忽视，单纯的道德推理、认知灌输等只是停留在对道德和价值观内容的掌握与了解上，而较少关心价值观内容、教育形式等与儿童青少年实际社会经验之间的关联，较少关注特定历史文化脉络在价值观形成中的重要性，因而并不能增加道德和价值观教育的实效。事实上，人们自己创造

① 《马克思恩格斯选集》第一卷，67 页，北京，人民出版社，1995。
② 《马克思恩格斯选集》第一卷，119 页，北京，人民出版社，1995。
③ 《马克思恩格斯全集》第三卷，48 页，北京，人民出版社，1979。
④ 习近平：《青年要自觉践行社会主义核心价值观——在北京大学师生座谈会上的讲话》，2014年5月4日。

自己的历史，但是他们并不是随心所欲地创造，并不是在他们自己选定的条件下创造，而是在直接碰到的、既定的、从过去承继下来的条件下创造。①

历史文化对价值观的形成和教育有着重要启示和意义，它不仅让人知道从哪里来，而且明了要到哪里去。正是在其特定的历史之中，人找到了自己的精神之根，找到了自己人生的信仰和力量。习近平总书记指出，"一个民族、一个国家的核心价值观必须同这个民族、这个国家的历史文化相契合，同这个民族、这个国家的人民正在进行的奋斗相结合，同这个民族、这个国家需要解决的时代问题相适应"。中华民族有着几千年的悠久历史，中华文化源远流长、博大精深，其中讲仁爱、重民本、守诚信、崇正义、尚和合、求大同等价值理念不及构成中国人特有的精神世界和价值体系，而且为新时代儿童青少年的道德价值观教育提供了重要的学术思想启示——从情感这一标识人的存在和伦理精神的核心出发，在人的生命完整性之中统筹感性与理性、历史与现实、个人与集体，在广泛而深入的社会实践中实现人的自由而全面的发展。

在此，情感不仅是一种视角，而且是一种文化。作为视角，情感中的感性、感觉等因素是人的完整与和谐发展中必不可少的维度，关乎到人的自我力量的完善和自我确证，标识了人的存在。感性、思维和实践在人的存在之中缺一不可。马克思说过，人不仅通过思维，而且以全部感觉在对象世界中肯定自己。② 作为一种文化，中华优秀传统文化蕴含丰富的道德情感、人文情感的精髓。追求以人伦情感为核心的道德情感境界，强调设身处地，从真实的社会生活出发，对情感进行调节、引导、教育，陶冶人的情操，培养人的情趣爱好，塑造人的精神结构和灵魂，以情感为本体的中华文化传统在现代伦理道德和价值观培育方面提供了文化底蕴和根基，这对于我们审视价值观的形成，引导培育当代儿童青少年的社会主义核心价值观而言，是具有历史脉络和现实生命力的。立足中华优秀传统文化，从情感历史和文化中寻找解释中国人价值观形成和教育的思想资源，既是培养具有中国味道、中国情感的，堪当民族复兴重任的时代新人的要求，也是中华文化思想在道德价值观教育领域积极的尝试和可能的探索。

---

① 《马克思恩格斯选集》第一卷，585 页，北京，人民出版社，1995。
② 《1844 年经济学哲学手稿》，中共中央马克思恩格斯列宁斯大林著作编译局编译，83 页，北京，人民出版社，2014。

第一章
价值观与人的情感性存在

价值和价值观既是人类特有的社会现象、文化现象，也是个体生命中不可缺失的生命现象、精神现象。尽管人类社会文化是多元的，个体生命特征和经验是因人而异的，但是对价值的追求和对良善价值观的渴望却是相通的。在人的存在和生命整全状态中，价值和价值观是人的生命需要，与标识人的生命状态和意义的情绪情感不可分割。"人"的属性内在地规定并包含了价值和价值观，而人对于"更好生活"的追寻和向往，即在社会价值系统和共同价值观的追求上，也就具有了美德指向。

一、价值作为人的存在体悟和生命现象

"价值"是人类社会的产物，而且首先是依附在人的生存和存在之中的，而非人的附属物。在人的存在之中、在人的具体而整全的生命之中，"价值"自然显现。从人存在的意义上审视"价值"与人的关系，不仅是对"价值"本源的回归，而且意味着对"人"的回归——重新思考人的存在以及人的生命。

(一)人的整全生命及其情感性存在

作为整个的人，人的生命是整全的，整全生命包含着丰富的情感，蕴含着不同层次的价值。

一方面，人是整全的人，在人的生存和存在的双重意义上，他是情—理、身体—认知情绪—社会性的统一。在生物学层面，现代科学，特别是脑科学的发展和研究已经证明，人类大脑的发育和发展是理智和情感结合基础上的整体性的过程——新皮层的高度发展使"情绪"与"理智"有可能结合，摆脱情境的直接性影响，具有长期性和稳定性。① 建立在生物进化基础上的人类大脑发育和发展的状态是人的整全性和整体发展的自然生理基础。人类发展的动态系统观认为，儿童的头脑、

---

① 朱小蔓：《情感教育论纲》，21 页，北京，人民出版社，2007。

身体、生理和社会世界构成的一个整体系统驾驭着对其新技能的掌握。这个系统是动态的或恒常运动的，其中任何一个部分的变化——从大脑成熟到生理或社会环境——都有可能破坏当前的机体—环境关系。当这种情况发生时，儿童就会能动地重组他的行为，以使系统的各个成分再度协调工作，但这是在更为复杂和有效的方式上进行的。① 作为一个动态系统的人的发展是整体性的，它表现在内容上的相互影响、多层衔接，时序上的回环往复甚至是非连续的跳跃上。心理学的研究也认为，个体发展表现在三个基本领域——身体、认知、情绪—社会性。② 这三个领域是相互作用、影响，彼此交融、更替而呈现整体状态的递进发展的。

另一方面，人的整全生命中包含丰富的、不同层次的价值。人的生命是包含自然生命、社会生命、精神生命，综合躯体、感官、心理、伦理、审美、精神等的多测度、多面向的综合体。自然生命是指人作为生物体的肉体生命，其中的遗传特质赋予了人与生俱来的生命特征，遗传的未确定性和无限可能性是后天整个生命体发育成长的基础和依据。社会生命既指每个生命对自己的社会角色有自觉意识和承担相应责任的能力，也指能够懂得他人的社会角色承担及实现其与自己的关联。精神生命主要指人作为人科动物所特有和特需的表征自己精神生命的情绪和高级情感，是人的生命质量必不可少的养料；也是以人与人、生命与生命间的相互敞开、交互作用为情感需要的，指引和表征人的情感升华的，在与人的"存在"问题的探讨中所追问的各种话题牵连最多、最直接和深刻的生命层面。自然生命是根本的载体和保障；社会生命集中承载和体现生命的社会伦理价值，引导人思考自我生命与他者生命之间的关系；精神生命则是人的自由、审美、超越的情怀，是人的生命存在的明证和展现。由于每个个体具体的、特定的境遇不同，其生命不同测度的需求强度也不同。但是毫无疑问，它们不仅缺一不可，而且只有相互协调，整全地互通、联系、活动和生长，才可以构成并呈现整个的人的生命。

作为一个多重合一的、整全的生命，它在实际的、具体的情境中的需求是否得到及时恰当的回应，个人因身体、气质、偏好及当下情境与心境的不同而产生的感受的不同，都容易使情感起伏动荡，甚至产生矛盾冲突，从而冲击甚至打破不同测

---

① [美]贝克：《儿童发展》，吴颖等译，37~38 页，南京，江苏教育出版社，2002。
② [美]范德赞登、[美]克兰德尔、[美]克兰德尔：《人类发展》第八版，俞国良、黄峥、樊召锋译，4 页，北京，中国人民大学出版社，2011。

度生命的原有状态和平衡，影响知情、身心的协调并牵涉到生命的价值序阶（pref-erence-hierarchy）。我们对于"生命""人"的关心，对于人的存在问题的追问，就是要回到对人的自然生命、社会生命、精神生命及其相互关系的关心上来，关心三者之间如何协调、统整，获得关系的改善和顺畅，从而合力提升人的生命状态、生命感受和生命质量。在这些关心、追问和思考的过程中，"价值"本身得以显现，价值问题得以探讨，价值秩序在具体、丰富、立体的生命中逐渐形成。由于因为生命之间的不同以及每一个生命内部在不同测度、方面的条件、状况不一样，人们对于这些问题的回答也不一样，"价值"因此在这个意义上具有个体间和个体内部的差异、多样性、情境性。

整全的生命离不开情感，情感是生命的构成部分，润滑、联结和贯通生命内外不同层次的关系。因为要表征生命意识，人借由情感获得生命的价值，感受生命的意义，进而在其整个生命状态和属性中以"情感性存在"显现为独特的人的生命样态。具体而言，有以下几个方面。

第一，情感构成生命，对生命以及生命发展具有至关重要的作用。

一方面，我们知道，人与自然界其他动物的不同之处在于人能够劳动，而且人进行劳动不仅仅是为了谋求生存，还有通过劳动、在劳动生活结成的社会关系中获得社会性情感的发育和满足的需要。例如，在人与人之间的同情善待、人与自然之间的和谐共生、人对美好事物的向往以及对于自我局限性的超越等当中生长、发展和获得的被承认感、尊重感、友谊感、珍贵、舒服、惬意以及道德上的满足、审美愉悦等精神性方面，都是人的生命不可或缺的部分。它们体现在人与其他灵长类动物生命之间的区分，并在人类进化历程中，以人类个体脑发育中的"三合一脑"以及诸如恻隐、同情、敬畏、羞耻等更高级的社会和道德情感为独特的生物学基础和生理表征。这就意味着，第一，不仅情绪情感是构成人的"整全自然"生命不可或缺的部分，在社会关系和网络中形成的社会性情感也是人获得社会性生命的重要纽带，而且表征人的生命意识，通过精神而通达生命的意义，让人获得生命质量的提升等，也离不开情感尤其是审美等高级情感的作用。第二，在个体生命成长以及社会生活中伴随个体性、独特性、自我意识、独立性的发育而形成的生命的独特感、独立感以及相互依存感、联系感、共通感同样重要，它们是人在共同体生活中赖以生存并获得比个体生命、肉体生命、物质生命更丰富、更完善的精神性生命价值的重要部分和核心。

另一方面，情感教育研究发现，人的生命成长中至少有两个阶段的情感发育状况特别关键，一是神经系统还比较脆弱的10岁以下。这一阶段是儿童建立人与人之间的信任关系并确立自己的独立感和感受自我价值的实现，道德和创造力发展的关键时期。如果这些积极的情感得不到呵护，正面的情感经验得不到很好的积累，那么就会影响生命的健康和整全。二是敏感而多变的青春期。处于向成人过渡的生命发展阶段，青少年的情绪情感表现出明显的两极化和不稳定性的特征。如果此时的情感得不到应有和恰当的回应和关心，青少年就容易产生认知甚至人格发育上的缺陷，容易出现行为偏差，甚至埋下日后触犯法律的悲剧种子。更为重要的是，在漫长的人生、复杂多变的生活中，个体生命中大大小小的矛盾、挫折、低潮的出现难以避免，因此如何面对这些矛盾和挫折，经受住生命中的各种考验并在其中获得生命的成长，生命的复原力就十分重要。复原力既与个体人的生活经历、认知方式、思维习惯等有关，也与生命在具体情境中的情感体验的强度、力度以及个体对于生命中的负性情绪情感的调适、化解、应对和支配的能力等相关；同时，它还与人们如何处理自己生命与他人生命的关系，在关爱、同情、理解、援助等积极、舒适的情感联系中汲取生命的正能量和情感上的慰藉、寄托相关。

第二，生命的"关系"运转需要以情感来润滑、联结和贯通。

回到生命本身，人的生命是身、心、灵相互联结、相互依存并相互转化的统一体，它自身是一个内部不断循环的小宇宙。同时，人的整个生命体又与外部世界发生联结，在种种或远或近的关系（时空）中度过生命，获得属于自己生命的独特感觉与经验。无论哪一个方面都意味着：人只有在"关系"中才可能维持生命，才可能作为一个完整体顺畅地"运转"、协调地发展。所以，笼统地谈生命还不够，须涉及生命的内外部关系。在这当中，作为人的生命的重要组成部分以及生命状态的重要标识，情感也是完整、顺畅的生命存在和生命运转离不开的重要部分，它联结、润滑生命内部的各个测度以及协调生命之间的运转，贯通生命的全部、持续人的一生。

一方面，人类生命原初的联结感是混沌不分的，尽管在后天的生活环境中，在脑发育、认知发展的过程中，尤其是在生命内外的各种关系中逐渐分化出种种丰富复杂的情感，但是这种与生俱来的情感上的"联结"依然存在。例如，人对自然界其他生命物种的怜爱、赞美、感情移入、共生等；人与作为自己同类的其他生命之间的亲近、安全、依恋、信任以及同感共受、共情、同理心等；人对知识间的奇妙联系、相似性、连续性的敏感、兴趣、迷恋、专注与追寻等；人对超越物质以及当下的未来憧憬、向往；人对高尚、神圣的崇敬、敬畏；人对绝美事物的流连忘返等。当这些变式的主观联结体验在生命体内逐渐产生、分化并得到呵护、保存与发展时，生命的内外关系便呈现出和顺、通畅、惬意、兴味盎然的状态——它们对于人的身心健康、智力学习、创造以及道德成长等都有着重要的支撑作用。相反，如果生命内外的各种关系运转不畅或者遭遇了内外环境的攻击而不能得到修复和复原，那么以上这些积极的情感体验就会丧失，人生命中的联结感就会断裂、崩塌并由此产生诸如恐惧、嫉妒、怨恨等负性消极的生命情感状态。

另一方面，在人的社会生活以及与人的交往过程中，积极的情感基调和情感引导可以帮助引发、营造出积极的交往情境。在积极的交往情境中，生命的活力被激发。以积极的情感基调为基础和导向的是关注、期待、尊重、理解与支持等对生命的完整和发展具有积极意义的交往。由此建立起来的人与人之间的关联是与个体内在积极情感的唤醒和激发相伴随的。在这个过程中，交往的双方向对方敞开并展示自我生命，而积极的情感又使得这种展示是真实的、坦诚的，生命不会因为敞开而受到奚落、嘲讽，反而在这种过程中获得尊重、理解、信任、安全感。积极的情感构成一种对于生命的激励。

第三，情感表征每一个具体人的生命的独特性和生命意识，人借由情感感受、体验获得生命的意义。

一方面，情绪情感使生命具体、独特、丰富。每一个人都拥有生命，作为生命体，人与人之间具有生命构成、层次、意义追求上的相似性、相通性。但是具体到每一个鲜活的，处于不同境遇的，拥有不同生活经历、教育背景和认知思想的个体身上，他的生命又是独特的、与众不同的。正如世界上没有两片完全一样的树叶，也不存在两个完全一样的人。具体的人在他的生命的生理指标、生物特征、生命的感受性、生命的体验、生命的追求等方面，都是具体的、特殊的，因而也是不可替代并具有个人意义的。情绪情感在构成、表征和显现个体生命的独特性和生命意识方面，具有不可替代的作用和优势。失去了生动、活泼、多样、变化的情绪情感，生命将是一潭死水，也就不再可爱，不再色彩斑斓，也就谈不上每一个人具体、丰富和高质量的生命状态了。

另一方面，完整的生命关心生命事实，更关心生命意识的激活、唤醒，从而使人的自我感觉更良好，获得意义感。尽管"意义"是一个多层次的体系，其中有较低层次的如满足温饱，有较高层次的如自我实现，乃至诸如对自由、不朽等高层次的目的的向往，但是它们都能够在一定的层次和程度上激发我们生命的动力和感受，并表现和表征为情感上的安全、温馨、亲近、惬意、冲动等。因此，在一些诸如生存、健康、幸福、伙伴、友谊等基础性的生命价值和意义方面，也都或多或少地涉及作为主体的人对生命内外关系的意识，包括觉知、感受、体验、反思等不同的表现。它们通常都需要以情感为标识器，甚至其本身也呈现为不同的情感样态。如果缺少情感以及伴随情感的感受、体验、反思，单纯生物学意义上的生物变化和化学变化是不具有人的完整生命层面上的意义的。

作为生命当中具体、独特而真实的自我经验，情感赋予客观存在以意义。在不同的时代、不同的处境、不同的生活遭遇以及不同的生命形态中，人在感觉和行动中产生情感——通过情感帮助人成为具体生动的人，并把琐碎的生活经验凝聚成一定的可以积累、值得传承的方法、信念和知识，并通过评价给予人的生命以积极或消极的意义。

(二) 在人的存在视域中体悟"价值"

关于"什么是价值""如何理解价值"等问题，不同的学科有不同的定义。

在日常生活中，我们说某物体有价值，主要是指这个物体对我们的生活在某一个或某一些方面"有用"；经济学或经济行为中的"价值"主要是指商品的"价格"；哲学中谈论的"价值"则主要把"人"自身作为思考和研究的主体与对象，关注个体人和作为群体的人类在整体及其具体人生阶段、发展时期的观念、生命、行为、生活等的正当性、合法性以及在整体上体悟和显现的意义。价值植根于"人生幸福"或者说"美好生活"。如果我们认定某些行为和追求促进了人生的幸福，那么我们就说它们是正确的、好的、有价值的。① 无论哪一个层面的"价值",都与社会实践的主体——"人"密切相关。"有用"是对人而言的,商品的价值和价格在一定程度上也由它对于人的"有用性"来决定,而人在整体和具体方面的正当性、合法性以及意义问题更是如此。

很显然,这里我们要讨论的"价值",是哲学层面上的人的存在意义及其相关问题。

由于人的复杂性以及意义问题的个体和内隐的特征,"价值"也十分复杂和抽象,以至于总给人以难以捉摸的印象。它是这样贴近我们的生活,以至于让我们感觉近在咫尺、时时相伴;可又如此地虚无缥缈,以至于今天的任何科学技术都难以帮助我们证明它、把握它。如果要追根溯源的话,可以说,价值的历史早于价值研究的历史。自从有了人类,就有了价值意识的萌芽;有人类生活的地方,就有价值现象的存在。

在古希腊时期,宗教信仰和英雄史诗是人们表达自我、传递善恶的主要手段。原始人类通过简单的工艺和宗教活动来认识并把握价值。对自然力量的敬畏、对神灵的崇拜以及对各种人类制造的工具的力量的认可等,都将"价值"与非人的力量联系在一起。作为某种超越人类控制和活动的神秘属性,价值是最高的神之理念。普罗米修斯怜悯人类生活的困苦,决心盗取火种,造福人类,表现了对人类命运的关怀和美好的追求。他虽然被缚于高加索山,承受着被恶鹰啄食肝脏的痛苦,但依然坚毅不屈。这种坚韧的精神不仅彰显了他对伟大的人性之善的寄托,而且表现出对人类命运的服膺:"我必须接受命运的支配,不会大惊小怪,知晓与必然的强力抗争,决无胜利可言"②。一方面是对人生自由、生命力量的孜孜追求和向往,另一方面又避免不了自然、宇宙必然性规则的限制。前者使人类陷入情感的纠葛与抉择之中,后者使人类被强大的命运吞噬。

苏格拉底作为哲学史上第一位开创价值理论研究的哲学家,将哲学研究主题从自然拉回到人和事,将对"善"的把握放到哲学研究的首要位置,开创了以研究人

---

① [加]贝克:《学会过美好生活——人的价值世界》,詹万生等译,3页,北京,中央编译出版社,1997。

② [古希腊]埃斯库罗斯:《埃斯库罗斯悲剧集》,陈中梅译,223页,沈阳,辽宁教育出版社,1999。

的道德和人与人、人与社会以及人与自然之间关系为主题的价值学研究。① 中世纪以后，"价值"在神学氛围的笼罩下被等同于神，人们将上帝看成价值的化身，对"价值"的追寻与考问与对神学的尊崇和对上帝的信仰紧密相关。

近代以后，对于"价值"问题的思索又开始回归世俗，逐渐与人自身联系起来。人的自然属性以及人的感性、理性，人类存在的丰富、具体、复杂、多面、立体等，赋予了"价值"更饱满和丰富的内涵。然而遗憾的是，这种建立在价值与人的丰富关联基础上的对于价值问题的思索很快又被席卷而来的科学和技术主宰。一方面，近代自然科学的兴起与发展造成了对"事实"的偏见，认为科学所追求的事实是客观的、稳定的、固定不变的。这种宇宙观事先就假定有一种不以人的意志为转移的和不为人所知的物质存在。这种物质也可以说是一种外形的流变下充满空间的质料。这种质料本身并没有知觉、价值或目的。② 这种对事实的误解造成了事实与价值之间的割裂以及由此带来的人在认知与情感、事实意识与价值意识、理性与非理性、事实性知识与价值性知识等方面的分割以及非此即彼、非黑即白的哲学二元论思维。另一方面，它又从根本上改变了人类的生存方式。人类征服自然的结果带来了几乎是统一、趋同和一致性的经济发展，而人类自身以及文化和社会的发展则不断地走向多元化。人类开始面临经济发展背后的人与自然、人与人之间关系的微妙变化，这些变化不是科技和经济的进步能够解决的，如固有价值体系的失序、不同群体和个体之间价值关系的冲突、价值观念的碰撞等。

凡此种种，都提醒我们要正视在整体经济和利益格局下"碎片化的人"的处境。对价值的思考与我们对"人"自身及其存在状态的认识密切相关，对价值的把握就是人对自我生活与存在的把握。

1. 存在先于价值

生而为人，我们首先是"活着"，其次还要"像人一样地活"。前者涉及"生存"

---

① 当然，在比苏格拉底稍前一点的智者学派那里，对于人生问题的关注已经初见端倪。其开创者普罗泰戈拉曾经质疑神的存在，他说："至于神，我既不知道他们是否存在，也不知道他们像什么东西。有许多东西是我们认识不了的：问题是晦涩的，人生是短促的。"（北京大学哲学系外国哲学史教研室编译：《古希腊罗马哲学》，138 页，北京，生活·读书·新知三联书店，1957。）在这里，他抛弃对自然哲学传统的追求，转向关注人生问题。只不过，他将对人的认识建立在感觉、经验的基础上，未能完整全面地认识人。这种对人和人生问题的研究到苏格拉底时期才得以完善。

② [英]怀特海：《科学与近代世界》，何钦译，23 页，北京，商务印书馆，2011。

这一状态，后者涉及回答"如何生存"，即"存在"这一问题。在一定程度上我们无法选择生存的状态，无论愿意与否，人都是先在地来到并存在于这个世界上。无论我们常常觉得自己生活得是否如意，都不能否认自己已然的"生存"状态。在这一层面上，具象的生命体和抽象的生命都无法用"有用""有价值""值得""合法性"和"正当性"来进行衡量。作为一种"状态"，人的"生存"具有绝对性和无可置疑性。

因此，我们在这里主要探讨的是后者——如何更好地生存，即人的"存在"问题。"如何更好地生活和存在"，这是一个需要人类去不断追问、面对和探讨的具体的也是永恒的问题。说它是具体的问题，是因为我们生活在日常琐碎的各种事务之中，很少清晰或者自觉地自省、思考其中蕴含的价值。而恰恰价值就产生于每个人的日常生活之中。……专家可以帮助我们完善我们的价值，但发现和发展价值的主要过程还是要由我们自己来完成，作为个人，要在家庭和社区的环境中来完成。① 说它永恒，是因为我们生而为人，却未必知道如何在自己的一生中"像人一样"地生活。我们自身乃至我们身处的社会和环境都在不断地变化，充满了复杂性和不确定性。在一系列的不确定性中寻找一种对于自身和他人来说"更好"的生活，需要不停地探索，它已经超越了单纯自我意义的追寻而具有"类"意义上的群体特征。"在很大程度上，价值植根于人性本身。所有具体的特殊的价值都可以追溯到'基础价值'，而'基础价值'是人类切切实实所追求的。……把这些价值称为'基础价值'，是因为它们在很大程度上本身就是目的，最终是它们使生活变得美好，值得一过。这些价值合在一起，就给人生幸福或美好生活下了定义。"②正是在这种不间断的、对于生活之中具体而永恒问题的追问和求索中，"价值"得以彰显，个体获得一种"经由思考的生活"，人类文明获得向前发展的机会和动力。所以我们说，在对于"美好生活"的存在性追问中，价值伴随而生。而在"存在"和"更好地存在"之前，人已然"生存于世"。在这个意义上，价值形成是对生存状态和存在问题的经常性的探问和最深层次的洞见，牵涉到的是具体而丰富的日常生活，反映的则是根本而永恒的人的存在问题。

---

① [加]贝克：《学会过美好生活——人的价值世界》，詹万生等译，6页，北京，中央编译出版社，1997。

② [加]贝克：《学会过美好生活——人的价值世界》，詹万生等译，6页，北京，中央编译出版社，1997。

2. 价值蕴含着主客体之间复杂而深刻的对立统一关系

英国哲学家怀特海（Alfred North Whitehead）基于对物理学和量子力学的认识，认为宏观存在的现实实体是由量子以及量子事件构成的，微观粒子所具有的波粒二象性决定了现实实体本质上处于动态存在过程。因此，现实实体并非具有不可入性。任何把现实存在看成客观实体或者以客观规律决定现实存在的做法都是"误置具体性之谬误"，除了事物间的相互作用之外，并不存在独立的客体和相应的"规则"。事实与价值统一于有机体的创造性活动之中。我们只要想一想诗对我们实际经验的表达，就会理解到价值、成为价值、具有价值、本身成为目的、变成自为的事物等，对于最具体的实际事件来说都没有任何理由可以省略。① 在这里，价值和事实统一、生成于人的存在之中，合为一体。

3. "价值"是在实践中随着人的生活不断凝聚形成的

价值蕴含着人建立在"欲求"基础上的对自身以及自身之外的世界的判断和认同。欲求不同、伴随的感受体验不同，价值也就不同。人类从来都不是也不可能脱离他人和真实的自我而孤立地生活在这个世界上。一方面，在一定的历史时期和一定的空间范围之内，由于人们共同的生活需要，通过或者借由交往、制度、规则、符号等凝结而成的相对稳定的"共识"和"追求"体现了"价值"的相对客观性。尤其是那些基础性的价值品质，诸如健康、幸福、自由等，在一定意义上可能接近于绝对，它们在价值系统中属于第一位的、根本的、终极的地位，因为它们最终保证美好生活的实现。② 另一方面，个体在具体的需要、选择、认知、情感等方面的差异以及情境和交往对象的不同，又造成这些"共识"和"追求"因为"人"的存在处于绝对意义的变化和形成之中。价值不是永恒的。它的具体形式，即使是基础价值的具体形式都是不断变化的。我们不可能一劳永逸地解决价值问题。其部分原因是我们的文化、经济和生态环境在不断改变，要求我们的生活方式也随之加以调整。但也和年龄的变化有关。成长的不同阶段要求有不同的价值。③ 所以我们既在建立和处

---

① ［英］怀特海：《科学与近代世界》，何钦译，107 页，北京，商务印书馆，2011。

② ［加］贝克：《学会过美好生活——人的价值世界》，詹万生等译，7 页，北京，中央编译出版社，1997。

③ ［加］贝克：《学会过美好生活——人的价值世界》，詹万生等译，13 页，北京，中央编译出版社，1997。

理各种关系之中凝聚共识、追求人之为人的意义，又常常不可避免地会由于个体的各种局限而感受不到具体价值的存在。这种矛盾的纠葛恰恰是人存在的真实境况。也正是在二者的张力之中，人常常能够超出"有"与"无"的界限、突破"客体"与"主体"的对立，尽管生活中充满劳绩，但是人们仍向往和追求"诗性地栖居"。"诗意"成为栖居之本，既是人对自我存在的追寻，也是对"人性"与"神性"的统合。其中，价值成为诗意的表达，而人的情感则在交融中获得价值的力量。它们因人的生活和实践而统一，在人的生活和实践中形成、变化和发展。

个体生命中的深刻体悟、非理性的偏好、对于当下生活的感受以及那些一时的激情、对艺术的欣赏和对道德的追寻等，都与价值交织在一起，构成价值这一人类社会和人所特有的精神生命现象。在这个意义上，我们说，价值与人的存在相关，只有回到人的存在状况之中，只有在对人的存在的体悟中才可以具体、真实地把握价值。

(三)人生命中的情绪情感标识并构成价值

回到人的整全生命现象中，"价值"既不是经济学意义上的，也不是纯粹哲学意义上的，而是在人的生活经历和生命历程中得以显现并且表现出它的方向和属性的。其中，个体生命的情感和精神测度尤其重要。

1. "价值"经由个体情感体悟并在具体的生命感受中获得和显现

德国现象哲学家舍勒(Max Scheler)在其博士论文《论逻辑学原理与伦理学原理之间关系的确定》中曾经打过一个有趣的比喻，他说，正如颜色的名称仅仅意指物质事物的特性一样——虽然这也是事实，即颜色的显现是由我们(日常)观看世界的自然方式引起的，它们只有作为区分各种物质的、准事物的存在物的手段而起作用时，才会引起我们的注意——价值的名称也仅仅意指那些在被我们称作善业(goods)的单位中被给予的准事物的特性。① 也就是说，舍勒对那种在纯粹理性的自我中，除了在合理性中被给予的"价值"之外，没有其他任何价值的观点抱怀疑态度，认为，并不先在地存在一种"价值"作为我们认识的对象。为了存在，价值

---

① Manfred S. Frings, Roger L. Funk, *Formalism in Ethics and Non-Formal of Values*, Evanston, IL, Northwestern University Press, 1973, p. 12.

必须借助他物实现自身的功能。就其自身而言，价值并不是客观的存在物。① 因此，作为一种严格意义上的"功能性存在"，价值只有在与人的生活和生命相结合的时候，才得以显现并且表现出性质——是否能够促进我们生活和生命的幸福。无论是从它自身是否能够得以显现，还是从它是否促进我们生活和生命幸福的角度，一个值得注意的核心问题就是我们的体验。在这个层面上，那种认为理性在价值形成过程中具有基础性作用的观点是需要受到检视的，至少普遍的理性论证并不必然形成价值。

在"认识"价值这件事情上，人心中关于价值知识和价值秩序的"感受"的重要性是一个重要的部分，发挥着特殊的"认识功能"。与理性的先天相比，价值间那种情感的、前理性的偏好的先天是二维的：它既是横向的又是纵向的。也就是说，感受中的先天是纵横的(transverse)。② "觉知""体悟""感受"以及与此紧密相连的情绪和情感体验不仅影响价值的生成——是否"有价值"，而且影响价值的性质——是否对美好生活有"促进"作用。因为生命的不同和差异，价值表现及其性质在个体身上也千差万别。只有个人，而不是社会，才能体验美好人生。个人幸福是衡量有价值与否的最终标尺。③ 如果我们将"情感"的这种作用和影响再放大一些，那么情感不仅是个体精神生命测度的一个重要表征，而且是整个人生意义和人的存在维度不可或缺的核心。把情感放在人的存在问题的中心地位，舍此不能谈论人的存在问题；反过来，要讨论人的存在及其意义、价值等重要问题，必须从情感出发，从情感开始。④

离开人的具体生活和人的存在问题，价值也就无从谈起。在我们每一个人的社会实践和生活中，我们对自身存在的整体问题和自我生活的具体问题进行思考、体验。在具体的、境遇的"体验"与整体的、超越的"情感"升华过程中，获得价值、追求对我们而言是"更好的"价值。

---

① [美]弗林斯：《舍勒的心灵》，张志平、张任之译，17页，上海，上海三联书店，2006。
② [美]弗林斯：《舍勒的心灵》，张志平、张任之译，25页，上海，上海三联书店，2006。
③ [加]贝克：《学会过美好生活——人的价值世界》，詹万生等译，7页，北京，中央编译出版社，1997。
④ 蒙培元：《人是情感的存在：儒家哲学再阐释》，载《社会科学战线》，2003(2)。

2. "价值"的性质和方向受个体偏好和情绪情感定向的影响

我们偏好某一类观念和行为，而逃避另一类观念和行为的重要原因之一，不仅在于我们偏好的观念和行为本身会使我们的生活变得更好（有助于我们的幸福生活），而且这些观念和行为带给我们的体验会使我们感到舒适；相反，那些让我们逃避的观念和行为，不仅可能会让我们的生活变得更糟糕，而且带给我们情绪情感上的体验也常常是不适的。个体无意识的心理本能所产生的情绪情感投射甚至会决定"价值"对于我们的显现和持存：与婴儿的食物需求得不到及时满足一样，一个人，当他寒冷、饥饿或孤独时，世界上就没有奶、舒适或愉悦——生活中有价值的东西都消失了。① 这在精神分析学家看来根源于婴幼儿时期本能的情绪冲动——对愉悦和不愉悦状态、内部好和坏的情感的区别被反射到外部世界，并影响他对周围人与事的好与坏的区分。② 它们对价值的无意识的隐秘影响有时候是不可小觑的。

由于情感在某种意义上的个人化、私密性的特征，在由情感弥散的生活和生命之中显现的"价值"必然带有个体的情感经验，是具体的、情境性的。情感经验不是内部的混乱（康德）而是弥漫着价值内容的秩序。这种秩序与推理和思维用的逻辑法则完全不同。③ 我们可以用文字、符号甚至是一些人为的制度、标准等来表示价值，但它们都只是价值的外壳，不能代替价值的实质和价值的全部。只有当与人的生活和具体的生命体验、感受相结合的时候，价值才真正地超越抽象的认知、表层的符号、冰冷的理性，弥散在具体的生活之中并真正地超越琐碎的日常，而通达整个人的存在，成为具体生命感受和体验在整体人类生活和存在层面上的积聚凝固。在这个意义上，全部"价值"的生成和对于我们生活的意义就有赖于经由情感的感受质量以及与此相关的精神品质的提升。

3. 当下生活中的情感体验不断生成并事实上构成"价值"

将"价值"等同于"好""积极"，只是一种着眼于未来的主观"期待"——我们总

---

① ［英］克莱因、［英］里维埃：《爱·恨与修复：梅兰妮·克莱因与琼·里维埃演讲录》，吴艳茹译，7 页，北京，中国轻工业出版社，2014。

② ［英］克莱因、［英］里维埃：《爱·恨与修复：梅兰妮·克莱因与琼·里维埃演讲录》，吴艳茹译，9 页，北京，中国轻工业出版社，2014。

③ ［美］弗林斯：《舍勒的心灵》，张志平、张任之译，18 页，上海，上海三联书店，2006。

是期待好的事情会发生，总是对"明天"许以"比今天更好"的愿望。但是这种对于"价值""应然"状态的期待并不是"价值"的全部意涵。"价值"既是面向未来的一种理性设计和承诺，也是在当下的"生成"之中，经由"体验"而构成的一种美好的现实可能生活。正如贝克所言，"我们在价值领域是过于以进步提高为导向了，源于一种成人发展的进步观和完美主义的人性观。当然，我们应该努力争取提高，但是，如果我们对这一点过于处心竭虑，那么，我们就不可能充分地享受和欣赏我们当前的生活。而且，我们可能在对完美生活的狂热(和徒劳)的追逐中严重地忽视对一种良好的生活方式的维持"。① 现实生活和生活中活生生的、整全的生命以及我们作为人的存在是全部的价值和价值来源所在。

我们固然应该在生活和生命中"追求""创造"更高的价值，但我们更应该从生活和生命的具体现象中"寻找"和"生成"价值，包括寻找有价值的内容和有利于价值正向发展的环境和条件。如果我们以一种自觉的、系统的方式追求幸福，幸福只会离我们而去。我们越是深思熟虑如何获得完美、自我实现、爱和快乐，实际上获得的越少。② 这当中，个体情感以及精神生命在价值生成中的地位和指引性的力量需要得到强调和彰显——我们的生活方式也不应过于认知化，我们也应该寻找其他源泉形成指引我们的方向，诸如直觉、情绪以及社会接触等。"方向"这种价值只是部分来源于头脑的思维。③

二、价值感受通达社会共同价值观

价值与价值观作为一种个体精神生命现象，既与个体人的情感经验和感受层面交织在一起，同时也恰恰因为人的情感而在伦理道德、审美等社会类群层面上具备

---

① [加]贝克：《学会过美好生活——人的价值世界》，詹万生等译，96~97页，北京，中央编译出版社，1997。

② [加]贝克：《学会过美好生活——人的价值世界》，詹万生等译，155页，北京，中央编译出版社，1997。

③ [加]贝克：《学会过美好生活——人的价值世界》，詹万生等译，156页，北京，中央编译出版社，1997。

了相互勾连、相通相融的可能性。因为人同此心、心同此理，因为作为"类"存在的人的发展需要，在人的广泛生活和生存、存在的意义上，人类又必须且必然地具有共同、共通的也是基础的"核心价值观"的需要与追求。

（一）价值观：价值感受及其个体化显现

价值在生命中"个体化显现"，并在观念和精神层面表现、凝结成为"价值观"。

"整全"的生命体以"整个"的形式在各个层面和测度统整、生长并在其过程的不同阶段呈现出具体、多样的状态和特征。具体到每个个体生命，这就是他融汇了包括认知，情感的发展、交织、起伏和外在环境的变化等的影响在内的全部的价值生成、弥散和彰显过程。它们内在地融化于生命历程及其每一个细节当中，尤其与我们生命的精神和情感方面相关，渗透在我们的意识、思想和精神等多方面而凝结成为一种价值观念，并最终影响我们的行动。"价值观"是具体人的价值观，它是人在与具体情境的互动关系中形成的"对我而言"的"重要性"（价值）通过个体情感在观念、精神以及意识层面上的"反应"（价值观）。

伴随价值生成并集中表现为价值的"个体化显现"、渗透在个体观念与精神层面的"价值观"具有和"价值"相似的特征、内涵和形式，二者在生活中常常被混用。作为对在情境中形成的"我觉得重要"的东西在个体观念和精神层面的概括，价值观与个体人的认知、情感等整个生命状态相关，并渗透、影响我们的思想、行事和生活方式等方方面面。它天然地与人的存在相连，是人的存在所需，在人生活的一切方面生成并渗透其中，相随相变，尤其与人的情感以及以情感为重要内核的观念、精神、信念、信仰层面相互交融。

美国社会心理学家罗克奇（Milton Rokeach）认为，"价值观"就是指人们那些最基本的信念，也就是说，从个人或社会的角度看，某种具体的行为模式或者最终的存在状态比与之相反的另一种行为模式或存在状态更为可取。[①] 这个定义实际上强调了价值观的三个十分重要并且相互联系的方面：主体、内容与强度。在主体上，价值观既可以是个人的，也可以是社会的；在内容上，作为一种观念或

---

① M. Rokeach, *The Nature of Human Values*, New York, The Free Press, 1973, p. 5.

者信念，价值观主要指涉个体或者社会的行为模式或者存在状态；在强度上，价值观表现为相比较而言的重要性和可取程度上的差异。对个体或者社会的行为模式或者存在状态进行可取程度（重要性）的排序，不仅是对价值观进行研究的一种方式，而且由此形成的价值体系（value system）本身就是一种重要的价值观表达和外显。它们在具体行为上的表现可能因生活的复杂和细碎而不同或不一致，但是在目标指向和关涉上都与人的存在相连，体现人对于一种"更为可取"的存在状态的期许。

霍尔（Brian P. Hall）在研究个体领导力和组织行为变革时，将价值观作为重要的影响因素甚至是核心因素看待，认为价值观就是使我们的生活充满意义的观念，体现为我们在进行抉择时考虑问题的先后顺序，我们的行动总是与我们的价值观相一致。[①] 同样肯定了价值观对于包括我们行为选择、问题解决等在内的行为和生活状态、模式的影响乃至指导性的作用。而这些作用的发挥在人的观念层面体现在人对生活意义的理解和追求之中。

联合国教科文组织国际教育和价值观教育亚太地区网络编著的《学会做事：在全球化中共同学习与工作的价值观》一书中，强调了价值观在我们的思想、智力以及个体行为和生活中的内驱力作用，认为价值观代表人生的理想和目标，是我们追求的动机和目的。价值观激发情感，它给予我们思想和理解的动力。因此，价值观构成了个人和组织行为的内驱力。作为一种内驱力，价值观是隐性的，不同于文字符号，它看不见、摸不着，但又被我们感知并在情感、体验以及规则、行为中渗透、彰显与体现。价值观由某些行为规范组成，可能是口头的也可能是书面的，需要通过我们的感觉和情感来体验，在人类活动和人类努力的产品中得以表达。价值观是弥散性的，在我们思想、行为和生活的方方面面，它是信念，使我们的思想具有意义；它是动力，使我们的行动更有力量；它是标准，使我们的生活因为序列而得到合理的解释。

价值观在人的存在和生活的不同方面都有体现，可以根据主体或者指涉内容分为不同的类型。联合国教科文组织将价值观划分为"人的尊严""劳动尊严"两种基

---

① Brian P. Hall, Values Shift, *A Guide to Personal & Organizational Transformation*, Rockport, Twin Light Publishers, 1994, p. 21.

本的价值观，并且认为，这两种基本的价值观在亚太地区以八个核心价值观表现出来(从高到低排列)①：全面健康、人与自然的和谐；真理与智慧；爱与同情；创造力；和平与公正；人类可持续发展；国家统一和全球团结；全球精神。此外，亨廷顿等人在《文化的重要作用：价值观如何影响人类进步》中将"价值观"划分为生存价值观和自我表现价值观两大类，认为它们是物质主义与后物质主义价值观的两极对比。……从强调经济安全和物质安全转向日益强调自我表现、主观康乐和生活质量，因为自我表现的价值观关系到人们日益强调环境保护、妇女运动以及日益要求参与经济生活和政治生活的决策，而强调生存价值观的社会表现出人们的健康状况较差，人际信任程度较低，对外人的容忍性较差，对男女平等的支持程度较低，强调物质主义价值观，高度相信科学技术，环保积极性较低，比较赞成集权主义政府。强调自我表现价值观的社会在所有这些问题上均态度相反。罗克奇在其价值观调查表中，将价值观划分为终极性价值观(terminal values)和工具性价值观(instrumental values)。前者指的是个人价值和社会价值，用于表示理想化的存在状态和终极结果，是一个人希望通过一生而实现的目标。后者指的是道德或能力，是达到理想化终极状态所采用的行为方式或手段。

可见，一方面，个体对现在生命(包括自我生命与他者生命)状态、关系的认识与建构，对未来生命状态可能的猜想与期待均涉及对生命意义的整体把握，指向人的存在问题。另一方面，个体由于先天遗传、性格气质以及后天的生活经验、成长经历和受教育环境、程度等不同而具有鲜活、各异的生命特征，对于具体情境、事件的观念、看法也因人而异。正是在具体情境中，借由主客观互动和具体的价值感受，个体在自我生命活动的整体、持续状态和现象层面彰显个体精神，体现价值观。由此我们认为，无论是在具体的内容还是其外在表现形式上，作为牵连个体情感体验的精神生命现象，价值和价值观都随着个体的生活、需求和具体的感受、体验的变化而发生变化，并表现出在个体身上以及其自身的重要性方面的层次和先后顺序的差异。

---

① 联合国教科文组织国际教育和价值观教育亚太地区网络：《学会做事：在全球化中共同学习与工作的价值观》，余祖光译，9页，北京，人民教育出版社，2006。

(二)情感相通形成社会价值系统和价值观共识

在多样态的个人需求和社会文化中，价值必然具有社会性的一面，并且由于情感的勾连而呈现复杂、多层次的特征，形成价值和价值观系统。

第一，个体借由情感体验和理解社会，生成价值和价值观。

价值与表征个体具体的生活和生命体验、感受的情绪情感之间的密切联系并不会隔断或者阻碍它与社会之间的关联，否认、削弱社会文化在价值形成中的重要作用和价值对于社会层面的影响与意义。正是通过每一个活生生的、整全的生命个体，特别是个体的情感，我们理解社会现实——能够理解现实的唯一方式是要先了解人们对于现实的感受，怎样的情感结构被创造出来，用来定义在当前的语境下我们能够了解和不能了解的可能性。① 在对社会现实的理解当中，价值观得以形成。而各种社会现象和问题，也通过情感，借由个体的体验感受而生成价值，牵涉到价值问题。正如美国学者在批评西方社会的问题时所指出的，"他人的和我自己的研究似乎表明了西方社会的本质中存有某种更为基础的东西。我相信这种'东西'是西方文化的一种深刻而不断加剧的失败——不能给我们的生活提供意义、归属和目的以及价值体系。人们需要信任某种东西并为之生存奋斗，他们感到自己是团体的一部分，是社会有价值的一员，并且能获得精神上的满足感——一种与其生活的世界和宇宙有着关系或联系的感觉"②。人们的情感以及建立在情感基础上的对于社会的"感受"和"体验"，诸如信任、归属、满足、联系，等等，既是个体与社会之间重要的黏合剂，也是重要的价值内容。

具体层面的每一种价值观都与社会相关。无论是作为价值体验和感受的主体，还是我们具体价值的满足、追求，实际上都是依赖社会并在社会中实现和完成的。"社会(或文化)在相当程度上决定着我们实现基础价值的手段，决定着我们获得满足的形式，决定着我们生活的意义。……基础价值在各种社会都以特定形态存在着。只是达到它们的途径在不同的社会千差万别，我们时刻不能忘记这

① [美]格罗斯伯格：《改变情感结构，有可能改变世界》，载《社会科学报》，2015-09-03。
② 联合国教科文组织：《为了21世纪的教育：问题与展望》，王晓辉、赵中建等译，北京，教育科学出版社，2002。

一事实"。① 而现代社会的复杂、多变以及社会文化的多元、差异等特征，冲击甚至在很大程度上打破了以往相对单一、封闭的社会状态和格局。我们既要面对这些差异，又要在这些差异和不同中寻找共识与一致。差异和不同本身就是价值的体现，而在差异中寻找相同，更是对于一种价值和价值观的追求。正如莫兰所言，必须学会迎战不确定性，因为我们生活在一个多变的时代，在其中价值是两义的，一切是相连的。② 社会以及社会生活中的一切现象、事物、变化等，都在不同层面与具体的价值品种和价值观关联。

第二，牵涉并生成于人的复杂以及多样态的人的需求和社会之中的价值和价值观也必然是多层次而复杂的。

不仅人与人之间的生命特征、需求等不同，即便同一个人在不同时间、地点，面对不同的情境、事件，其认知与心理表现、需求等往往也是不一样甚至是截然相反的。对此，我们依然可以从与价值观密切相关的生命元素——情感的状况中洞见。尽管社会中的每一个人，无论男女老少，无论学识地位，人人都有情感，人人都能体会并切身地感受到自己作为一个人，在生活中显露出来的情绪和表达出来的情感，但是，我们总是不能确切地表达出情感是如何发生的，甚至在很多情况下，连自己的情感状态也不能很好地认识和把握。"我也不知道是怎么回事，当时看到那个场景就流泪了。""感时花溅泪，恨别鸟惊心。""为什么我的眼里常含泪水？因为我对这土地爱得深沉。"在生活、文学作品中，我们借用各种手法表达自己的情感，不仅因为人类有着发达的语言系统，也因为我们无法直观地描述情感。

与情感一样，作为一种隐秘的精神生命现象，价值和价值观本身是无法通过直观的语言或符号被我们的理性完全认识到的。更何况在复杂的一生中，我们想要追求的东西太多，面临的环境和情境千变万化，其中蕴藏的价值和价值观呈"流动"和"不确定性"状态就更正常不过了。然而，作为一项不得不努力尝试"说清楚""讲明白"的对抽象价值和复杂价值观的研究工作，根据不同的标准、维度，将价值和价值观划分成若干具体的品种，既可以促进研究的便利，使研究更加深入，也是在

---

① ［加］贝克：《学会过美好生活——人的价值世界》，詹万生等译，9 页，北京，中央编译出版社，1997。

② ［法］莫兰：《复杂性理论与教育问题》，陈一壮译，66 页，北京，北京大学出版社，2004。

面对价值和价值观等抽象、复杂的现象时，可以使用的一种可能性的方式。例如，贝克将"价值"具体划分为[①]：

基础价值，诸如生存、健康、幸福、友谊、助人（在一定程度上）、自尊、自由、自我实现；

精神价值，包括良知、豁达与远见、整体感、惊奇、感激、希望、独立与超然、谦恭、爱、儒雅与和善；

道德价值，诸如谨慎、责任、勇敢、自制、可靠、真诚、诚实、公正、无私；

社会和政治价值，有和平、正义、程序正当、宽容、参与、合作、分享、忠诚、坚定、公民权利与义务；

中介价值，例如健美、运动能力、音乐鉴赏、良好家庭关系、读写能力、财务保障；

具体价值，诸如一辆汽车、一部电话机、一种特殊的友情、一个高级学历证书、一个政党、一种特殊运动。

欧盟以及联合国教科文组织发布的一系列文件和报告中关于"价值观"的界定看起来更加具体、可操作，表现出很强的"渗入"和"实践性"特征。亦即，它们很少直接阐述价值观，而是采用将价值观渗透在实践行动和具体行为中的手法，提出对相对具体的行为的"价值期待"。因此，这些文件和报告中常常用"展现出"（demonstrate）一词来表示具体的行为要求和规范。这一表述方式意味着，与暗含价值观的具体行为相比，价值观的内容已经不再是需要强调的东西，它们在某种程度上已经获得了人们的认同。最为紧迫和重要的不是去争论要不要价值观，也不是讨论要哪些价值观，而是如何把已有的价值观渗透到具体行为中。

这种认识在价值观转换成具体行动、指导价值实践等方面的积极作用是毋庸置疑的。然而，过于注重价值观行为实践也有可能导致对价值观内容的忽略，而使得价值观"沦落"为一种具体的行动，从而弱化甚至失去了价值观在人的观念、思想和精神等方面的作用。价值观成为"行为的工具"，而不是"精神的支柱"。价值观在构成人的精神方面与生命的关联及其表现出来的"情感价值"并不会因为价值观

---

①　[加]贝克：《学会过美好生活——人的价值世界》，詹万生等译，6页，北京，中央编译出版社，1997。

与社会生活的结合以及在具体行为方面的渗透而消解。

第三，不同层次和复杂的价值在情感的勾连作用下，由个体延伸到社会。

在社会生活中，原初意义上的情感派生出其他的情感，个体情感获得群体意义，单一价值形成价值系统。社会之中的个体因个体情感而生发社会性情感，而需要借由个体情感、体会得以彰显的价值也在其中凝聚形成人类价值系统：基础价值及其他具体价值——道德价值、社会价值、经济价值、政治价值等——一起构成价值系统，以服务于人生幸福。[①] 英国唯物经验论的开创者培根（F. Bacon）认为情感是影响人的心灵和精神乃至行为的重要因素，因此，我们应该重视和研究各种情感之间的相互关系，帮助人学会怎样以一种情感抵制另一种情感，怎样以一种情感控制另一种情感，从而让人理智清醒并选择正确的行为。[②] 各种情感之间的相互关系不仅指个体身上那些不同的情感状态，还指社会和人际关系中人与人之间在情感上的相互影响以及在这个过程中做出的回应和调适。在回应和调适中，伴随并生发社会性的价值系统。英国18世纪情感主义伦理学的代表人物休谟（D. Hume）认为，同情感就是我们借助共鸣和互感去想象别人的处境，并把别人的情感观念转化为自己的情感观念的一种能力。而共鸣和互感都是以社会契约和共同利益为基础的，借助特定社会情境中的反馈使得人们对某些行为感到不快、难过，并将它们上升到普遍的、契约的高度，从而使个体的同情感具有社会群体意义（形成所谓"共同利益感"），并派生出其他情感。这样既使个体情感得以丰富、情感品质得到提升，又使个体情感在丰富和提升中扩充至群体、社会，具有群体和社会意义，影响乃至决定人类价值系统的形成。

在这个意义上，因为社会生活和群体发展的需要，我们强调情感在价值系统中的重要性乃至基础性地位，并不因情感的个体性、情境性而否认价值品质之间的关联性，更不是对价值共识和基础性价值品质的放弃。正如贝克所言，人生决定的复杂性要求我们追求广泛的价值，这些价值涉及我们整个人生中的需要。[③] 当然，每

---

① ［加］贝克：《学会过美好生活——人的价值世界》，詹万生等译，6页，北京，中央编译出版社，1997。

② 周辅成：《西方伦理学名著选辑》上卷，567~568页，北京，商务印书馆，1964。

③ ［加］贝克：《学会过美好生活——人的价值世界》，詹万生等译，156页，北京，中央编译出版社，1997。

个环境都是不同的，价值体系因而也应灵活地、开放地面对、适应不断发生的变化。但是如果失去了原则和相互联系、协调一致的思想观念，我们将会在每个环境、具体复杂的形势中迷失自己。情感在勾连个体与社会的关系中具有群体意义，不仅其自身品质的提升渗透价值，而且是诸多不同价值之间获得共识的桥梁乃至依据。当我们喜爱与赞美时，我们感受并生成正面、积极的价值；当我们憎恨与抱怨时，我们感受并生成负面、消极的价值。价值感受、体验以及在感受和体验基础上产生的价值趣味、价值爱好和价值倾向是人类价值系统和价值共识建立的基本条件之一。良好的价值感受和价值体验，高尚的价值趣味、价值爱好和积极的价值倾向不仅是个体情感发育中必不可少的条件，而且有助于人类积极价值系统的建立。

（三）情感、道德价值与美好生活

因为情感的基础、核心、弥散和勾连作用，复杂的价值系统与个体以及由个体而扩至的人类社会生活密切相关，在"应然"层面上以"道德"为指向，具有"美德"意蕴；在扩大了的"道德"范畴下，"价值"也就是"道德价值"。

第一，价值系统中不同的价值品质以情感为贯穿和核心，应然的价值追求通过并在人的情感层面上指向"美好生活"。

正如我们在前面所言，对于价值的分类并不是唯一、固定和不变的。任何对于价值类别、层次的划分都不是绝对的，各种具体的价值品质之间并不存在完全的界限。无论是在划分的标准、维度还是层次上，看似丰富、复杂、多样以及难以穷尽和琢磨的价值，几乎都有简单而核心的共性成分，那就是人的情感。人类情绪情感的弥散性、个体化和情境性的特征以及应激、表征、调节、享用等功能，都和价值极为相似、密切相关。由于情感的特性和作用，各种具体的价值之间必然地相互牵连、相互影响——不管哪个层面、哪种类型的价值，最终都通过情感上的体验，在个体心灵的感受中得以彰显。我们可以以前面提到的贝克的分类作为例子来简单看一看：在其划分的"基础价值"中，"生存、健康、幸福"是对于个体尤其是个体的体验而言的，无论是对身体和心理没有病痛的"体验"还是对个体幸福、自尊、自由的追求，乃至生活的意义感，等等，都少不了个人建立在情绪情感基础上的体验。基础价值在我们对于生活和生命的体验中得以彰显，体验的过程就是情感变化的过程，这些基础价值本身也就在个人身上表现为一种情感或情感品种，情感与价值是一体的。而在其他维度上的价值，精神层面上的更不用说，道德价值、社会和政治价值、中介价值乃至具体价值，它们本身当然是我们追求的方向和目标，同时它们也为基础价值的实现提供路径、方式和指引。无论是我们对它们的追求过程（如何实现），还是评判实现它们的标准（怎样知道是否实现），抑或是它们本身作为工具对基础价值的指引过程（何以构成对基础价值的促进），其中都有情感作为工具和机制的作用、我们依赖情感作为基础的"感受"和它们本身作为一种情感品质上的提升对基础价值（同时也是情感品质）的整体性优化作用。

　　情感与价值之间的这种关联可以在人的存在处找到根源。无论是情感还是价值，都是人的存在的需要，在人的存在和生活之中得以显现。它们的作用和意义在人的存在和生活层面上是一致的——几乎所有的人类情感尤其是那些高级的情感，都源于个体生活经验及其背后的价值表达，以至于我们有时候很难分清一个人的言语行为到底是在表达他的情感还是表达他的某种价值倾向和主张。因此，无论哪一种价值分类标准，也无论我们将价值分成多少种，它们都是人的存在形式的表征，在人的生活中显现。为了追求存在和生活的意义，人必然地要在"应然"层面去追求积极的价值品质。诸如以上我们所列举的贝克的分类，每一种价值品质都在直接或者间接的意义上指向同一个目标——人的生存状态的进步和存在意义的升华，即一种"美好的生活"。而除了客观的外在评判标准以外，"生存状态的进步""存在意义的升华"乃至"美好的生活"恐怕都离不开人的内在自我感受和情感体验。舒适、积极、健康、正向的情感体验是衡量"美好生活"的重要指标，是任何其他外在的标准无法替代的。而人的情感品质的提升本身就是人的进步，良好的情感发育和情感文明的程度有助于并且可以更深刻、丰富地表征人的存在意义，是"美好生活"不可或缺的内涵。

　　第二，"美德"是以积极情感体验为基础的对于"美好生活"的追寻，其中包含广泛的价值成分。

　　如果说没有情感的世界是一个死寂的世界，那么没有价值的生活便是空虚的生活。道德作为人类社会特有的一种文化特征、存在需要和心理倾向，正如弗洛姆所言，人类生活不能过得只重复种群的规则，他自己——每一个个体——该有个像样的活法。为了活得"像个人"，对于美好道德，即"美德"的追求，几乎与人类的诞生同步。① 无论是西方苏格拉底对于"美德"的思考，还是中国文化传统中对于"德""外得于人，内得于己"(《说文解字》)的解释，在追寻美德、处理好人与外部自然、社会、他人的关系以及内部自我关系方面的旨趣是一致的。尤其是中国文化中强调"关系"的建立(是否建立关系)以及性质(关系是否顺畅)等，更是在不否认外部关系的同时将"德"的本质引向"内在"自我——从自己的内心出发解释"德"，内心对于关系及其是否顺畅的感受、感知，是衡量"德"的重要方面。关系顺畅与否的表征之一就是人的情感，反映在情感体验上就是是否有积极、顺畅、正向、舒适、和谐并且稳定的情感体验。在这个意义上，美好的"德"，即美德的标准之一应该是稳定的情感体验。在道德上对于美好生活的追求必须借助以情感为基础的体验并且反映在情感品质的提升上，良好、顺畅的情感状态，积极的情感品质和情感能力是"美好生活"的重要内涵与特征。

具体而言，对于美德的追求体现了人对于良好的生存状态、充满积极意义的存在以及一种美好生活的追求和向往。情感在这个过程中为人们增添生活的调料。在自我存在和共同生活中，人既以情感的激发为生活的动力和调料，也在生活中获得情感上的纠葛、丰富、寄托和安顿——甚至我们可以说，人的存在就是一种"情感性存在"。而"道德情感"也在此意义上远远超出了"我—他"和"我—社会"的界限。"随着人类的进化、社会的进步、精神的提升，道德愈来愈从社会规范和意识形态的职能转向人类自由精神追求的职能，因此，道德情感在整个道德结构中的作用凸显了出来。人把道德作为获得自我肯定、自我完善、自我发展的对象物，把道德追求和道德活动中得到的情感满足作为精神享受……人们越来越需要从各种善行、善念中，从各种理想、信仰中，乃至从宗教中寻找精神的寄托。道德情感，甚至宗教情感都越来越具有自我享用的价值。"②在这个层面上，道德对于美好生活的追求主要体现在道德情感的升华和以"美德"为方向的情感品质的提升。对于"道德"的定义应基于人的情感性存在，并以人对于美好生活的追求以及在这个过程中的体验为目标。

至此，我们可以说，人类对于美好生活的追求在"应然"的价值层面上表现出来，并借由人的情感去体会、表征；而积极、和谐、顺畅的情感状态，良好的情感品质和

---

① [西]萨瓦特尔：《伦理学的邀请——做个好人》，于施洋译，10 页，北京，北京大学出版社，2008。

② 朱小蔓：《情感教育论纲》，28 页，北京，人民出版社，2007。

情感能力不仅是"美好生活"的构成部分，也是"美德"的重要内涵和体现。通过情感的条件性作用和构成性支撑，在探寻自我存在的意义、希冀生活进步以及追求"美好生活"的层面上，"应然"的价值和美好的道德是相同、相通的。"自由""自尊"等基础价值，"良知""爱"等精神价值，"真诚""无私"等道德价值，"忠诚""分享"等社会和政治价值，乃至各种智力、能力和各种具体价值，等等，都在不同层面、程度、方向上指向我们对于美好生活的追求，与我们对于美德的追求高度一致。

正如美国伦理学家弗兰克纳所言，道德的产生是有助于个人的好的生活的，而不是对个人进行不必要的干预。道德是为了人而产生的，但不能说人是为了体现道德而生存的。① 传统"道德"的内涵和外延需要扩大——牵连人的存在和生活并以对美好生活的追求为目标，那些以顺畅、健康、积极、和谐的情感体验为主的，能够促进人的生活质量提升的、人类生存状态更加积极的、存在意义更加丰富饱满的，并最终在指向一种"美好生活"的价值品质，都是"美德"的内涵，是"道德的价值"，即"道德价值"。在这个意义上，我们赞同苏联教育家苏霍姆林斯基的观点，他认为，道德价值是一切价值的核心，在人所持有的价值体系中最核心、最基本、最重要的是道德价值。在这个意义上，接下来的论述中所涉及的"价值"也就是"道德价值"，即我们所追求的那些以改善生活质量、丰富存在意义和追求美好生活为指向的一切价值品质，体现为在整个人类社会伦理大厦中对于美好人性的追求，因而也与我们所希冀的人性伦理高度一致。②

---

① ［美］弗兰克纳：《善的求索——道德哲学导论》，黄伟合、包连宗、马莉译，247 页，沈阳，辽宁人民出版社，1987。

② 伦理与道德的目标是一致的，都以促进人的美好生活为使命。区别在于"伦理"更侧重社会层面，而"道德"更侧重个人层面。但是，由于对什么是"美好生活"的理解千差万别，因此，在伦理内部以及具体的伦理标准上，又会有所不同，甚至截然相反。在本文中，我们从"人"的立场出发，将对于伦理标准的界定回归到个体的人身上，一方面是对人性和人的地位、精神在伦理学中的弘扬，另一方面也是希望站在个体感受、情感的立场界定"伦理"，使伦理摆脱教条和固化，而真正成为在一个价值多元的时代，能够因为尊重个体差异、关心人的情感与精神而真正地贴近人的生活，并且以此为基础，达成尊重人性而又求同存异、"和而不同"、"美美与共"的伦理和价值共识。

第二章
情感与价值观形成

作为在人与自我、他人、社会、自然结成的关系以及对这些关系的认知和评价中形成的较为稳定、恒久、内在于心的观念和行事准则，价值观与人的存在和个体生命息息相关。在人类社会发展历史和个体生命实践中考察价值观是如何形成的，尤其在价值观的内容(指具体的价值品质和观念，如诚信、尊重、关爱、公正等)和形式(指人在面临不同情境时内在的感受、判断、选择以及外在的规则、制度及其背后的个体思维和心理结构)两个维度上，人的情绪情感又扮演着怎样的角色，发挥着怎样的作用。由是观之，价值观教育在观念和范式上，又有什么新的含义值得我们注意。

一、对"价值观形成"的社会历史考察

价值观教育困境产生的根源在于我们在"价值观"认识上的偏颇以及对于价值观教育的根本问题——价值观是如何形成的——关注不够。我们将"价值观"等同于"价值观知识"，尤其过于人为地将"价值观"视为一类等待我们去教和学的、独立于我们自身的客观知识，而较少考虑价值观与我们生命存在的联系，从而常常导致价值观教育中过多着眼于价值观内容，而忽略价值观形式，价值观教育与学习都成了一种"任务"与"负担"，而不是出于内心的"热爱"与"需要"。为此，我们有必要回到"价值观形成"之初——人的整全生命之中，在人的存在和具体生活的展开、体悟之中去考察："为什么会在人身上形成价值观""人又缘何有价值观上的需求"以及"对于人而言，价值观是可以替代的还是必需的"等问题。

(一)"自由意志"赋予价值观在人身上的可能

以人的情绪情感为基础，人身上特有的可贵的"自由意志"赋予人的生命与生活以价值和意义，这为在人身上显现、存在和形成价值观先在地设定了可能性。亿万年生物进化积淀形成的弱肉强食的自然法则不仅是自然界其他生物的生存规则，也影响到人类社会。但是，在人的价值观和人类伦理与道德面前，"适者生存、优胜劣汰"的社会达尔文主义并不具有普遍的指导意义，也很难解释人的价值行为和伦理道德问题。因为在看似无可逃脱和避免的自然法则之中，人比其他生物有着更多的自由和选择的权利——"兵蚁们必须去战斗、去负伤死亡，在这中间，没有办法可以折中（就像蜘蛛必须吃掉苍蝇一样）；而赫克托耳迎战阿喀琉斯，却是出于自愿。……他可以托词身体不适，可以假称精神不济，……他可以拒绝做一个英雄。……他总是可以找到这样或那样的借口，逃脱自身的责任。他并非生下来就被'设定'成为英雄，没有人会天生如此，正是这一点，才凸显出他的行为的光辉所在；而也正因如此，荷马才会用史诗般的热情为他到处传唱。"①因为这种可以"自己进行选择"的可贵的"自由意志"，人可以在自己的精神王国里自由地选择做什么、不做什么、怎样做，并与动物相区分而成为一个人；同样，也因为这种"自由意志"，人也在自己的精神王国里比其他生物经历、感受到更加丰富、细腻、复杂的情绪情感，如快乐、希望、亲密、彷徨、痛苦、孤独，甚至尽管"我们无法自由选择发生在我们身上的事，但我们可以用各种方式来面对这些发生的事作出自由的回应：服从、反抗、谨慎、鲁莽、记仇、温驯、穿着入时、打扮成山洞里的熊、保护特洛伊城或逃亡，等等"②。今天，人与人之间的联系更加频繁，人生活的环境变得多样、多变，人要面临和应对的问题有增无减。在庞杂的信息与快捷方便的联系面前，面对复杂的情境、多种可能的选择，感到欣喜、兴奋、刺激和亲密的是人，感到不确定、束手无策乃至彷徨、疏离、没有安全感的也是人。寻求一种稳定、确切、相对温暖、自由、惬意、良善、美好、崇高、和谐的生命状态和生存环境是人不能被剥夺和不可缺少的生命与精神需求，它们构成人的完整生命的一部分，也是基本的人权内涵。

设定、构成乃至决定这一切的，恰恰是人以情绪情感为基础的生命体验和存在需求。尽管在动物身上也有一些生理上的情绪应激反应，甚至在一些高级的灵长类动物身上也发现了一些具有亲社会性意义的情绪情感，但是人的情感的细腻、复杂程度是其他任何动物都不能比拟的。从诞生的那一刻起，人便有了同动物类似的情

---

① ［西］萨瓦特尔：《伦理学的邀请——做个好人》，于施洋译，5~6页，北京，北京大学出版社，2008。

② ［西］萨瓦特尔：《伦理学的邀请——做个好人》，于施洋译，7页，北京，北京大学出版社，2008。

绪，也有了更加复杂的社会性情感。亚当和夏娃吃了善恶树的果实之后不仅有了恐惧之情，还有了羞耻之心。依靠情感，人不断地感受周围的他人、环境，获得丰富、隐秘和独特的个人内心世界，在自我与他人、环境的融合、交互作用中，感受生命和生活，并做出相应的判断——不确定、复杂、多元、疏远、丑陋，温暖、良善、亲密、美好……正是在这些以情绪情感为基础而形成的"多样""不同"的感受、体会的对比和差异中，"价值观"得到显现并有了存在的可能。同时，也正是在众多的对比和反差中，在面对各种不同差异的可能性中，源于做出衡量、判断并选择一种对于个体和群体而言"更好"的观念和行事准则的需要，"价值观"又有了存在的必要。

由于人的自由意志主要与情感相关，因此，人必然地在情感上进而在人的自由意志层面上比其他生物有更多的需求、期待；同样也通过情感在自由意志层面比其他生物更多、更深刻、更复杂、更细腻地体验生活。人创造了大自然中的奇迹，也带来了对自然的破坏，人既是自然界中最贪婪、邪恶、自私、自大、凶残的，也是自然界中最懂得满足、宽容和良善，而又常常感到孤单、自卑和渺小的。人通过并借由个体化的情绪情感赋予生活以不同的色彩和意义，并在具体生活情境中感受、体会从而形成自己的价值观；人也通过并借由情感对具体情境中的具体的价值观念、冲突和经验进行化解、消除、调整、重组。以情绪情感为基础的自由意志定义了生活的意义，帮助人感受、融入、体验生活并在其中获得成长，使人感受到自己作为"人"的力量，形成并不断地改变着人的价值观。

（二）人的"关系性存在"事实设定了价值观在人生活中的必要性

人与自然界中其他生物的不同之处还在于，他的生活既不是纯粹个体性的，也不是完全群居性的，而是"关系性"的。在与同类结成的"关系"以及这种关系性生活之中，人被定义为"人"。"狼孩"的例子表明，如果缺少以相互之间结成的"关系"为主要特征的人类环境，不仅个体大脑相应区域的功能不能得到充分发挥，而且人的抽象思维、意识、心理能力等也会因为错过"关键期"而发展受阻甚至停滞，包括智力、情感、语言、行为等在内的整个生命也就不能健全和走向成熟，人就很难成为一个真正的"人"。

"关系"使人有了"价值观"的需要而"成为人"。在"关系"中，人必然地、被迫地面对同类并暴露在同类面前，同类的存在和出现激发并映照了"我"的存在和显现。一方面，人要置身于这种关系中去考虑和裁夺各种利益、名誉、分配、规则等问题，以便维持关系的整体健康和顺利延续；另一方面，人又借由同类在结成的关系中照见自我，意识、体验、感受自己，以便在其中不断调整、发展和完善自我，参与共同的良性关系运营。在这一复杂的关系性生活之中，人有了价值的考量，价值观得以形成。对此，萨瓦特尔有一段话说得特别好，他说："如果鲁滨孙出于孤独和不幸，变得像丛林中包围他的其他野兽一样，他就不会担心留下足迹的陌生人，是否是应当消灭的敌人，或是应当吞噬的猎物。但只要他还想继续做人，他就不会把闯入者当成简单的敌人或猎物，而是会将其当做对手或可能的同伴；而不管闯入者是这二者中的哪一种，都是他的同类。"①在这个意义上说，唯有人与人结成的关系才具有"价值性"并可能成为价值问题，而人与物之间的关系充其量只是功用性或技术性的(退一步说，即便是人与物之间的价值性关系也只有在涉及另一人时才会产生)。"价值观"是人之"为人"和"成为人"必不可少的内在本质需求，而不是可有可无的外在强加。

　　不仅如此，与他人之间建立的关系还框定并影响到人的生命和生活："'做人'，主要在于跟其他人建立关系。……好的人类生活是人群之间的生活，反过来，虽然仍然可以是生活，但却既不好也不合乎人性。"②这种框定和影响尤其彰显和突出表现在道德价值观上，在伦理学的研究中备受重视。因为"使生命'人格化'的过程，在相互陪伴的时间中流逝：说话、妥协、撒谎、被尊重、被背叛、爱、计划、回忆过往、挑衅、归并同类、玩耍、交换各种符号……伦理学不关心如何吃得更好、什么是御寒的最好办法，或是怎样渡河而不被淹死——这些问题对于特定情况下的求生无疑都很重要——它所关心的、构成其专业性的，是如何把人的生活(即在人类中度过的生活)过好"③。对道德价值的追求和向往在人的价值观形成中

　　① ［西］萨瓦特尔：《伦理学的邀请——做个好人》，于施洋译，80~81页，北京，北京大学出版社，2008。
　　② ［西］萨瓦特尔：《伦理学的邀请——做个好人》，于施洋译，46页，北京，北京大学出版社，2008。
　　③ ［西］萨瓦特尔：《伦理学的邀请——做个好人》，于施洋译，81页，北京，北京大学出版社，2008。

具有指向意义。

人之所以要在同类面前考虑、裁夺和调整不同的利益与规则，以便形成并延续一种较为融洽、顺畅的关系，除了因人的大脑发育而形成的相较于其他生物更加复杂、高级和深刻的智识、理性思维作用之下的生存利益考量之外，还与人的情感，尤其是高级的社会性情感密切相关。

一方面，"自由意志"并不等于人可以为所欲为，当在与同类结成的关系之中意识到有一个和自己一样的"人"存在的时候，我们如果还想继续做人并与之结成一种和谐关系的话，就不能用清晰的算计和冷静的旁观以及置身事外的洒脱去面对，更不会也不能武断、专横地从自己的角度出发做出一厢情愿的判断和一意孤行的行为，而是要把他当成一个"人"来对待。像人一样对人，究竟是怎么一回事？回答是：努力站在他人的位置上。承认一个人是自己的同类，首先意味着从他的内心去理解他的可能性，意味着在某个时刻站在他的视角去看我们置身的这个世界。① 从他人的角度去理解世界，也意味着某个时刻将"我"看作别人，或是将他人看作"我"，在自我、他人共同卷入的"关系性"世界之中显现自我与他者。在整个过程中，联结彼此的或者说使我们站在彼此的位置上相互理解成为可能的，正是人的情感。"要把你放在他的位置，就必须首先考虑他的理由，然后以各种方式投入他的激情和感受中，参与他的痛苦、向往和享受。换句话说，这就是对另一个人感到'同情'，或者说有能力与另一个人在某种程度上达成共识，而不是从想法到意愿上都把它放到一边置之不理。"②

另一方面，"关系性"的生活使人的"情感"超越个体层面而具有"类特性"——人们之间产生、传递、分享的"情感"由此具有伦理和道德上的考量而成为价值观的基础。因为在我们生活的各个方面——自我保存、性或追求快乐中，我们都是依赖其他人的。这意味着在生活中某种程度的分享、等待、为其他人放弃一些东西是必然的。③ 个体对于舒适情感的追求也由此需要以道德上的标准和准则为依据，真

---

① ［西］萨瓦特尔：《伦理学的邀请——做个好人》，于施洋译，86 页，北京，北京大学出版社，2008。

② ［西］萨瓦特尔：《伦理学的邀请——做个好人》，于施洋译，88 页，北京，北京大学出版社，2008。

③ ［英］克莱因、［英］里维埃：《爱·恨与修复：梅兰妮·克莱因与琼·里维埃演讲录》，吴艳茹译，8 页，北京，中国轻工业出版社，2014。

正高级、高质量、深层次的情感愉悦与情感状态总是伴随着道德上的考虑和行为，蕴含着积极的价值评判。总之，我们可以因为民族、历史、文化、家庭出身以及受教育经历的不同而有不同的语言和价值观，也可以因为文字等交流媒介与工具的差异或不足而无法清楚、准确地传递我们的价值观，甚至造成很多偏见、误解乃至冲突；但只要我们是人，我们就有着彼此相通的情感。因为"人同此心、心同此理"的情感联结，我们需要走在一起，成为"人"；我们能够走到一起，在相互关系之中彰显出自己与他人，并通过情感的连通而成为一个共同体，在其中形成、发育出指向共同美好生活的价值观。

（三）社会文化制度框定内在价值观念冲突的方向

每个具体的人既不是抽象的，也不是生活在真空中的。从降生之日起，人就必然并不由自主地处在一定的社会文化和制度之中。与人要在关系之中成为人一样，文化和制度作为构成人之为人的"规定性"之一，不仅影响我们"成为人"，还通过影响具体情境中的判断和选择亦即借由一定的价值观念决定我们"成为什么样的人"。"我决不应当以别的方式行事，除非我也能够希望我的准则应当成为一个普遍的法则，"①康德就是在这个意义上强调"法则""制度""律条"以及与之相关的理性的重要性的。对价值观形成中"理性"的作用在过去的传统中几乎已经被推到无以撼动的地位上。当然，它也不断地受到来自各个方面的质疑，仅就伦理学和道德领域而言，英国哲学家、逻辑实证主义的代表人物之一艾耶尔（A. J. Ayer）就坚持从经验的角度对伦理术语进行解释，认为伦理术语具有形式特征，当一个人对某种行为的对错进行判断的时候，也仅仅是表达了某种道德情感，当一个人说出诸如"你偷钱是错误的"的判断时，也可以看作以愤怒和否定的态度对"偷钱"这一行为表达自己的情感。②休谟更是把情感作为伦理和道德的第一原理来看待，强调情感在伦理和道德行为中的作用。舍勒的"非形式的价值伦理学"更是直接地建立在对

---

① ［德］康德：《康德著作全集》第四卷，李秋零主编，409 页，北京，中国人民大学出版社，2005。

② A. J. Ayer, *Language Truth, and Logic*, New York, Dover Publication, 1952, pp. 107-108. 对于艾耶尔的这种观点我们暂且不做理论上的评判，不过仅就其对道德语言和伦理术语在道德情感表达方面的意义的强调来看，无疑是有值得借鉴的地方的。

康德"义务优先论"观点的责难和批评的基础上。

在此，我们暂且放弃追问孰是孰非，回到"价值观如何形成"这一问题本身，不能回避和必须追问的问题是：文化、制度以及与此相关的一系列的规则、律条等是如何具体、进一步地发挥它们在价值观形成中的作用的？换句话说，它们是如何产生对于价值观及其形成的影响并成为价值观形成的影响因素的？

价值观显现于我们的选择、判断之中。在不确定、多样、复杂的情境面前，做出什么样的判断、如何选择，都涉及价值观并显示出价值观的重要而巨大的力量。为何做出这样而不是那样的判断或选择？其中，文化和制度层面的影响具体地体现在这样几个方面。

第一，命令。对外部命令以及与此相关的规则、制度、规章、条例等"要求"的遵守和服从常常左右甚至决定我们的判断和选择，影响价值观。看重理性、规则、法律等在价值观形成中的作用以及通过自律、法治、建规立制等途径影响人的价值观是最常用的价值观教育途径和方式。然而，自律（自我命令）何以可能？法治与规章制度等"命令"又是如何对价值观产生影响的？与其说是我们对"命令"的遵守与服从，倒不如说是这些"命令"触碰、掀起、引发了我们内心的情感及其变化——要么是对自己处境的不满或对更好未来的憧憬，要么是出于对违反命令而受到惩罚的恐惧，要么是对命令、规则的制定者、发出者的喜爱、拥护和信任，要么是对命令和规则本身能够给我们带来某种（物质或精神上的）利益的预期。总之，我们因对自己的情感以及与此相连的个体内在欲望和精神的服膺而做出了看似是对命令遵从的判断和选择。在这种判断和选择之中，我们的价值观得到某种程度的彰显。

第二，惯习。影响我们判断和选择的除了命令和规则之外，还包括在长期文化和制度浸染中积淀形成的惯习。惯习以及与此相关的传统、文化以制度、规章的形式积聚成命令，渗透在生活的各个方面而固化成隐形的生活方式，成为影响包括判断、选择、行事风格等在内的价值观的根深蒂固的惯性力量。惯习何以影响价值观？一者，惯习代表着传统和继承。遵从惯习不仅可以汲取前人和过往的经验而少走很多弯路，让人感到不费力、舒适，还可以因为避免冒险和失败而获得内心的安定，更是对先人的尊敬。"祖祖辈辈都是这么做的"，延续和传承以往的经验既是人获得安全、舒适、安定、尊重甚至是敬畏、良心上的安稳等情感慰藉的重要方式，也是相应的生理与精神需要得到满足的重要方式。它们是影响乃至决定我们的观念、行为以及相应的判断和选择的不可小觑的力量。二者，对于某些惯习的不认同、不满意有时会阻碍革新与创造，它们通过文化、舆论等内外众多因素又造成我们情绪情感上的压力与恐慌，在反反复复的内心纠葛、矛盾的"对峙—消解—对峙"的过程中不断形塑我们的观念与行事方式，影响价值观。

第三，任性。命令和惯习的遵从/不遵从与情感上的应激、直觉、迷茫或混乱相关。如前所言，人有做出自我判断和选择的"自由意志"，而依靠在直觉层面上做出的，甚至不顾一切地"为所欲为"的自由意志就是"任性"，它表现为不顾命令、不理惯习的"我想""我喜欢""我愿意"。与命令和惯习相比，这种任由自身喜好和爱憎而做出的判断和选择更是带有浓厚的情感色彩——我们在情感上偏好、希望并且愿意如此。这既是导致价值观混乱、低落甚至是迷茫的重要因素，也是内在于人的精神与人格之中的价值直觉的集中外显。在伦理道德领域，"积极的任性"往往与人的"恻隐之心""同情"等道德情感和直觉相连，也是人在瞬间、短时间内做出判断与选择的人格精神显现的标志。其中暗含着情感上的亲向或者规避，影响人的判断和选择并进而成为价值观的一部分。

可见，人因为"自由意志"而在自己身上显现出价值观，人之为人以及人生活的"关系性"则从人性根源上设定了人对于价值观的内在需求。价值观对于人的存在是必要的而不是冗余的，它蕴含于文化制度之中，却不能被文化制度代替，它以命令、惯习和任性等方式作用、显现于每一个活生生的人及其面临的具体的人与事。身处具体情境，每一个人与生俱来的自由意志和生而为人的人性都"逼迫""诱使"他自我追问："我接到命令，但，为什么我要遵守这道命令？……凭什么我就该干习惯这么干的事呢？……在无关紧要的事情上，小小的任性还可以接受，但在严肃的事情上由着性子乱来，不理会是有益或有害的任性，就可能造成十分严重的后果。"①

而"自由意志""关系性生活"和"文化制度"的局限、作用条件以及因境而变所呈现的复杂和不确定的情况同时又意味着为所欲为是不可取的，一味地按照惯习行

---

① [西]萨瓦特尔：《伦理学的邀请——做个好人》，于施洋译，31～32页，北京，北京大学出版社，2008。

事也未必行之有效与合适，仅仅因为它是命令、习惯或任性就坚持去做绝对不是一个好的行动。① 在人宝贵而短暂的一生中，无论是头上的星空还是心中的律法，无论是周全的规章还是完美的制度，最终都不能替代他那活生生的生命和生活经历中的真切感受与体会。在具体的每个人身上，经由他的大脑，在其内在的情感和精神层面荡起涟漪，人的思想意识慢慢积聚形成影响其判断、选择和行事的价值观。在浩瀚无穷的宇宙、纷繁复杂的生活以及灵动而具体的生命面前，人必须学会自我选择，对"为什么我会做出这些行动？为什么我做的是这个行动而不是相反的一种或其他任何一种"②等问题做出切己的体察，给予发自肺腑的回应。

　　在此，德国物理学家兼讽刺作家利希滕贝格（Georg Christoph Lichtenberg，1742—1799）在其代表作《格言集》中，就道德现象和道德行为的原则所进行的概括简单明了。他认为，道德中我们只有四个原则需要看重③。（1）哲学的：出于对法律的尊重，为了"好"本身做好事。（2）宗教的：出于对上帝的爱，为了上帝的意志做好事。（3）人性的：出于自爱，为了你自己的幸福做好事。（4）政治的：出于对社会的爱和对自身的考虑，为了你作为其中的一分子的社会的繁荣做好事。"尊重""对上帝的爱""对自己的爱"以及"对社会的爱"，无论是哪一个方面，作为我们思考、行事中判断和选择的依据，都直接或间接地与我们的情感相关。在伦理和道德领域，没有以情感为基础的道德价值观作为构成和作用力，道德生活就是不完整乃至不可能的。因为"道德"作为最为重要和核心的价值观之一，其意涵中本然地包含对于"情感"状况的要求和期许："道德生活必须包括这样一个有影响力的部分，必须涉及同情心和对他人幸福的直接的关心。……布拉姆说，'我们的情绪情感能够对我们产生道德的影响'，对'对朋友的幸福怀有深挚真诚的祝愿，这样的友谊反映出一种道德上优良的关系'"④。

---

①　[西]萨瓦特尔：《伦理学的邀请——做个好人》，于施洋译，32 页，北京，北京大学出版社，2008。

②　[西]萨瓦特尔：《伦理学的邀请——做个好人》，于施洋译，23 页，北京，北京大学出版社，2008。

③　[西]萨瓦特尔：《伦理学的邀请——做个好人》，于施洋译，23 页，北京，北京大学出版社，2008。

④　[加]贝克：《学会过美好生活——人的价值世界》，詹万生等译，45 页，北京，中央编译出版社，1997。

还需要进一步说明的是，就标识人之为人并影响价值观形成的"自由意志""关系性生活"和"文化制度"等因素而言，最为重要和核心的当属人的"关系性生活"。生物学的研究早就表明，漫长的进化过程造就了人类比其他自然界生物更加高级、复杂的大脑。尤其是人的"三合一"脑中的皮层脑，使人在追求高级的社会性情感、精神与审美等方面，远远超出其他生物，从而成为拥有"自由意志"、能够选择甚至主宰自己命运的"人"。然而，大脑的高度发达是以牺牲身体其他方面机能的发育与成长为代价的，身体发育成长的缓慢、机体力量的弱小以及对于自然环境适应能力的不够等，又在客观上要求人必须形成对他人的依赖，在与同类的"联合"之中生活。人的这种"缺陷"反衬了"自由意志"的宝贵，并且在生物学意义上使得"自由意志"因为有了大脑功能的支持而成为可能，"文化制度"的创造、适应、更新、传递才在个体身上有了内在的生理可能，在群体之中有了外在的组织保障。

人的"关系性生活"的实质就是将人与自然界其他生物相区分的高级的社会性关系，它以深刻、细腻和复杂的人的情感为主要标识，是以人的情感为基础而形成的精神沟通关系，而不是物质交换关系。因为我们从同伴身上能够获取的最大利益，不是来自对更多事物的占有（或把更多的人当作工具一样控制），而是来自更多自由个体的关联和友爱，也即我的"人性"的拓展和加强。① 反过来，因为这种精神上的沟通关系主要牵涉到的是人的生命和生活的高级（也是根本）问题，因此人的情感又在其中得到更加全面、充沛的发育与显现，而在这种问题中也总是可以找到一个或多个情感层面的征兆与表现。

二、情感的重要性

在现代社会，由不同文化、价值观念之间的相互交流碰撞导致价值观形成更加

---

① ［西］萨瓦特尔：《伦理学的邀请——做个好人》，于施洋译，85 页，北京，北京大学出版社，2008。

复杂、深刻的困扰甚至是困境——不仅人们之间拥有并分享一致、清晰的价值观越来越难，而且即便对于个体而言，其价值观也因为时刻面临着外部环境的影响而变得越来越不确定。在这种情况下，对诸如"公正""平等""自由"等价值观和价值品质的认识和解释都更加有赖于具体的情境和个体。与此同时，人类又希望过上并努力追求一种更好的生活，即便在这样一个充斥着复杂、不确定因素的社会和环境中，也依然没有放弃。

可以说，追求更好的生活，是人的基本生存需求和存在价值。只要一天生而为人，人就不会放弃和让渡这样的价值追求。对于到底何谓更好的生活，哲学和伦理学上已经有了很多讨论，这也同样是教育学中常思常新的根本问题之一。尤其是对于价值观教育和道德教育，不仅要追问教给青少年一代什么样的价值观（何谓美好生活），而且要关心他们的价值观是如何形成的（如何开启或达至美好生活），从而对此做出教育上的努力。过去受道德认知主义的影响而形成的过于重视伦理认知、价值原则以及与此相关的线性、逻辑推演以及主客二分等思维观念的局限性已被越来越多的人所认识。从人的生命现象来看，作为价值在生命中的"个体显现"，"价值观"是思想意识层面上的一种"信念"，因而是与人的生命存在分不开的，也是与具体的环境紧密相连的。尽管制度规范、语言文字等载体形式在价值观的呈现、外显方面十分重要，但是如果要形成某种价值观，就需要通过我们的感觉和情感来体验。① 其中，个体生命中的情感尤其与价值观的形成有着密不可分的关联。

作为人类亿万年进化和发展积累而成的人所独有的生命现象和生命动力（动物身上的情绪和低层次的情感在根本上不同于人的情感），人的情感以及以情感为基础的先天思维与决策模式，包括它们在个体身上地位和作用凸显而成的选择能力、应变能力、辨别能力、创造能力、修复能力等，在价值观构造及其形成中的作用有必要引起更多的关注，尤其是理论上的研究和探讨。这不仅对于当代社会的价值观教育理论研究是十分必要的，而且在防范理性的不足以及应对当前社会和时代的不确定性危机等方面提供了新的可能的解释力。

---

① 联合国教科文组织国际教育和价值观教育亚太地区网络：《学会做事：在全球化中共同学习与工作的价值观》，余祖光译，9 页，北京，人民教育出版社，2006。

（一）"价值观形成"作为情感弥散的生命和伦理现象

1. 情感构成价值观及其形成的生命底色和恒常心理背景

情感弥散于生命的全程，既是人的生理、意识、认知、思想、行为等一切生命方式和运动的基膜，并通过表征人的欲望和需求构成人的价值观；又反过来作为一种生命能量通过激发、引导、调整、提升或者控制人在具体情境中的欲望和需求而影响人的判断与选择，进而影响价值观的形成。在具体、生动、偶然和不断变化的生活情境与行为面前，清晰的逻辑推理、冷静的理性思考以及苦口婆心的晓之以理的力量与作用常常会显得比较苍白，倒是在我们内心一刹那升腾起来的情感及"偏好"常常先于理智觉察和判断，或者至少是理智伴随着原始状态的情感，定格我们后续的情感性状、理智判断和行为选择。

我们的情感、意志和行为是不能有那种符合或不符合的关系的；它们是原始的事实或实在，本身圆满自足，并不参照其他的情感、意志和行为。① 因此，即使是在具体真实的伦理和道德情境中，生物的适应性也常常需要让位于控制、调适这些适应性需要的伦理与道德需要。此时，影响个体在其中做出让位和选择的伦理与道德上的"敏感性"就是以长久以来积累、固化的情感与人格为底色的生命能量综合作用的结果。正如朱小蔓教授所言，由人的情感品质所制约的道德敏感性，对自己、对他人的感受性，情感世界的丰富性、深刻性、稳定性等，都是人的道德行为过程中的恒常心理背景。② 个体在对社会情境进行有意识的认知编码、判断等之前，便是以这种生命"自带"的缄默认知以及与此相伴随的"直觉"（情感）作为恒常的心境和首要的心理活动与反应机制的。

2. 情感是形成价值观与累积生命经验的重要机制

价值观的形成过程以"情感—体验"为主要形式与内化原理，与人的生命状态相关的、切己的情感在累积生命经验，通过感受进而帮助理解、评价生命关系等价值感受和价值观形成方面的机制是基础性的、本能性的。在生活中获得、感受和建

---

① ［英］休谟：《人性论》，关文运译，494 页，北京，商务印书馆，1980。
② 朱小蔓：《情感德育论》，46 页，北京，人民教育出版社，2005。

立的正向、积极的情感体验、联结体现为人在生理与精神等多个层面上的快乐基调。个体不断地倾向并有意无意地强化这种情感体验和联结，以便在维持、提升这种体验的过程中，反复、持续地身处其中，累积、寻找类似的情感记忆，从而保持和经历生命中的惬意、安全、温暖、友好、和谐等状态和感受。这是人的价值观形成，尤其是指向伦理和道德的价值观养成的"温床"，人在其中萌生友爱、温暖、同情、宽容、悲悯、信任等具有伦理和道德意义的情感和价值观。而这些经历和感受又进一步验证、稳固并推动与它们相似的、更大范围和更深层次的快乐基调的建立。相反，负向、消极的情感体验和联结带来的是不舒适的甚至是抵触的"悲观"基调，它使人有意无意地逃离、规避，从而获得生理与精神上舒适与快乐的体验。

　　无论是个人的生命历程和生活经历，还是同他人的交往过程，对积极情感经验的"倾向"和对消极情感经验的"规避"，既是人的生存本能，也是人成为人并生活下去的要求使然。任何一项价值观品质从"激发"到"稳定"的"偏好—体验—价值人格"的整个形成过程都是与情感相伴随的，尤其是经过冲突、发展、巩固、固化而形成的较为稳定的价值观人格，更是"历经沧桑波澜"而"静如止水"的深沉情感。在伦理和道德价值观领域，当人们在与他者关系中体验到积极的、肯定的情感时，总是会希望继续保持这种体验，并通过特定行为维系和发展这种关系，不允许这种体验或者关系因为某些行为而受到破坏；或者，当人们在与他者关系中体验到消极、否定的情感时，将努力消除、摒弃这种体验，并通过特定行为破坏和中止这种关系，这些就构成了人们从事与道德有关行为的动机，并促使人们将这种动机转化为实际的行动。① 情感上的"应激"需求和反应经过人类文明的发展以及个体的发育、进化过程，并在个人具体的生命历程和生活经历中积聚、凝结而成的"情感经验"和由此而发的"情感定势"在具体情境中预测、应对和做出相应的判断、选择等（伦理道德）方面发挥着基础性的定性和导向功能，它们既是人类寻找共同价值观、达成一致和共识而"同生"的个体内在机制，也是在个体之间保持差异、尊重不同而"共生"的具有伦理和道德意蕴的价值观发展方向的情感依据。

---

① 郑信军：《青少年的道德情感：结构与发展》，63 页，杭州，浙江大学出版社，2015。

3. 人们通过情感产生共鸣并形成伦理道德的准备态势

作为信息、感受生成和传递的最为真实、全面、及时的线索，情感帮助人们捕捉外界与他人的信息，通过联结产生移情、共鸣，并不断形成价值观在伦理道德方面的准备态势。个体对他人信息的接收以情绪活动为线索。婴儿生命早期的依恋等情感是帮助他们表达自我需要，建立社会联系，识别、判断并接收外界信息的信号。前语言阶段的学习也以情绪为信号，通过这些信号，婴儿(包括长大以后的成人)积累他们的情感经验并形成一定的情感图式，以便在经历或身处类似情境时能够快速地做出反应，满足、维护和调整自身生命成长的正当需求。这种反应、需求和做出的调整，都是后期社会性行为的情感基础，它们既是个体早期价值观定势和形成的过程，也影响甚至决定价值观的性质和发展方向。

人与人之间的交流沟通也离不开情感，情感渗透在语言、文字等沟通媒介之中。在个体生活与人际交往中，我们可直接通过情感捕捉他人的信息，获取对他人的认识、了解并与之展开交往。在这个过程中，人与人之间的关系是相互的，在对待他人、与他人的联系中使自己"被文化化"，成为"人类"："人类化是一个相互作用的过程，为了让其他人待我如人，我也必须使他们成'人'，……所以，'给自己一份好生活'，实质上跟'给别人一份好生活'并没有根本区别"①。尤其是伦理和道德上的"设身处地"与情感上的"同感共受""同理心""移情"等在构成(构建)人们之间顺畅、良好的关系(主要是社会性关系和伦理关系)方面的作用是异曲同工的。例如，中国文化中的"己所不欲，勿施于人"(自己在情感上不想要、不接受的，也不要强加给别人)讲的就是一种美德关系的构建。弗洛姆也说过，"不要让别人做你不希望被强迫的事"，是伦理学的基本原则之一。我们同样可以肯定：所有你让别人做的事你自己也在做。②

4. 价值观中包含着情感以及与情感相关的复杂生命成分

情感与人的伦理和道德价值观有着天然的联系，通过人的特殊素养、思维认

---

① [西]萨瓦特尔：《伦理学的邀请——做个好人》，于施洋译，47页，北京，北京大学出版社，2008。

② [西]萨瓦特尔：《伦理学的邀请——做个好人》，于施洋译，75页，北京，北京大学出版社，2008。

知、精神观念、行为实践以及社会关系等，成为人重要的价值观。① 一方面，情感最直接、最真实地表达人与人之间的社会性联结，这一联结从胎儿联结感的出现开始，经过强化而不断发展到其他的社会性情感，它们不仅与价值观相关，而且是伦理和道德行为的直接根源。人的价值倾向和价值观隐藏、蕴含在经由情感而表达的人的需求、愿望、喜好、趣味等之中，情感标识、构成并表达对主体有特殊意义的内驱力、本能、需要、动机、目标或期望。这些意义可以分为：（1）与主体生理身体和心理特性有关的个体利益（personal interests）（基本需要、安全以及对自我及其形象保存的完整性）；（2）与主体社会性有关的关系利益（relational interests），往往通过经验和学习而获得（独立性、社群关系、实践需要、参与需要、自主需要）；（3）与个性规范化有关的社会利益（social interests），如公正和道德，或者可称作"自我实现"的需要。② 其中，尤其是一些基础价值和人类普遍认同与共有的价值观，如生存、健康、幸福、伙伴、友谊、同情、助人、自尊、被人尊重、发现、美感体验、实现自由、生活的意义感等，它们的表现形式以及侧重点会随时代而变化，并受文化影响，但不论形式怎样，它们都有顽强的生命力，并帮助人获得内在的力量以抵抗外部不利事物对美好生命和生活的践踏。另一方面，作为伦理和道德价值观的核心，道德感发轫于情感，和人的情感密不可分，在道德价值观的形成过程中，情感为其标识了性质与方向。

我国情感教育研究的奠基者朱小蔓教授在研究俄罗斯伦理学家季塔连科的思想时发现，人的道德感在社会生活和交往中形成，与情感有着极为紧密的联系。她认

---

① 有一些情感本身既是生理上的情绪感受和反应，也是包含内在精神在内的社会性的伦理和道德价值观。正如克莱因等人所言，"如果我们在自己身上觉察到对所爱的人的恨的冲动，我们会感到担忧或内疚。"（[英]克莱因、[英]里维埃：《爱·恨与修复：梅兰妮·克莱因与琼·里维埃演讲录》，吴艳茹译，55 页，北京，中国轻工业出版社，2014。）这里，"担忧"或"内疚"本身既是经由低级的"恨"的情绪而产生的高级情感体验，又是价值观生成的潜意识的萌芽——因为这种内疚的情感体验会在接下来的时间里促使个体不断地回味、反思和咀嚼自己的心理，反刍自己思想意识中原有的那些观念的合理性、合情性，并可能做出观念以及进一步的行为上的调整。而人们对自己的处境、命运、行事等感到不满意，既是情感体验上的"不舒适"并由此产生和伴随"不友好"的情感，也是价值观念上的冲突、不协调的体现。相反，感到满意则会产生友好的情感，而"满意"本身也代表了价值观念上的比较一致、协调。可见，情感体验上"友好"或"不友好"的评判，既是生理层面的自然反应，也是包括认知、思想在内的精神层面的感受，是人的自然反应与精神感受合二为一、融为一体的价值观念表征。

② [意]史华罗：《中国历史中的情感文化——对明清文献的跨学科文本研究》，林舒俐、谢琰、孟琢译，264 页，北京，商务印书馆，2009。

为，"个人内心生活是一种复杂的多层次的过程，包括感觉和知觉；情绪、激情、心境、热情；赞成和谴责；共同感受、同情、爱情、友谊、忠诚和许多许多其他的东西。这是充满热情的深刻的道德—心理的机制，人的道德积极性和伦理上的自我发展正是通过这一心理机制表现出来的"①。情感不仅指道德情感，还包括人的直观感觉、情绪、各种感受体验、情绪情感性认知等，是一个较为宽泛的情感范畴。正如季塔连科所言，情感是复杂的、多级的、深刻的道德心理机制，人的积极性、自我发展正是通过这一机制表现出来的。情感是人的社会活动中的复杂的探索机制，而这种机制是获得道德观念的根据和最初的渊源。②

5. 由情感所形成的氛围与倾向构成价值观形成的重要环境力量

以情感为线索，对生命和生活内外事物做出的理解、认同、接纳、反对、抵触、憎恶等生命反应和行为所形成、表现出的情感倾向和情感氛围是传递、酝酿价值期待，构成价值观形成的内外环境的极为重要的情感力量。尤其是在伦理道德价值观领域，"没有适当的欲望、态度、习惯、希望、恐惧及适宜的环境，人们很难去做他认为是正确的事情。仅仅依靠意志的力量，是远远不够的"③。作为个体的生命元素，情感在生活和人际交往关系中酝酿形成一定的价值氛围，构成价值观形成的外环境。当这种外部情感氛围和环境是积极、正面、温暖的时候，会刺激和促进个体不断强化按照他原有的愿望和观念做出判断、选择和行事。而只有当人们能够创造出一种包含下列要素的氛围：温暖、非正式、敏锐的理解、倾听的渴望、真诚的关心、想要成为自己的意愿，在必要时甚至是笨拙的和一种促进交流的技巧，这些事情才能发生。④ 相反，当外部情感氛围是消极、负面、冷漠的时候，个体不断怀疑自己原有的价值观念，甚至否定自己行为的意义，而产生价值观上的动摇、冲突和混乱。

此外，在外环境遭遇价值观问题、困惑、瓶颈、争议时，由个体情感参与而做

---

① 朱小蔓：《永恒的道德 无尽的思念——写在俄罗斯著名伦理学家季塔连科教授 20 周年忌辰》，载《教育研究》，2013(5)。

② 朱小蔓：《永恒的道德 无尽的思念——写在俄罗斯著名伦理学家季塔连科教授 20 周年忌辰》，载《教育研究》，2013(5)。

③ [加]贝克：《学会过美好生活——人的价值世界》，詹万生等译，19 页，北京，中央编译出版社，1997。

④ 李强、谭华：《罗杰斯》，139~140 页，昆明，云南教育出版社，2011。

出的"人同此心、心同此理"的判断与抉择，是价值观在接近人的精神层面并真正关心"人"，滋养生命、升华精神等方面的最为可能、具体而生动的力量体现。大多数道德行为源于一种强烈的并且适当的利他或利己的欲望或愿望①，情感通过对社会关系的调节、重组，影响价值的选择和价值观的形成。尤其是当人在社会中遇到不同的困惑和矛盾冲突时，以情绪情感为裁夺、判断的依据和线索，对具体、复杂的情境做出相应的情感反应，并将它们纳入个体已有的认知模式和思维范式中，由此形成的个体自我情感经验是影响价值观形成的重要内生环境。在经历内部情感的"冲突—平静—再冲突—再平静"等过程中，价值得到重新的界定、选择、重组和统整，原有的价值观念不断经历生活的考验而在情感上形成、凝固为较为稳定的、新的价值观念，人格的健全和完善在这个过程中得以实现，个体的社会化过程也伴随这个过程而展开。在这个过程中，价值观不是外部强加于人的，而是人本然地、真实地追求和形成的。

(二)追求与达成价值观共识的三个情感原理

作为一种"关系性的存在"，人不是孤立的，而是需要过集体、群体的生活。在这一点上，正是通过并借由情感的联结、相通，人们能够联系在一起，成为一个命运共同体。

1. 情感相似性

情感在人性上的相通、相近成为重要的价值观基础。哲学家维特根斯坦在其后期语言哲学研究中对传统的范畴理论和本质主义哲学纲领进行了修正与完善，提出"家族相似性"(family resembalance)理论，认为一个范畴内的成员不必具有该范畴所有的属性和特征，而只要在某一个或几个属性上与其他成员共有、相同即可被归为同一个范畴。维特根斯坦这一理论用来概括人身上的情感状况及其在构成人性、联结人与人之间的关系、贯通生命等方面的地位和功能再恰当不过了。作为人，"大家都是用同一种面团——理念、感情和肉体揉成的，或者借用莎士比亚更加美

---

① [加]贝克:《学会过美好生活——人的价值世界》，詹万生等译，19 页，北京，中央编译出版社，1997。

丽而深刻的表述：我们每个人都是用现实与梦想交织而成的物质做成的。但愿人们都能意识到这一份相似"①。尽管每个个体所处的情境、做出的判断和选择、自己的感受和体会都是具体的、有差异的，但是支撑、影响我们感受、判断和选择，甚至构成我们感受、判断和选择的重要部分的情感是相通和相近的。"假如你控制好自己的'群体本能'而不听从潜伏在内心的无谓念叨，很快就会发现，你正与这个外人分享着比区别你们的差异更多的共同点——你会看到你们在根本性上的相似之处，他或她跟你一样出生、爱、斗争，知道终有一死，也跟你一样需要交谈和理解，需要支持和认可。"②因这种情感相似性，不管是否文化相近、语言相通，我们都能够感受并理解"高兴""痛苦"等情绪情感；我们也可能、可以对他人的情感感同身受，故而我们又不是孤立地存在的，而是联系在一起的。"联系在一起成为人"是人性的基本规定，其中显现了"人"的价值观。它意味着，人身上的价值观不仅是"我的""你的"，更是"我们的"——人可以拒绝一切，但是他不能拒绝成为一个"人"。人拥有的一切利益都是相对的，除了一项唯一绝对的：在人类中做人，给予和接受人性的对待，否则你就无法获取好的生活。③

"获取更好的生活"作为一种价值观和对价值观方向的期许，充分彰显了情感在构成人性、达成价值共识并沟通价值观等方面的黏合剂和桥梁作用，突出了情感的基础性。"人类种群"，或者说"人这种生物"，并不只是一个纯生物的概念，而是指向一个共同的计划，一种从基本的感情因素来理解人性的方式，这可以等同于下面这句话：人一旦不理解同类，就不能得到理解。……在人类最好的一面与最坏的一面之间，可以存在各种不同的欣赏方式和价值判断，但绝不会是冷漠淡然，因为别人的人性也涉及我的人性。④ 在与他人联合的过程中，我们显示为"人"。反过来，我们是"人"，我们应关心别人；我们是"人"（意味着弱小），我们依赖别人；

---

① ［西］萨瓦特尔：《伦理学的邀请——做个好人》，于施洋译，88 页，北京，北京大学出版社，2008。

② ［西］萨瓦特尔：《伦理学的邀请——做个好人》，于施洋译，138 页，北京，北京大学出版社，2008。

③ ［西］萨瓦特尔：《伦理学的邀请——做个好人》，于施洋译，87 页，北京，北京大学出版社，2008。

④ ［西］萨瓦特尔：《伦理学的邀请——做个好人》，于施洋译，137 页，北京，北京大学出版社，2008。

我们是"人"，我们需要爱。对他人的"关心""依赖"以及我们自身对于"爱"的需求，既因为情感上的"相通"而成为可能，也因为人与人之间的"同感共受"而绝无仅有地在人的"同类"之间形成价值观。价值观不能在事或物中产生，而只能在人身上显现。人最重要的不是他们的行为在我眼中是否合适，而是从人的意义上讲"适合我吗"和"时刻牢记以人的态度对待他人"。①

无论是作为黏合剂，将"我""你""他"联系在一起，结成关系，始成"我们"，还是在发展和延续这种关系并将它引向更好的方向亦即"成为更好的我们"的价值观导向方面，情感都因为人性上的相通、相近而成为重要的价值观基础。正如哲学家罗素曾动情而又不无遗憾地描写和呼吁的那样："与同类被'共同的命运'这一最强大的人际联系紧密结合在一起，自由人发现身边总是有一种新视角，向所有的日常生活投射出爱的光芒。人类的生命是越过黑夜的长途跋涉，四周围绕着不可见的敌人，被困倦和痛苦煎熬，朝着没有几个人能够有幸达成的目标前行，而且即使到达也无法停留很久。在行进过程中，一个接着一个，同伴渐渐被无处不在的死亡的寂静符咒吞噬，很快从视线中消失，快得我们根本无法伸出援助的手；而那一瞬间就决定了他是幸福的还是悲惨的。多希望我们能用阳光撒满他的小径，用同情的香脂抚慰他的创伤，让永不疲倦的爱给予纯粹的欢乐、鼓励脆弱的精神、在绝望的时刻送去希望"②。情感可以给人造成痛苦、悲伤、绝望，也可以给人带来欢乐、抚慰与鼓励，指引人前进的价值方向，为人类群体的发展与进步送去希望与可能。

作为人的深层次的生命能量，情感既在人的联合中确证了"人之为人"，也在个体身上和人类中因为"情感相似性"而萌发并显现了价值观。对于"更好"的生命与生活的追求，既是对价值观发展方向的期许，也是以情感为基础的人的本质需要和自我存在的确证。在"作为人"以及个体整全生命的意义上强调情感对价值观及其形成的重要性，并不是排斥和否定人的认知、智识与理性，更不是将情感放在它们的对立面。作为对感性与理性的综合统整，情感是"人"这一整全生命的存在方式。在构成、表征、联结、沟通人自身生命以及不同个体生命之间的状况、需求、

---

① [西]萨瓦特尔：《伦理学的邀请——做个好人》，于施洋译，83页，北京，北京大学出版社，2008。

② [英]罗素：《神秘主义和逻辑》，见[西]萨瓦特尔：《伦理学的邀请——做个好人》，于施洋译，90页，北京，北京大学出版社，2008。

层次、联系等方面，它因为离人性最近而成为价值观和价值观形成的基础。

2. 情感优先性

情感优先于外在可见的符号与行为，更加真实、直观、全面地表征个体的价值观状况。诚然，理论上的分析是一回事，现实的情况又是另外一回事。就像很难判断"人"的好坏一样，人也往往很难对具体生活情境中自己的观念、行为以及外界的人和事等做出及时、准确和充分的理性权衡、比较、分析与判断。尤其在一些特殊、偶然或两难的境况中，个体彼时彼景中情绪情感上的反应、感受显得更具体、更真实，也更能彰显和体现个体意义，而这也往往成为影响甚至决定他的生命与生活体验以及行事的主要依据——我们并不是因为知道某件事情所以就去做的，而是因为我们喜欢做这件事情所以才去做它。即便是作为一种观念，价值观也常常被人定义为"情感点燃的想法"。正如萨瓦特尔所言，因为我们从外部无法断言谁好谁坏，谁做得对或不对。要研究的不仅仅是每件事的情形，甚至需要追究推动它发生的意图。① 我们理解，这种"意图"就是人的"情感"，表现在人身上，它是一种常态化、较为稳定的心理倾向，因而是掺杂有较为固化的惯性理智、一般性的心境和经常性的气质表现等在内的人的深层次的精神和人格性向，而不是指一时兴起或者某些暂时性、突发的情绪表现。用英文表示，它是 affective，而不是 emotion。因此，我们不要把这个"做你想做之事"，跟"任性"混淆，做"你想做之事"是一回事，做"你脑子里冒出来的第一个念头"则是完全不同的另外一回事。②

因为掺杂、融合了人的感性或者说非理性的一面，人类个体内在的行事意图便在其完整的情感层面上拥有了先在的理性算计和分析的地位；表现在对价值观形成的作用和构成方面，就是从"情动"到"思虑"的，既有动力之源又有内容之基的"性情"。它以"整全人"的状态和形式参与个体行为和社会生活，并在其中先在地感受、体验、判断、选择，影响价值观的形成。正如休谟所言，情感在这里有必要显示自己，以便使有益的倾向优先于有害的倾向。这种情感可能正是对人类幸福的好

---

① [西]萨瓦特尔：《伦理学的邀请——做个好人》，于施洋译，35 页，北京，北京大学出版社，2008。

② [西]萨瓦特尔：《伦理学的邀请——做个好人》，于施洋译，43 页，北京，北京大学出版社，2008。

感和对痛苦的反感，因为这些感受正是善与恶往往会促成的不同结果。① 我们将情感在现实情境中的这种优先作用概括为价值观形成中的"情感优先性"原理。它是情感在表征价值观状况、定位价值观形成方向等方面的基础性地位的体现。

　　作为行为背后的思想观念和影响行为的行事准则，价值观与行为密切相关，然而，价值观对行为的影响只有回归到它所显现、存在的本体——人身上的时候，才得以可能产生。价值观是人的价值观，它融化在个体复杂、具体的生命经历和身处的环境、空间之中。尽管在同一个人身上具有相对的稳定性、一致性，但是在经过"人"而通达行为的过程中，价值观的状况不仅会发生变化，而且这种变化有时候还是动荡和颠覆性的。一个诚信的人也会有言不由衷的时候，一个热爱自由、追求自由的人也会常常感到身不由己……生活中的所想不等于所为，所愿不一定可行的事情常常存在。这就意味着，价值观并不必然地与行为举止和语言符号等同，依靠外在的言语、符号和行为来判断、衡量、确定人的价值观状况是不够的，甚至常常是危险的。一定情境中的"公正"并不代表一个人的公正，一个诚实守信的人偶尔做出不诚信的行为也是正常的，何况生活中常常有所谓"必要谎言"②一说，它们在涉及对待战争中的敌人、生病的病人的时候，既是有用的，也是必要和值得提倡与赞许的。

　　回到现实具体的人和情境之中考察，价值观的边界越见模糊和复杂。伦理学中关于"好坏""善恶"的争论就此显现："当从普遍意义上来考虑人类的问题，道德就显得能够不那么清晰可循，因为做好人没有一个唯一的规则，而且人也不是为了达到某一目的的工具。"③形成价值观并依此行事是涉及"如何做人""做什么样的人"的十分复杂而又具体的问题。这其中个体依据信息、借助各种手段辅助而形成的智识判断与分析固然重要，但是他的情绪发动、意志参与、情感体验等显得更加珍贵。我们甚至可以用"智慧"来表达和概括这种人身上特有的力量与

---

　　①　[西]萨瓦特尔：《伦理学的邀请——做个好人》，于施洋译，36 页，北京，北京大学出版社，2008。

　　②　[德]包尔生：《伦理学体系》，何怀宏、廖申白译，582 页，北京，中国社会科学出版社，1988。

　　③　[西]萨瓦特尔：《伦理学的邀请——做个好人》，于施洋译，34~35 页，北京，北京大学出版社，2008。

文明：它使得人在面对不同情境、对象、事件的时候能够以一种饱含激动、爱、恨、同情、宽容、责任、公正……复杂情感的生动的生命去做出属于他自己的选择(选择也是一种情感倾向)，并在其中感受、判断、思考和行动。对此，胡适在解释何为"道德"的时候有一段话说得再明白不过："依着个人的智慧的光明，对于那复杂、变迁、个别的人事问题，在行为上随时随地做相应的应付：这就是道。这种行为，久而久之，习惯了，圆熟了，不须勉强了，成了品性了。这就是品格的养成，这就是德。"①离开具体情境和人的真实性，价值观就是抽离鲜活生命、脱离现实生活的抽象与教条，因为失去对人的解释力而变得苍白。

只有在经历要么对个体原有生命经验的深化、放大；要么冲破甚至否弃、重组原有的价值观念和价值观系统，而在主体内部获得新的价值秩序的重建；要么打乱、破坏原有的价值体系，产生价值观的纠葛、矛盾，甚至彷徨与迷失等过程，价值观才能真实性地显现、形成并发展。在这个过程中，情感以及以情感为基础的动机、意愿优先于外在的符号与行为而更真实、具体、深刻、全面地表征个体的价值观状况。

3. 情感方向性

人通过情感体悟而生成伦理道德的形式为价值观的形成规定方向。尤其是以情感为核心的在人身上形成的情感的文明程度可以更基础性地反映行为主体——人的价值观的性质(表现在行为上的动机、利害指向，等等)，因此也是我们判断"人"的价值观状况可以相信和依靠的内在依据。

对"更好生活"的向往和追求是对"形成什么样的价值观""为什么需要价值观"等问题的回应。然而，何谓"更好"？其中既有智识的评判，又有情感的体验。个体生命内外有序顺畅的价值秩序以及与此相关的舒适、愿意亲近、迎合、认同与接纳等，都在情感体验上有所表现和得到反映。相反，那些让人感觉"不当""不舒适"的人、事，不仅意味着它们在人身上显现的价值秩序是混乱甚至是失序、冲突的，而且超越其他一切因素首先在个体内在的情感层面上反映出来，并通过情感通达包括意识、认知、行为等在内的整个人的生命体知层面，成为全息性的"自我拒斥"——感到害怕、恐惧、丢脸、负罪感，等等。

---

① 朱小蔓、金生鈜：《道德教育评论．2008》，64 页，北京，教育科学出版社，2009。

如果我们把这种由生命体知上的"善"或"恶"而引起的情感反应称为"道德情感"（一种在对美好生命和生活状态的追求与向往过程中产生的情感体验）的话，那么我们在其中所拥有和表现出来的无论是"舒适"还是"不舒适"的感觉，都因为它们不以行为的客观结果为评判和衡量的依据而不是纯粹功利的。也就是说，这种情感先于我们对一个行为或者事件有可能带来的实际结果的考量、评价或者期待而具有在对价值观影响上的纯粹优先性，并据此而标识价值观的伦理和道德性。正如休谟所言，人性中如果没有独立于道德感的某种产生善良行为的动机，任何行为都不能是善良的或在道德上是善的。① 这种"动机"很大部分就是人的情绪和情感。之所以有可能不是为了与此相关的道德快感才行善事，原因恰恰在于这个情感是先于反思的，并且带有一种欺瞒，就好像行为的客观目标也就是直接的主观动因一样。② 在规定价值观的发展方向上，真实、个体性和情境化的情感反应占据着重要的基础位置。

不仅如此，当生命和生活因各种内外力干扰而脱离甚至是违背了"美好生活"这一初衷和轨道的时候，融合了感性与理性的情感通过并借由伦理道德的力量为人的生命和生活提供更宽阔、深刻、有力、坚固的弥补和支撑。在此，"即便是真理与理性，也只有当一种激情为它们而在时，当献身的投入（作为自愿牺牲的情感）成为冷静的思考之基础时，它们才能起作用；如果没有内心深处的炽热烈焰在持续地激活这位疲惫的、常常几乎处于绝望状态的战士，并向他的躯体注入力量来重新进行更为卓绝的努力，善如何还能够在与潜伏着的恶以及与几乎更为强大的枯燥乏味的困苦人生之敌人的战斗中胜利地前进！而这种炽热，就是对纯粹之物、崇高之物和伟大之物的真正热忱之火焰，……一个人对善的真正阳刚激情的道德情感越是深切，当卑鄙与下流在肆无忌惮地散布恶的种子时，他也就越有可能在神圣怒火的喷发中熊熊燃烧；但在通常情况下，这种情感植根越深，在表面上就越是鲜为人见"③。通过融入伦理和道德，情感为人的生命和生活经历提供持续、长久乃至源源不断的内生力量。这种源自个体内在生命的情感体验在通向美好生活方面的作用比单一的理性和任何武断的标准都更加有力，也更加彰显出每个个体的价值和意

---

① ［英］休谟：《人性论》，关文运译，519~520页，北京，商务印书馆，1980。
② ［德］哈特曼：《道德意识现象学：情感道德篇》，倪梁康译，17页，北京，商务印书馆，2012。
③ ［德］哈特曼：《道德意识现象学：情感道德篇》，倪梁康译，17页，北京，商务印书馆，2012。

义，它使价值观形成和教育有了标准和方向——这就是"人"的伦理学。人性的伦理学，跟专制的伦理学相对，可以用一条形式和内容上的原则来区分，前者在于只有一个人自己才能决定德性和罪过，而不服从于任何权威；后者的基础是，对人好的就是好，对人有害的就是坏，人类的幸福是伦理价值的唯一标尺。①

三、价值观形成：从教育走向学习

何谓"价值观教育"，如何理解它与"道德教育"的关系，这些是在价值观教育实践中必须回应和关注的基本问题。在此基础上，审视学校是如何通过具体的教育实践帮助学生形成价值观的，这将有助于反思价值观教育的困境，并为价值观教育理论的发展提供更多可能的思考和解释。

（一）价值观、道德与价值观教育的伦理指向

1. 道德价值观与价值观在指向"美好生活"的层面上旨趣一致

价值观与伦理、道德之间既有联系又有区别。在广泛的意义上，价值观就是道德价值观。在日常使用中，我们会在伦理、道德、价值观之间相互贯通，取其通意使用。在理论研究中，它们之间也因为有很多共通的、相互包容或者相近的意思而常常被混合在一起谈论，从事伦理学研究的学者不会不谈论价值观问题、触及道德议题。黑格尔是历史上第一个把伦理和道德区分开来的人，他认为伦理可以从社会性的角度加以把握，而道德则必须落实到个人的精神世界当中。就价值观和道德而言，它们又共同区别于伦理的社会性层面的特征，而表现出更多与个体认知、经验、心理以及精神等方面的相似之处。所不同的是，在范畴和外延上，价值观要比道德更多样和宽广一些——凡有人生活的地方，便有文化；一定的文化形成一定的

① ［西］萨瓦特尔：《伦理学的邀请——做个好人》，于施洋译，36 页，北京，北京大学出版社，2008。

价值观，裹挟在文化观念中的价值观是文化的重要内核。所以价值观属于文化范畴。文化的外延、特征以及不同的文化分类，都使得其中的价值观有不同的属性和分类。而道德可能只是众多价值观中的一部分或一类（我们常常说的道德价值观，可能就是指众多价值观中的一类）。

不仅如此，价值观与道德在具体、特殊和不同的社会文化背景中，还存在并表现出个体对认知、经验、心理和精神等解释和理解上的差异。个体对于道德与价值观关系的理解，受到群体和社会文化背景的影响。例如，在美国，道德被定义为私人领域的事情，而价值观则更多地具有中性的、温和的性质。因此，在公共领域，人们一般很少谈论道德——道德是因人而异的，是不适合也不必要（可能也不容易）在公共领域里谈论的，而价值观则是相对比较中性的。也就是说，道德比价值观更具有个体特征。

不过，价值观与道德之间的这种区分并不是绝对的。在因人类社会生活与存在状态的变化并为文化不断向着文明的方向演化而形成社会的伦理需要方面，价值观与道德之间具有一致的旨趣。因为狭义的道德伴随并生成于一定的文化和价值观中，道德在此意义上是价值观的应然指引、方向和目标，道德价值也是所有价值内容的核心价值。在所有的文化价值形态中，道德价值观念处于核心地位，其他任何文化价值都与道德这个核心价值有着或强或弱的联系，其价值取向都以道德价值为基本参考系。① 而广义的道德将道德看成与我们的生命休戚相关的，是我们生活所需、指向"美好生活"并通过道德情感表征、升华、探索、体悟人的存在意义的人的整个生命不可或缺的一部分。特别是在我国特殊的国情背景下，我们常常将价值观、道德等混同使用，从事道德和伦理研究不会不关心价值观问题，而往往价值观问题的核心就是道德问题。

综上，由于价值观的丰富、多样、个体性、情境性等复杂特征，在应然地关心人的生命质量，指向生命状态的积极、充盈、饱满、有意义以及生命内外各种关系的顺畅、和谐——简言之，在对于人、社会乃至整个人类的"美好生活"的攸切相关的层面上，本研究关心、指涉的价值观主要是基础性的价值观（价值品质）和道德价值观。前者就纵向而言，与人的其他价值观密切相关，构成其他价值观成长、

---

① 竹立家：《道德价值论》，216 页，北京，中国人民大学出版社，1998。

持存、发展的核心和基础。后者就横向而言，是不同文化价值观的核心。

2. 价值观教育以道德为方向，以价值观的道德性为追求

对内容的认识影响到对形式的选择，对价值观的理解影响到价值观教育。作为价值观中最为核心和关键的部分，道德价值观不仅在广义上等同于"价值观"，而且为价值观形成标定了方向，是价值观教育的标杆。在道德教育领域，我们也常常用价值观教育来代替道德教育，甚至在美国还曾直接用人格教育（character educa-tion）——"培养好人的教育"或者"价值观教育"来定义道德教育①。作为一个重要的道德教育理论流派，人格教育认为，健全人格和价值观因其中性的、对于个体私人潜能和不同特征的尊重与保护而有可能成为公共教育领域研究的议题，自然也可以通过有他人参与的教育活动得到培养。相比之下，纯粹个体化的道德（如果存在的话）就难以甚至无法通过外在的教育方式来进行教育。简言之，价值观可以在以人际互动为特征的教育活动中得到培养和教育，而个体道德上的变化和价值观向着道德的方向变化则是这一过程的伴随状态。价值观教育关乎道德并以指向道德为目标；在指向个体幸福生活、健全人格以及社会文明进步等目标与内容方面，价值观教育基于个体道德潜能、特征与需求，具有普遍的社会伦理指向，这与道德教育也是一致、相通的。正如贝克所言，"到目前为止，为道德的重要性和道德教育在学校中的地位举的所有例子，都同样适用于一般的价值和价值教育。美好的非道德价值——个人的、社会的、政治的、经济的、审美的、生态的等——对人类的幸福来说都是必要的。大到社会小到学校对价值探索的忽视，是造成当今所面临的问题的一个主要因素"②。在贝克看来，最好把道德教育和价值教育结合起来。他举例子说，即使一个人获准教授一门伦理学或道德课，在实践中也不能不涉及广泛的价值问题，否则，就会陷入简单的说教和枯燥的分析。③

由此我们可以认为，价值观教育的过程就是道德价值观形成的过程——我们总是希望一个人、一个组织乃至整个民族和社会的价值观是有益于个体生命与社会文

---

① ［美］诺丁斯：《学会关心：教育的另一种模式》第2版，于天龙译，前言，2页，北京，教育科学出版社，2014。

② ［加］贝克：《优化学校教育：一种价值的观点》，戚万学、赵文静、唐汉卫等译，157页，上海，华东师范大学出版社，2003。

③ ［加］贝克：《优化学校教育：一种价值的观点》，戚万学、赵文静、唐汉卫等译，158页，上海，华东师范大学出版社，2003。

明的，亦即"道德的"。而促进在个体身上乃至整个社会形成这种道德价值观是教育义不容辞的责任，也是千百年来人们对教育，特别是学校教育寄予的厚望：学校应该教给人品格、智慧、礼貌、读写的能力、德性和知识。①

（二）价值观教育中的情感维度及其范式转换

抛开对"何谓道德的"这一（价值观）问题的争论，"道德是否可教"从苏格拉底时代开始，就是伦理学和道德教育领域争论不休而没有定论的基本问题之一。

一直以来，教育学研究与教育工作习惯对教育做德智体美劳的划分，"五育"当中，"德育"为先。然而，这种划分在理论和实践中不断地被误读为道德教育是与智育、体育等其他"各育"隔开的，再加上道德教育工作本身在研究、实施和评价等环节中难有显见、量化的操作方法等客观上的困难，往往导致在道德教育中用道德规范代替道德，用传统智育中教知识的观念、方法教道德规范。道德规范的制定与遵从、道德理性的培养与教育等，一直占据着道德教育的主要甚至是主导的位置。其中，"道德知识"被"关于道德的知识"代替，"道德价值观"被等同于"道德条目""道德规范""道德理性"。这种观念和方法大大简化了道德教育工作的复杂性，在便于操作、评价的同时，也大大窄化、抽掉了其中"人"与情境的丰富性、鲜活性、动态性和复杂性，隔断了道德价值观与"人"的生命、社会生活之间的联系，道德说教、逻辑推演、理性思辨等成为道德教育中常用的途径与方式。

面对转型时期一些人心理上的盲目、浮躁等，青少年逐渐在社会生活中以自己的方式习得另一种价值观体系。青少年认知和社会经验的欠缺与不成熟以及其他不良因素，是造成青少年心理健康问题、人际交往障碍、学业问题、人格发育不完善乃至青少年犯罪的重要影响因素。因此，生成、涵养和发展积极的价值观，亦即道德价值观，既是每个个体更好生命和生活的需要，也是人类社会文明进步发展的向往与追求，更是教育的允诺、责任和目标。

---

① M. S. Pritchard, *Reasonable Children: Moral Education and Moral Learning*, Lawrence, University Press of Kansas, 1996, p. 4.

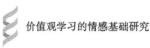

1. 价值观教育需借由情感通达心灵

教育在(道德)价值观形成中的功能和作用是毋庸置疑的。然而，这一结果的实现和显现是需要在个体层面，尤其是个体内在的思想、意识和精神层面得以体现并具体展开的。在认知阶段所获得的价值观，将会进入情感阶段，并在行动阶段落实。① 只有回到个体，在具体人的自我认同、接纳、选择、内化等主动的学习活动中"形成"，而不是在他者以及外在的给予、要求、规定甚至是强制等施教活动中"拥有"，价值观教育才可能在一个多元、开放、复杂、多变的转型时代回应青少年一代的成长需求，为社会和新时代的"人"的培养真正担负起学校教育的使命。

在这个意义上，价值观并非与生俱来的，而是与我们的生活环境相关，伴随个体的成长而逐渐形成的；价值观反映了我们在生命的体验、生活的信念、事物的看法和思维上的先后顺序与可取程度的差异。作为一种思想、观念的形成过程，价值观教育不是告知与灌输，而是个体生命的自我需求和主动追寻，是在个体精神世界中经历复杂而反复的对与错、善与恶、美与丑的较量，并帮助个体形成一种对他的生命和参与社会生活而言重要的方式及行为准则。只不过是因为教育——这一本身就以更好的生命和生活为旨趣而存在的人类活动的介入，形成"道德"价值观，道德价值观才成为价值观教育的目标与方向。

在教育中，规定、标明、影响这一目标和方向的除了价值理性之外，还有教育活动本身提供的环境、教育的方式方法以及参与教育活动的人。并且，最终所有这些因素和条件都要回归到价值观教育的个体——人身上，尤其是他的情感层面，才具有意义。"情感"既是构成价值观的一个不可或缺的部分，也是一切价值观教育中深层、持续性的生命成分与力量。事实正如贝克所言，这种道德与愿望无关的论调根本无法解释道德行为的发生机制，也完全忽视了那些显而易见的出于为了他人幸福的善良愿望的道德行为范例。② 关于道德是什么，他的看法是，道德很典型地(尽管并不总是)与克服内在冲突或者不愿为而为之的努力紧密相关。

---

① 联合国教科文组织国际教育和价值观教育亚太地区网络：《学会做事：在全球化中共同学习与工作的价值观》，余祖光译，19页，北京，人民教育出版社，2006。

② ［加］贝克：《学会过美好生活——人的价值世界》，詹万生等译，17页，北京，中央编译出版社，1997。

　　情感在道德价值观及其教育中的这种地位和作用意味着，严密的逻辑推理、抽象的理性分析在道德价值观形成中的作用是有限的。甚至在伦理学中，与行为的其他领域相比，道德领域涉及我们应该做什么，不只是由于工具性的理性，而是出自一种深切的证实情感（deep feeling of conviction）。① 作为一种有情感带入的经验，道德经验是一种接受或拒绝道德立场的经验，为着我们认为是善的道德性或好意的道德直觉或依据我们认为是可证实的道德情感。② 这种出于个体、归于个体并与个体生命息息相关的情感自然会影响到价值观教育，并通过个体而影响到社会的伦理和道德状况。在心理学领域，雷斯特等人对皮亚杰和科尔伯格等人所持有的道德认知发展理论的倾向提出批评，在 1983 年提出了道德行为的四成分模型。雷斯特认为，道德行为至少由"道德敏感性""道德判断""道德动机"和"道德品性"四种成分组成。道德行为发生的每一种心理成分中都包含着认知与情绪的复杂交互作用。其中，情绪情感的作用尤其应该得到重视，因为诱发的积极情绪使个体趋于功利性道德判断，而由催眠诱发的厌恶情绪使个体对违反道德行为的判断趋于苛刻，从情绪诱发的种类来看，欢乐感使个体倾向于功利性道德判断，而高尚感则使个体倾向于道义性判断。③

　　2. 价值观学习：以情感为内质性因素的价值观教育范式

　　在关心人的情感层面，青少年的价值观教育更加注重他们在价值观形成过程中的个体能动性。这就意味着，需要回到价值观形成的原初状态和本质当中，重新解释"价值观教育"之"教"——从"价值观教育"走向"价值观学习"。

　　价值观学习就是通过借用教育的途径与方式，引起受教育者包括感性与理性在内的情感变化，尤其刺激并帮助人达到更积极和健康的精神境界。在新的社会和时代背景下，它是以新理性和新感性交融互通、统整提升为标志的生命与生活的"新生"，在个体和社会层面，表现为情感上不断向着文明的方向进步。而"价值观教育"之"教"就在于为个体学习创造、营造和提供一定的价值环境——个体在其中受到一定的价值理性的引导和启发，结成并主动建构一定的价值关系，面对不同的价值碰撞、矛盾甚至是冲突，在交流和体验中展现各自的价值观从而感受价值观念的张力。

① ［美］诺丁斯：《教育哲学》，许立新译，184 页，北京，北京师范大学出版社，2008。
② Virginia Held, *Feminist Morality*, Chicago, The University of Chicago Press, 1993, p. 24.
③ 龚霞光：《道德的心理机制研究》，载《湖南社会科学》，2013(4)。

提出"价值观学习"，是回应社会转型时期教育和学校在关心人的成长和价值观形成方面的定位与作用。随着中国社会经济的快速发展，尤其是近一二十年来，城市化进程不断加快，2011 年城镇人口占总人口的比重首次超过 50%。城市化进程的加快以及与之相伴随的各种社会问题、矛盾等深刻地影响并反映在学校教育中：学校的人群结构发生很大变化，学生家庭在早期教养、生活方式，尤其是价值观方面出现前所未有的异质现象。在大的社会文化背景下，迅疾到来的互联网时代、价值观的多元等都使得整个民族在精神文明的建设和提升方面滞后于物质文明。所有这些都对教育尤其是承诺助力人的"美好生活"和人类社会文明进步的学校教育构成巨大的压力与挑战，逼迫我们思考学校教育的责任和担当，进一步厘清学校教育中的各种理念、方法以及那些我们日日都在为之忙碌的教育活动在人的价值观发育并最终指向精神与人格成长的初衷方面到底扮演着什么样的角色——一二十年的学校教育乃至持续终生的教育给我们带来了什么？在物质财富日益增长的社会中，教育和学校将如何帮助、支撑和引导美好生活与文明的建立、发展和延续？

价值观学习是对价值观教育理论及其实践在情感层面上的"范式"转换。过去价值观教育中"我要教给你……"的教育者立场，需要转向以关心学习者内在需求意识、学习内容的生活建构，学习环境中的交往互动以及学习过程中的个体感受、体验和学习能力等为主要特征的价值观形成的学习者立场。其中，学习者的需求、感受、体验等不仅是价值观存在和显现的前提，而且是价值观教育所依据的基础，尤其看重并依赖学习者自身在其中以情感为基础的主观性、能动性、积极性和主动性。价值观教育的最终目的是培养拥有自我学习愿望和自我学习能力的新人。对于他们而言，学习什么价值观十分重要，而比这更重要的是对于价值观的需求、敏感、选择、批判并在社会实践和自我生活中构建、形成价值观的能力。尤其是在一个信息技术和新媒体不断涌现，人工智能对教育的影响几乎无孔不入的时代，反击年轻人受到的压力和影响最有效和持久的途径，就是教会他们在价值观形成的过程中，进行批判性思维、判断和感悟。[1]

---

① 联合国教科文组织国际教育和价值观教育亚太地区网络：《学会做事：在全球化中共同学习与工作的价值观》，余祖光译，7 页，北京，人民教育出版社，2006。

具体到操作层面，需要重新检视那些将价值观教育的目标简单化地理解为抑制、矫正青少年学生消极价值观，或者传递、教给他们积极价值观的认识。我们要深刻认识到，无论是对正面价值观的强调还是对负面价值观的抑制，都不是价值观教育的最终目标。一种关乎心灵和精神的价值观教育活动需要以学习者的需求、感受、体验等为前提，尤其看重并依赖学习者自身在其中以情感为基础的体验性、主动性和内在性，从而支持每一个具体的、活生生的人在经历生命的体验中不断证实价值观与其自身生命之间的关联，在处理不同境遇中各种价值观冲突的实践中获得明辨的能力及形成积极价值观的能力，在生活的各种事件中累积良善价值观发育的情感种子和经验。

"学习"意味着摒弃主体的人对客体知识的学习，是在主客一体、物我不分的融合关系中不断地体悟、感受、省思生命和生活，在对生命和生活的追问、求索中求取生命的价值与意义。它也因此更加关心：（1）作为主体的人的个体化需求；（2）人是否会感受到这种需求；（3）人对这种需求是否得到满足有着情感上的迫切感，在得到满足的同时伴随着情感上的舒适体验；（4）教育学中的"学习"还指这种需求满足的过程以积极、健康、合宜的伦理道德为导向，即凸显道德价值的指引和方向性作用。如此，价值观教育因为对个体作为"人"，尤其是人的情感、精神和人格等深层次的生命意义的观照而成为真正的价值观教育，并具有教育学的意蕴。"人的生命与生活的美好"代替"价值观"本身，成为价值观教育的最终目的和旨趣，而价值观教育的研究内容更多是从教育者的立场转向考察学习者如何学习道德，探查道德学习、价值观学习不同于知识学习的那些虽有感知、意识和朦胧经验，但并不清晰的特征与机制。①

---

① 朱小蔓、刘巧利：《尊重价值观学习特性及学习者——论中学生社会主义核心价值观教育》，载《中国教育学刊》，2016(3)。

第三章
价值观学习与情感培育

价值观从"教育"到"学习"的理念和范式转化，既意味着价值观形成过程中以"情感"作为基膜和核心的个体生命元素的凸显，也是价值观自身形成规律的要求使然，它与价值和价值观的存在和显现状态是一脉相承的。回到价值和价值观现象自身，价值观学习有了新的内涵，教育尤其是学校教育在当中的角色和作用也随之改变。而那些与人的存在和人的生命现象至为切近的情感则自然地成为价值观教育的重要内容和学校价值观教育需要尤其关注的价值品质。

一、价值观学习：复杂的生命教育实践

半个多世纪以前，苏联教育家苏霍姆林斯基就曾断言："世界正进入一个'人的世纪'。我们现在应当比以往任何时候都更多地考虑：要用什么来充实人的心灵。"[①]他认为当时的教育体系对与人的心灵和信念直接相关的知识的重视程度还不够，他呼吁说："对青少年的精神世界持漠不关心的态度，是不可容忍的。精神上的贫乏会导致道德上的空虚和堕落。最严重的损失是人的损失，这是任何东西都无法弥补的。要把这种损失减少到最低程度，以至减少到零，我们首先就应当关心人的心灵的培养。"[②]

在当前的社会和教育背景下，对于人的"心灵"的关心和培养的要求更加迫切。在这方面，由于价值观学习在本性上具有弥散性，价值观学习也总是正式学习与非正式学习、直接学习与间接学习并存，它们在不同时空，但同样对价值观发挥全息性的渗透影响作用。价值观学习总是具有包括知识学习、情感态度学习和技能学习在内的整合学习形态[③]，它既是对新的时代背景下"人"的心灵与精神关怀的回应，也构成当今时代"优质教育"的核心与关键内涵，意味着一种对话性的价值关系的构建。

---

① [苏]苏霍姆林斯基：《苏霍姆林斯基选集》第 4 卷，蔡汀、王义高、祖晶主编，756 页，北京，教育科学出版社，2001。

② [苏]苏霍姆林斯基：《苏霍姆林斯基选集》第 4 卷，蔡汀、王义高、祖晶主编，758 页，北京，教育科学出版社，2001。

③ 朱小蔓、刘巧利：《尊重价值观学习特性及学习者——论中学生社会主义核心价值观教育》，载《中国教育学刊》，2016(3)。

（一）价值观学习以青少年作为"人"的心灵的成长为核心任务

价值观学习作为有别于知识学习、技能学习的三大学习样态之一，具有自己的一些明显特性①，不同于知识堆积、命令要求等，价值观学习是心灵沟通、精神发育和建构的内在生命活动过程，尤其与人的情感有着密切的联系。从"教育"走向"学习"，是对价值观教育中"人"的地位的进一步彰显和弘扬，这意味着：（1）在内容上，从关心"教的内容"转向关心"学的需求"。《学记》中说，"君子既知教之所由兴，又知教之所由废，然后可以为师也"，不了解学习者、脱离了学习者（需求）的教育是低效甚至无效的，有时还会有相反的作用。在这一点上，"传统的价值观教育模式更重视内容和技能，忽略了发展学习者基于各自的价值观与信仰，进行抉择和行动的能力。传统模式大多以教师为中心，教育者被视为知识和技能的所有者（专家），同时也是价值观的模范（偶像）。学习者处于被动状态，只是学习手头现成的材料"②。而价值观学习则强调依据青少年学生生命成长的需求以及遇到的来自学习、交往、家庭和社会等方面的困惑、矛盾与问题而展开，是将对学生成长尤其是对他们心灵的关怀作为重要的学习需求、出发点和依据。（2）在方式上，从"施教"走向"向学"。陶行知先生主张，事情怎样做，就怎样学，学的法子就是教的法子。价值观学习不仅关心"学什么""教什么"，还关心"如何学"，也就是学的过程。将人的需求以及以情感为标识的心理与精神层面的活动看成价值观学习的重要机制，认为价值学习是通过我们对周围社会的直接反映，如好与坏的评判产生的③，这是价值观教育从教育者立场向学习者立场的转变，从关心"如何教"到更多地关心、探查"为何学""如何学"。

无论哪一个方面，都暗含、包括对陈旧的价值观教育中纯粹认知层面的超越，注意到以情绪情感为线索、表征和基础的人的那些感觉、意识和朦胧经验等在价值

---

① 朱小蔓、刘巧利：《尊重价值观学习特性及学习者——论中学生社会主义核心价值观教育》，载《中国教育学刊》，2016(3)。

② 联合国教科文组织国际教育和价值观教育亚太地区网络：《学会做事：在全球化中共同学习与工作的价值观》，余祖光译，19页，北京，人民教育出版社，2006。

③ ［加］贝克：《学会过美好生活——人的价值世界》，詹万生等译，200页，北京，中央编译出版社，1997。

观内容构成和价值观学习过程中的基础性、根源性地位，并以此理解和探索融于完整生命的，关心青少年学生自身价值感受、体验和生命成长需求的"价值观"与"价值观学习"。其中，尤其强调青少年学生将价值观学习看成生命"修行"的过程，养成对自身价值观的敏感性，将良好的价值品质看成自己生活的一部分，它对于美好的生活愿景具有无可代替的作用。他们在一定情境中产生具体的价值观困惑，对价值观冲突做出审视和澄清，主动培养自己的价值筛选、辨别和选择的能力，并学会在不同的生活和学习场景中展开合适的价值行动。由于这个过程是基于学习者个人需要、矛盾、困惑和动机的，因此也就既能带给个体基于"快乐"基调的情感上的"自由感"与"满足感"，又能促使引发青少年道德价值观发展所需要的思考力和行动力——浸润在快乐和自由的情感氛围与状态中，他们内在的道德需求和动机受到激发，主动思考的习惯慢慢得到培养。对于青少年学生来说，这是在他们自我内部建立起与自己、他人、社会和自然的联结，不断调整相互之间的动态关系，形成一定的道德情感和价值秩序，并形成深入心灵的价值观和人格的重要的心理—情感机制。

（二）价值观学习指向以"学习者"生命整全为关键内涵的"优质教育"目标

2000 年通过的《达喀尔行动纲领》宣称，接受优质教育是每个儿童的权利，并确认质量是教育的核心，是儿童入学、上学和完成学业的一个主要决定因素。该纲领扩大了"教育质量"定义的范畴，将学习者（健康上进学生）的美德、教学过程（称职教师采用的积极教学方法）、教学内容（相关课程）和相关体制（善政和公平的资源分配）都纳入教育质量的内涵之中。2004 年，联合国国际教育会议评论强调全民教育是为生活和工作做准备的基本教育，特别指出全民教育必须与教育最具生产性的要素联系起来①，其中，教育超越简单的读写和普及知识，而将面向生活和工作作为努力追求的价值核心。今天，联合国教科文组织强调的学会认知、学会做事、学会共同生活、学会生存的教育"四大支柱"已经越来越深入人心。然而，世界和人类的发展总是变幻莫测，在近几十年内，世界发生了一系列变化，这种变化既是

---

① Joel E. Cohen：《普及基础教育和中等教育的目标》，见联合国教科文组织国际教育局：《教育展望》139 期，华东师范大学译，6 页，上海，上海教育出版社，2008。

局部性的，也是全球性的。过去的很多预言已经或正在一一应验，有的甚至超乎我们的想象。在一个经济全球化的时代，除了享受到经济发展所带来的物质条件的改善与满足之外，人们依然要面对更大范围内的更加复杂、深刻的问题与矛盾。寻求一种更加开放、包容又能够关心和适应未来个体与社会发展需要的、有质量和意义的教育发展理念，尤其是关心其中每个个体生命的独特性和成长需求，关心他们的教育质量和学习状态，逐渐成为当今时代"优质教育"的新内涵和全民教育的新诉求。

在此情况下，联合国教科文组织于 2015 年提出被认为是继富尔报告和德洛尔报告之后，联合国教科文组织历史上第三份具有里程碑意义的教育报告——《反思教育：走向全球共同利益》。其中，对我们现在的处境尤其是教育状况做了新的判断，认为我们正在步入一个新的历史阶段，各个社会之间相互联系和相互依存，各种复杂性、不确定性和张力达到了前所未有的程度，一个全球性的发展和利益格局正在形成。为了实现可持续性的发展，必须反对暴力、不宽容以及超越狭义的经济主义和功利主义，寻求对话、合作与包容。对于教育而言，关心教育和学校处境中的除了资金投入、硬件设施、制度设计、规章建立等之外的教育的理念提升、精神内涵，关心学习者在学习过程中的感受、状态、学习的方式以及学习的个体差异、个体间的关系状况，等等，再也没有比这更好的方法来迎战这些不确定的变化和复杂的社会了。而在这方面，价值观学习旨在为每个学习者找到有尊严、有价值和满意的生活方式。完善教育理念和框架、通过关心个体在学习过程中的生命感受和情感状态而指向学习活动乃至整个教育中个体之间、个体与生活之间相互联结的意义，既是现代优质教育面临和需要解决的一系列新问题，也作为内容和途径构成以"学习者"为立场的价值观学习的背景和基础。

(三)价值观学习是基于既有文化传统在对话中建构多种价值关系的过程

毫无疑问，价值观学习不能离开既有的文化和传统，尤其是在人们之间的价值共识大于分歧，整个社会价值氛围相对单一、纯净的时代，对既有文化和价值观的习得、内化是价值观教育的主要方式。这不仅使文化传统得以延续，还有助于统一思想认识和维护社会稳定。只不过，以既有历史和经验为基础并不是否认学习者在其中的积极性与主动性，价值学习的一个主要的原则之一就是"在一个人原有的价值系统基础上增殖地获取和构建价值"①。这种"增殖"的过程不是盲目接受，也不是强制灌输，而是对话性的建构。广泛吸收人们现有价值的增殖学习的一个含义就是教育者必须通过对话而不是说教或强迫来施教。② 也就是说，价值观学习活动并非空中楼阁，它必然在具体环境和场景中，以其中的人的具体经验尤其是与个体生命相关的、切己的情感经验为线索和依据，是个体生命在与他人、社会、自然乃至自我的相互关系与互动之中，经过对话而动态性的建构生成的，是"学习者寻求自己内心价值观与自己所身处的外部社会现实所提供的价值观，如文化标准、社会期望以及被分派的角色等之间的一致性"③的过程。它全息性地渗透在社会文化和个体经验之中，"并没有在原有价值与道德良知之间制造一种断裂，而是对既有的价值进行适当修正"④。

当今时代，随着人们活动范围的扩大，人与人之间的交流更加频繁，人与人之间在价值观上的异质性逐渐凸显，由经济水平以及文化不同所导致的冷漠等心理与情感上的问题折射出人与人之间在价值观上的差异、对立甚至是冲突。"单向告知""强制灌输"式的价值观教育观念与方式不仅不能起到应有的价值观教育效果，反而在相当程度上助长了人们的抵触、反感甚至对抗情绪——价值观教育正面临着严峻的挑战，二元对立的价值观教育理念必须受到新的审视。杜威认为人类的实践是从先于文化创造的交流的冲动开始的，价值观是通过相互作用的方式探索和建构的结果。我们并不是以共同的价值观开始，而是我们建构它们。⑤

尤其在质疑与批判的理性品质还不够健全，情感根基尚不够牢固甚至肤浅，批判容易演变成攻击、质疑的情况下，一个包含健全、成熟的"质疑"与"批判"精神

---

① [加]贝克：《学会过美好生活——人的价值世界》，詹万生等译，191 页，北京，中央编译出版社，1997。

② [加]贝克：《学会过美好生活——人的价值世界》，詹万生等译，194 页，北京，中央编译出版社，1997。

③ 联合国教科文组织国际教育和价值观教育亚太地区网络：《学会做事：在全球化中共同学习与工作的价值观》，余祖光译，19 页，北京，人民教育出版社，2006。

④ [加]贝克：《学会过美好生活——人的价值世界》，詹万生等译，192 页，北京，中央编译出版社，1997。

⑤ [美]诺丁斯：《教育哲学》，许立新译，38 页，北京，北京师范大学出版社，2008。

的，更加开放、包容和建设性的对话关系显得弥足珍贵。它意味着①：（1）尊重彼此的观点；（2）尊重彼此的传统习俗或经历；（3）言论、信仰和行动的自由；（4）共同决定对话的形式和内容；（5）关心具体的生活经验；（6）通过具体行动（实践）验证。成熟的对话性关系本身既是极为宝贵和令人珍惜的价值观品质和价值观教育目标，也是真正意义上的价值观教育，即价值观学习必不可少的内涵和关键条件。因为解释的、对话的方法的基本点是做到更稳定、更准确地把握人的真正的和客观的情况和需要②，因此，在关心个体的差异性、能动性以及在特定情境中相对自由的参与和创造能力等方面更加凸显。不仅这种方法本身蕴含着丰富的积极价值观"养料"，而且它在回应新的时代背景下价值观学习的个体精神与情感意涵、构成优质教育内涵等方面的影响也是显而易见的。

作为人的完整生命不能缺失的一部分，深入心灵的价值观教育，即价值观学习必然在不同的层面不同程度地关联着人的情感，尤其是伦理和道德情感，并因为情感成为一种关涉个体生命质量，需要个体在生命成长之中以生命去体悟、践行的实践活动。

一方面，情感在价值观学习活动中可以化为内在的伦理和道德力量，为价值观学习提供方向。舍勒从价值秩序与人类伦理道德行为关系的角度论证了以同情心为基石的人类道德情感在价值观学习中的重要性。他区分了两种人类理性：逻辑理性和情感理性。他认为正是后者才使客观的人类价值等级秩序有了为道德行为奠基的可能。他说："我知道，一切透过我观察及思维所能认知的事物，以及所有我意志抉择、以行动做成的事情，都取决于我心灵的活动。因此，在我生命及行动中的每一良善或邪恶完全取决于在驱使我去爱、去恨，以及倾慕或厌恶众多事物的感情中，到底有没有一客观的合意秩序，也取决于到底我能否将这爱与恨的秩序深印在我心中的道德意向中。"③在价值观学习中，通过语言与符号传递，人们之间既分享一定的价值内容和规范，也学习并形成个体内在的价值认同尤其是道德情感，它们

① ［加］贝克：《学会过美好生活——人的价值世界》，詹万生等译，232 页，北京，中央编译出版社，1997。

② ［加］贝克：《学会过美好生活——人的价值世界》，詹万生等译，235 页，北京，中央编译出版社，1997。

③ ［德］舍勒：《舍勒选集》下，刘小枫选编，739 页，上海，上海三联书店，1999。

逐步成为个体价值观念的核心。作为重要的价值观学习内容，道德情感一则以诸如同情、友善、诚信、公正等积极的形式使价值观学习有可能蕴含向善的导向，尽管"人们无穷无尽地痛斥情感……可是只有情感，而且只有大的情感，才能使灵魂达到伟大的成就。如果没有情感，则无论道德文章都不足观了，美术就回到幼稚状态，道德也就式微了"①。二则消极的道德情感体验，如羞耻感、自责等，也以一种"反向促进"的方式在个体内心形成伦理和道德的谴责与制裁，使一个人不断自我约束，求德向善，追求更高的生命意义和精神境界。

另一方面，道德情感构成价值观学习活动过程中的基础和机制。其一，个体的价值观学习过程把情感作为价值关系建立和价值内容内化的机制，情感—体验过程注重情调、情绪、心境或接受或拒绝的程度，不仅培养学生对认知惊异、好奇的心向态度，而且根本的是发展人对是非、善恶、美丑的爱憎喜厌之情，培养人调节行为的精神力量，以解决人对客观事物的态度及行动的价值问题。② 其二，价值观学习的过程必然包含新旧价值观、不同价值观之间的相遇和碰撞。无论是新的价值观念的形成还是已有价值观念的发展革新，在一定意义上都是道德情感的发展过程，因为人们对于某项价值的认同，总是首先源于内心深处的情感需求与动力推动——不断前进的志向，是人所特有的、调动其他一切需求的基本需求。③ 尤其是在已有价值观念遭到质疑，不同价值观念之间不断相遇冲击的时候，与个体相伴随的情感变化和波澜更是丰富、复杂的，它们甚至主导乃至决定着价值观学习的方向、效率和成败。品行高尚的人，虽然有时可能不合时尚，得不到外在的功利性的肯定评价或物质利益上的报偿，并可能由此造成心理上的冲突和失衡，但是，正是通过教育与自我教育他们重新找到意义(价值)，并构成具有连续性和逻辑一致性的价值体系，从而不是在"适应"的意义上，而是在"均衡"的意义上达到内化。④ 在价值观念的冲突碰撞中，道德情感已经不再仅仅是外部价值内化的动力机制，还是主体调和价值冲突的缓冲剂，是价值观学习的基础和关键。

---

① ［法］狄德罗：《狄德罗文集》，王雨、陈基发编译，1 页，北京，中国社会出版社，1997。
② 朱小蔓：《情感教育论纲》，64 页，北京，人民出版社，2007。
③ 朱小蔓：《情感教育论纲》，37 页，北京，人民出版社，2007。
④ 朱小蔓：《情感教育论纲》，37~38 页，北京，人民出版社，2007。

二、重新理解教育的地位与作用

价值观学习是对狭隘和片面的价值观教育内涵的丰富与补充，而不是否定教育在价值观形成中的作用，更不是否定价值观教育本身。

回到人作为价值的主体，对价值观的研究离不开对人的研究。① 美国当代生态思想家和文化历史学家贝里在谈到人类的生存现状时，认为社会和教育机构应该指导学生欣赏而不是无尽地开发我们的世界，人类应该多听一听自己内心的声音。他动情地说道，让孩子只生活在与水泥、钢铁、电线、车轮、机器、计算机和塑料的联系之中，几乎不让他们体验任何原初现实，甚至不教他们抬头观看夜晚的星星，这就是一种使他们丧失最深层人生体验的灵魂剥夺。② 泰戈尔也说过，"童年是一个文明人一生中唯一可以在树权和客厅的椅子间作出选择的时期，难道因我已是成人不便这样做就该去剥夺孩子的这种权利吗？……我知道，在这个世界上，鞋子是要穿的，道路是要铺设的，车子是要使用的。然而，在孩子受教育时期，难道不应该让他们懂得，世界并非是客厅，而是一个诸如自然的东西，而他们的肢体之所以被造得如此美妙，正是对自然的一种回应"③。

在此意义上，价值观教育所关心的是如何帮助人寻找、创造更加美好的生活。正如诺丁斯所言，"今天人们对学生考试成绩的重视到了无以复加的程度，学校视学术为唯一目的。而在现实生活中，我们却生活在一个充满暴力的世界，人们苦苦寻觅精神家园。……我们必须帮助孩子们理解美好生活的真谛所在；必须教会他们尊重自己，并且为他人的幸福尽责"④。通过将人类存在的境况从单纯的外部世界

---

① 王平：《走向"整全人"的价值教育——兼论道德情感与价值的统一关系》，载《教育研究》，2018(9)。

② [美]贝里：《伟大的事业：人类未来之路》，曹静译，96页，北京，生活·读书·新知三联书店，2005。

③ 冯建军：《生命与教育》，51页，北京，教育科学出版社，2004。

④ [美]诺丁斯：《学会关心：教育的另一种模式》第2版，于天龙译，233页，北京，教育科学出版社，2014。

牵引到人类的心灵深处，要人多听从自己内心的价值呼唤，从内心出发不断地完善自我的生存状况，价值观教育关注的是人的心灵的解放。它不是致力于如何获得与事实、程序或职业活动直接相关的知识和技能，而是致力于价值观念的塑造、价值态度的培育、价值心理的引导、价值理性的提升、价值理想的确立、价值行为的调控和基于正确价值原则的生活方式的养成；它旨在促进生命价值、生存意义和人生境界的提升，帮助人将社会普遍认同的一套价值内化于心，生成自身的人格系统，引领人的价值生存。[1] 从根本上说，价值观教育是对人自身的教育：通过认识自我、了解自我的需要，经由对自我需要的明判，确认自己对价值的选择与认同。因此，不同于普遍的规则约束和形式化的教条，价值观教育内含人的需要，与个体自我的生存紧密相连。人总是保持、积淀、升华他认为有价值的、有利于发展他的个性的情感。当社会伦理规范尚有客观效准时，他对它一往情深，温顺驯良；当政治伦理失去它的客观有效性及历史性时，他可以不与人同，以自我牺牲的精神，担负起拯救社会的使命。[2] 在这里，人的自我需要与整个人类的生存需要相一致，"我"与"我们"、"个体"与"社会"之间表现为高度一致，价值观教育也就表征为对人的情感以及与此相关的人的生命与生活状况的关心，价值观学习活动由此也就有了方向和目标。

作为一种关系性的存在，人又是生活在具体的环境和情境中的；作为人类的生活场景，情境和我们事实上看到的、进行推理的，并生活于其中的现实世界的有限部分相对应。它只能决定某些问题的答案、某些陈述的价值，而非全部。在这种部分真实的现实场景中，人的需要是不一样的，人们之间的活动和生活展开的形式也是多种多样的。在具体多样的情境中，人们通过交往分享着各自的经验、情感，自然也就共同遵守彼此之间达成一致的价值规范和观念。价值观不仅构成人们沟通和交往的内容，而且是有效交流和具体情境生成的基础。假如人们在生活中失去价值观，尤其是道德价值观，那么人与人之间便没有同情和关爱，也就不知道冷漠和仇恨。因此，人身上的价值观不仅使生活得以展开，而且在生活之中彰显人性。引导人在生活中形成积极的价值观念的价值观教育就是有关人们如何行为才是"正当

---

①　邱琳：《人的存在与价值教育》，载《教育研究》，2012(5)。
②　朱小蔓：《情感德育论》，34页，北京，人民教育出版社，2005。

的""对的""好的""高尚的"教育，是有关人们行为正当性原则的教育，是有关培养正直的、真的、有良好品格的人的教育。[①]

由此而见，我们可以将价值观教育的使命规定为：立足丰富、多样、复杂而又真实乃至琐碎的日常生活，提炼、构建有助于支撑个体展开充实、有效的价值观学习的价值内容、价值序列、价值关系和价值环境，通过在内容、形式、环境等方面支持个体的价值观学习，帮助每一个人认识自己并尽可能深刻地经历、感受和思考自我与他人、社会、自然的关系，最终指向并助力人对生命、生活的自我体验与觉解，形成对于他们的生命和生活而言是适恰、美善的价值观念，将其作为自己生活和行为的准则，以及认识生命、感受生活意义的核心。

具体而言，在教育中，遵循什么样的价值观形成规律，通过哪些方式、途径帮助引导形成和培养价值观，是教育的方法选择问题；提供什么样的导向，从何处着眼，营造什么样的环境、氛围等，是教育的内容选择问题。它们两者共同关系到的是教育的目标问题——我们希望个体在面对具体环境、做出具体行为的时候能够秉持什么样的立场、观点，做出什么样的选择；整个社会能够在对待人、自然以及它们之间的关系方面形成什么样的环境、氛围、文化。当然，它还应包括我们在对于"人"及其存在的认识和理解方面。在指向人的"更好"生命和生活的意义上，价值观教育具有伦理和道德上的考量，与道德教育的旨趣是一致的。价值观教育就是要依据人的包括年龄、认知、生活经验等在内的整个身心发展的时序，考虑他们的生命和生活需要(情感上的)而有意识地注重将不同类型的价值观(认知上的)引介到他们的生命和生活中。其最终的目的在于希望通过教育的途径与方式，引导、帮助和支持个体萌发、形成并真切地感受到对于他们的生命和生活而言更好的精神状态和行事准则。因此，价值观教育不是外部价值规范和原则的强加，而是由对人类和人类个体存在问题的关心而在教育学层面上做出的回应。

(一)提供并构建细腻有"人味"、丰富可互动的价值情境

人的生命和生活历程中充满着温暖、友爱、关怀、同情、自由、冲突、矛盾、

---

① 石中英：《价值的概念及其教育》，全国教育哲学年会专业委员会第十六届学术年会，2012。

丑陋、冷漠、对立等丰富多样的体验与感受。每个人都不能离开生活而存在，也不能在生活之外形成自己的价值观。正是在真实的生活情境之中，个体才会走向成熟，才可能形成那些深刻的、有着切己体会的价值观念，并彰显真善美价值观的可贵。

对于教育而言，也不存在脱离人、不关心人的纯粹知性教育。知识不仅表现了认识的对象，还复现了人自身，作为人之精神成果的知识只能是人全部生命的结晶，它不可能只是单独由智力和理性结出的果实。[①] 当我们追问"不同的价值观念是如何形成的"以及"它们之间又为什么会有争论"（因为争论本身也反映了这些价值观念之间不能通融和相互共存，争论本身也是一种价值观的体现）的时候，我们除了寻求问题本身的解决之外，还应当问一问：它们是如何与人相关联以至于此的？进而我们再考虑如何在保持差异（而不是完全地消除争论）的基础上，获得发展力量和彼此共同、共通的进步。

因此，教育不仅要寻求和帮助化解新旧价值观之间的冲突，而且要营造宽容和谐的氛围。价值观教育不仅需要渲染和强调真善美等积极、正面的价值，而且应该看到，同样的价值品质在不同情境中的意义和个人体验都不同，人是在具体情境中经由感受体验获得属于他自己的价值观的。价值观和价值观教育研究必须正视和回应生活中丰富多样的事实和价值观状况，并回到生活当中去，而不是编制脱离生活的乌托邦梦想。就像贝克所言，"在我们社会中产生和发展起来的理论，确实很少对实践有实际的帮助，至少在价值领域是这样。我们似乎应该放弃要求人们'虔诚地'接受价值理论有多么重要，而应当把普遍原则的学习与具体问题结合起来，这样二者的相关性就明显了"[②]。同样的价值品质在不同情境中的意义和个人体验是不一样的，价值观在情境中产生并获得具体的解释和意义。

第一，在"人化"的情境中累积真善美的价值情感。价值观学习活动是感性与理性交融互动的、以情感体验为基础的生命成长与精神提升过程。这个过程以"人"为核心展开，意味着价值观教育中"人"的"特征"与"关系"的重要性——尤其是学校价值观教育，不能提供抽离了"人"的价值原则和价值知识，而应尽可能地将儿童青少

---

① 鲁洁：《一个值得反思的教育信条：塑造知识人》，载《教育研究》，2004(6)。
② ［加］贝克：《学会过美好生活——人的价值世界》，詹万生等译，196 页，北京，中央编译出版社，1997。

年周围的情境"人化"，使他们可以像对待"人"一样充满感情地对待任何事物，这是培养他们丰富而细腻的心灵以及情感的重要方式之一。正如苏霍姆林斯基所言，"教育的艺术就在于，要让受教育者把他周围的东西加以'人化'，使他通过对待物品来学习如何正确地、有人情味地去对待人。应当使孩子把生活中接触的物品都看成有'灵性'的东西，从这些物品中感受到人性的东西——人的智慧、才干和对人的爱。如果孩子感受不到这些，他就不懂得什么是真正的人的细腻情感，就会缺乏知觉的敏锐性，在他身上就会形成一种可以称之为道德上的冷心肠、冷漠无情、无动于衷的东西。实质上这就是道德上的愚昧无知"①。通过对物的"人化"，许多看似与"人"无关的信息在人与物建立的拟人化的虚拟"主体间关系"，而不是人与物建立的"主客体关系"中进入无意识，刺激并在儿童青少年的头脑中形成充满想象、幻想以及自由的思想与情感弥漫的视野，质疑、求知、探索和对于真善美的情感的追求就在人与人（或者拟人化的物）的关系之中、人与人的互动之中产生并发展。

第二，在丰富多样的价值情境中体验真实的价值感受。价值观是在各种力量和影响的碰撞、交融和统整的相互作用中不断生成并获得更新的，而不是依靠灌输或任何一种单一的力量与途径获得的。"现代生活的要求及其复杂性，需要有一个全面系统的适应这个社会要求的价值观，以此来引导人们终身的选择和行动。现在，已不再可能单独通过家庭、教堂、学校或培训机构向青年人灌输和发展价值观导向。"②尽可能地拓展青少年学生的视野，让他们多接触、感受不同的人和事，保持对事物的好奇与敏感，这是价值观学习的不竭动力，它好过一切的外在施教与形式主义的告诫、命令。尽管有时候他们所感受、接触到的人和事并不都是正面和积极的，由此引起的情感上的体验也并不总是快乐和令人舒适的，但是由于其充实、可让人"零距离"地触及乃至身临其境而获得的生命的"真实体验"则是在心灵内部升起一种隐秘的、难以靠外部测定和观察获得的价值观学习的"内质性"材料。没有它们，价值观教育便成为短视的说教、功利的裁夺和肤浅的口号与文字游戏。

---

① ［苏］苏霍姆林斯基：《苏霍姆林斯基选集》第 4 卷，蔡汀、王义高、祖晶主编，770～771 页，北京，教育科学出版社，2001。

② 联合国教科文组织国际教育和价值观教育亚太地区网络：《学会做事：在全球化中共同学习与工作的价值观》，余祖光译，7 页，北京，人民教育出版社，2006。

（二）提升个体价值感受和自我教育能力，注重多向人际关系中的价值倾向

人在对自我生命状态和生活的期许与参与中，伴随着价值观的生成和学习。一个人选择以什么样的"面貌"，即什么样的自我状态去生活并应对生活中的人与事，本身既反映了他的价值观，也在其中不断地形塑、确证、颠覆或内化从而不断形成着他的价值观。正如卡西尔所言，"人被宣称为应当是不断探究他自身的存在物——一个在他生存的每时每刻都必须查问和审视他的生存状况的存在物。人类生活的真正价值，恰恰就存在于这种审视中，存在于这种对人类生活的批判态度中"①。从这个意义上说，个体的价值观学习过程是他自我内部的精神建构与升华过程，而教育在其中的作用恰恰在于引导和帮助。引导个体积极认识自我、拓展自我、提升自我是教育最重要的事情，是教育的最高使命。②

第一，注重提升人的自我价值感受和教育能力。关注个体心灵，尤其是他的内在精神的问题、需求、发育和提升，教育作用的发挥需要基于个体对自我的认识以及自我认识能力的发展。在一个越来越重视人的自我体验、关心个体感受的时代，价值观教育尤其应将个体的生命感受作为着眼点，重视学习者以自我生命感受与体验为特征的"自我教育"在价值观学习中的分量，从关心自我感受与体验出发，引导青少年学生逐步养成并确立健康、积极、充盈、丰富，既有感性温度也有理性高度的价值视野，即丰富他们的自我认识程度、提升他们的自我认识能力，而不是否认、忽视甚至压抑他们的自我感受。

那么，如何认识自我并提高自我认识的能力呢？苏格拉底将"认识自己"的方式诉诸知识。他说，人除了服从经过精心检验之后我认为是最好的信念外，我不能服从我身上的任何东西。③ 因此，通过教育引导人超越感觉经验，建构获取认识人生的知识，从而把握自己并找到人生的方向是自我认识的重要内容和人生要义。仅

---

① ［德］卡西尔：《人论》，甘阳译，8 页，上海，上海译文出版社，1985。

② 刘铁芳：《自我认识的提升与个体价值精神的超越——论当代教育中的价值引导》，载《高等教育研究》，2006(12)。

③ ［苏］古谢伊诺夫、伊尔利特茨：《西方伦理学简史》，刘献洲等译，81~82 页，北京，中国人民大学出版社，1992。

仅认识自己是不够的。生活在社会之中，人还必须在认识他自己的同时处理好个体与他人、社会以及自然的关系。甚至可以说，人不单靠理性认识自我，还必须在各种生活和生命的关系之中认识自我，提升价值观学习的能力。

第二，在学校人际交往中借由情感氛围塑造价值倾向。除了直接、醒目的价值知识和价值原则教化以外，人际交往、环境、活动等生活的多个方面都还渗透、暗含着丰富多样的价值观教育资源和契机。作为一种在特定情境中展开的生活方式，价值观学习就是个体在生活中习得价值观的过程。有什么样的生活过程就有什么样的价值观学习氛围、方法和过程。生活是教育意义得以实现的方式，也是价值观蕴含和发生的地方，价值观蕴藏于生活的方方面面，尤其是生活中的各种"关系"之中。

就学校教育而言，师生关系就是一种重要的价值观教育途径与方式。在教师与学生结成的关系之中，价值关系得以形成，人类的伦理和道德问题在其中凸显，相处中的诸如尊重、宽容、公正、平等、自由等价值取向通过刺激、影响学生的认知与思维发展而形成一定的心理定势。尽管它们在具体事件和个体身上会有不同，但是由此奠定的人际交往观和个体在其中遭遇的情感经历、价值体验以及所获得的价值冲突、调整、重构等，都是价值观还处于不稳定时期的儿童青少年道德与价值观形成的重要影响源。在师生关系中，教师能从关心、尊重等视角处理并回应学生在教育教学中的各种问题，与学生之间形成关爱、坦诚、真诚、平等、互信、公正、尊重等交往关系，并表现出温暖、责任、惬意等积极的生命状态，这也是锻炼青少年学生价值观形成、影响他们价值观学习和自我认识、处理人际关系并在其中形成积极健康的价值观品质的重要契机和途径。

（三）重视通过情感教育培育积极、健康的情感与价值观品质

价值观以人为核心，因人的需要而生，并在人的自我内在精神尤其是情感层面经由不断地接纳、碰撞、选择、内化而改变和发展。价值观学习是个体对所习得经

验的再认，是个体关于主客体关系的一种价值体验，价值观念蕴含着情意。① 价值观教育就是帮助引导在个体身上形成积极、健康的价值观，因此它不是从预设的价值概念出发，而是从人在实际生活状况中的自我认识与体验的需要出发。无论是创造价值情境还是建构关系，价值观教育都不能无视人的情感。以学习者自身的情感为基础，在价值观教育中，教育者"阐明个人的价值观并不是最终目的，需要引导学习者让其自身的价值观符合其所属体系的价值观。另外，学习者需要找到自己内心价值观之间的一致性，例如，道德与精神意识，理想与抱负，等等。……努力解决自己心中的'内战'"②。在帮助学习者形成伦理道德倾向的大脑机制、获得以情感为核心特质的价值观念的内在生长、引导他们在自我情感经验以及以体验为基础的生命内外关系的顺畅方面，价值观教育和情感教育的目标与旨趣是一致的。正如苏霍姆林斯基所言，"千百年间形成的那些高尚的道德品质——帮助别人、有同情心、不计私利、慷慨助人等，成为儿童的精神财富。这是教育工作中最细致的一个方面，它和情感教育紧密地联系在一起"③。

第一，保护并强化引导个体正向积极的情感尤其是道德情感品质。作为人的生命活动尤其是人的心理、意识和思想等方面的表征和标识，情绪情感能够比较直观地帮助我们窥见和把捉个体生命内部隐秘的价值需求、价值旨趣。在价值观教育领域，我们对人的现行价值的接纳可通过同情的方式反映出来，尽可能地避免埋怨和责怪，其道理是不一而足的，不仅是因为人们通常都是在以良好的信念和理性来适当地行动，而且还因为当人们受到敌视、批评时，他们将变得自卫起来，他们的学习能力将减弱，实际上他们可能还会因此强化自己现在的观点。④ 在这一点上，情感教育以个体的生命活动规律及其呈现出来的情绪情感状态为生理依据，通过教育的方式对与人的发展密切相关并且对于人的发展具有重要影响的情绪情感进行

---

① 朱小蔓、刘巧利：《尊重价值观学习特性及学习者——论中学生社会主义核心价值观教育》，载《中国教育学刊》，2016(3)。

② 联合国教科文组织国际教育和价值观教育亚太地区网络：《学会做事：在全球化中共同学习与工作的价值观》，余祖光译，23 页，北京，人民教育出版社，2006。

③ [苏]苏霍姆林斯基：《苏霍姆林斯基选集》第 4 卷，蔡汀，王义高、祖晶主编，875 页，北京，教育科学出版社，2001。

④ [加]贝克：《学会过美好生活——人的价值世界》，詹万生等译，194 页，北京，中央编译出版社，1997。

正向、积极的引导，并使其生长出新的情感品质。价值观教育就是要在承认、保护人的这些以情绪情感为核心的自然自发的价值需求的前提下，通过教育的方式，强化引导个体内在正面的，为特定社会接受、容纳和需要的价值品质和情感倾向，使特定社会、文化所需求、寄望的价值观与人性本然的正面积极的价值需求相吻合。

第二，借助情感体验助力形成有助于促进价值观学习的情感能力。那些通过情感教育培育的、与积极价值观和价值行为密切相关的情感品质（可以是正向体验，也可以是负向体验）在人的认知、道德和审美中的弥散性作用对于价值观教育而言，既具有工具意义（有助于形成积极的价值观和价值行为），也具有本体意义（积极价值观和价值行为的形成过程，同时也是这一类道德情感不断生长、丰富、牢固的过程）。情感对于价值观教育的作用和意义通过"体验"这一重要的生命活动和生命现象得以实现。为学习者提供蕴含丰富和深刻体验的价值观学习的内容、方式、环境等，是教育助力价值观学习的重要方面。因为只有当学习者全方位体验到自己是人类的一员之后，他才能成为一名负责任的、献身于改善生活质量的社会成员。① 因此，通过情感教育培育、发展和增强人的情感能力，帮助他们不断增强、扩大与加深自己的体验意识、体验范围与程度以及与此相关的敏感、反思、觉醒的能力等也十分必要，因为学习者对体验的反应是个人反省的基础所在，也是他们学习的出发点。很多时候，情感可能会阻止某些价值的实现，而这些存在于头脑中的价值也是必须要付诸行动的。② 尤其是在感性与理性被认为是非此即彼的，而传统经由灌输获得的价值认知已经变得越来越失去说服力的形势下，"人们必须提高那些不一定由传统教育反复灌输得到的素质已经变得尤为重要……在人与人之间建立稳定而有效的关系的能力，主要是基于行为而非基于知识的新型资格……直觉、觉察力、判断力和使一个集体紧密团结的能力"③。情感教育在通过培育健全的人而助力价值观学习方面的贡献是极有时代和现实意义的。

---

① 联合国教科文组织国际教育和价值观教育亚太地区网络：《学会做事：在全球化中共同学习与工作的价值观》，余祖光译，19 页，北京，人民教育出版社，2006。
② 联合国教科文组织国际教育和价值观教育亚太地区网络：《学会做事：在全球化中共同学习与工作的价值观》，余祖光译，21 页，北京，人民教育出版社，2006。
③ 联合国教科文组织国际教育和价值观教育亚太地区网络：《学会做事：在全球化中共同学习与工作的价值观》，余祖光译，7 页，北京，人民教育出版社，2006。

三、培育与价值观相关的基础性情感品质

当代关怀伦理学的代表人物、美国教育哲学家诺丁斯在其代表作《学会关心：教育的另一种模式》中说，我们需要这样一条线索，它能够贯穿起我们生命最本质的部分，连接那些我们真正重视的东西：激情、态度、连续性、忧患意识和责任感。[①] 作为贯穿我们生命的最本质的东西，情感在联结价值、构成并塑造我们的价值观方面的作用是极为重要的。一方面，价值观中含有情感，价值观学习更是需要以情感为基础；另一方面，"学习者"立场的价值观学习和教育活动并不等同于煽情和表演，它不能脱离现实生活和真实的情境。价值观是在具体的情境之中显现它的具体的内涵和意义的，价值观学习和教育也要以生活和情境为依据。然而，生活是多变的，情境又不是由我们事先的安排和预演来决定的，无法预料、永远变化的生活与情境蕴含着无限的价值观变化和可能性。我们既不能在抽象的层面上谈论和研究价值观，又不能对人类的价值观品质一一研究，更何况价值观并不等同于价值观知识(如"公正感"不完全等同于"公正")，它们还包含着个体内在丰富的生命体验与精神世界。

尤其是在一个越来越异质化、越来越复杂多变的社会，一方面，我们从价值观学习的视角强调个人在情境中建构价值观的重要性，但并不意味着价值观内容本身不重要。恰恰相反，越是价值观多元的时代，价值观的共识就越是显得珍贵和必要。通过个体在情境中的建构而在彼此之间达成一致的价值观共识，凝聚成一定社会文化中人们共同期盼、认同并接受的基础价值观，既是人存在和人类社会发展的必然要求，也是价值观教育的重要目标之一。因此，尽管一定的价值观内容蕴含于价值观教育、学习的过程(包括方法的选择)之中，但是方法本身不是目的(甚至选择/不选择什么方法来"教"或者学习价值观，这本身也是一种价值观的体现)，价

---

① [美]诺丁斯：《学会关心：教育的另一种模式》第 2 版，于天龙译，69 页，北京，教育科学出版社，2014。

值观学习、教育的最终目的是帮助个体形成某种价值观。另一方面，在一个生活越来越多变、情境越来越复杂和不确定的社会中寻找可供价值观教育的内容显然比以往更加困难。在一个杂乱无章、充斥着形形色色的观点、标准和价值观念的社会中，相比于形成一种稳定的价值观而言，人们更容易产生价值观上的迷茫、混乱和不知所措。更何况对于个体生命与生活而言，何谓"更好"，恐怕再也没有比这还要难回答的问题了。因为每个人都有自己的标准，诚信、正义、仁慈、宽容……每一种价值观品质在个体身上都既有相同的地方，也有不同的地方，甚至在不同的情境、文化之中，它们的含义也有差异。

教育，尤其是学校教育，永远无法穷尽所有的价值观品质，并将它们一一教给孩子们。在此，我们强调立足生活与情境，将价值观学习的目光转向个体，这意味着，价值观教育立足生活与情境主要不是为了依赖社会情境，而是在社会条件中，以社会情境为基础和资源；价值观学习源于生活而又超越生活，是以生活和广泛的社会文化背景以及具体的情境为基础的，尤其凸显其"以情感为基础"的特征和诉求。

一方面，在其中寻找可以支持、帮助和引导个体进行价值观学习的条件与资源，在个体身上形成对于他们自己而言更好的价值观的种子——个体身上那些与伦理和道德价值观最为相关的、具有伦理和道德性质的基础性的情感品种（道德情感），并对它们进行呵护和引导。正如哈特曼所言，"正是从情感发出的内心温暖中，伦常生活才持续更新地保持其青春活力。尤其是在那些理智尚未完全成熟而理性尚未绝对主宰行为的生命年龄段中，对道德情感的培育是不可或缺的"①。

另一方面，尽管情感在信息加工、角色选择、生存适应等多个方面发挥作用，但并非所有的情感都与道德和价值有关。就像哈特曼所说的那样，"并非有一种特定的情感，它作为道德情感而有别于其他的情感，而是每个情感都在其趋向上或多或少地符合伦常任务，或者它以或高或低的程度违背伦常任务。这些情感中的任何一个都不能绝对地称为伦理的，即是说，每一个情感都只是在某些条件下才是伦理的，而且对于每个情感都可以设想一些状况，在这些状况中它可能起到不道德的作用，只要它单方面打破了和毁坏了各个情感间的必要和谐。……'道德情感'绝不

---

① ［德］哈特曼：《道德意识现象学：情感道德篇》，倪梁康译，20 页，北京，商务印书馆，2012。

能被理解为一个简单的意义或一个统一的能力，而应当理解为一批具有或大或小伦常影响与价值的特殊情感"①。

因此，在自然的情绪体验、表达、宣泄、调节过程中放大、强化乃至培育其与道德的关联性②，即通过教育的方式，在特定的条件情境中（或者创造一定的条件情境），帮助引导个体向着有利于个体更好生命和生活的方向发展既是价值观教育的重要内容，也是情感教育的重要任务和目标之一。对于具体的教育尤其是学校教育而言，仅仅选择一些价值观教给孩子们或者让孩子们去学习某些价值观是不够的。它还应该：（1）研究不同年龄、性别的孩子在价值观发育和需求方面的特征与规律，为从教育的角度引导他们进行符合自身成长需要的、合宜的价值观学习活动提供依据和参考。（2）通过教育的方式培育、发展和保护孩子们身上那些与他们日后伦理和道德价值观发育、生长密切相关的基础性的情感品质，并通过建立这些情感与伦理和道德行为之间的"联结"等方式，恰当地运用和发挥这些情感品质在儿童青少年伦理道德价值观形成中的基础性作用，由此发展、扩充他们更加丰富、饱满、积极的道德情感，从而为他们在当前以及未来更长的人生中养成正当合宜的价值观需求和倾向，形成健康积极的价值观品质打下情感和人性的根基。（3）为了实现上面的目标，学校应该注重儿童青少年的情感教育，注重课堂教学、班级活动、班集体、师生关系、校园文化等全方位、全时空的育人方式和途径，尤其是在道德和审美方面，构建有价值观学习契机的氛围。美的环境，舒适的空间，安全、信任和惬意的人际氛围，等等，都因为看重培育与伦理和道德价值观相关的基础性的情感品质而成为价值观教育中不能被忽视的重要内容。

那么，有哪些道德情感在伦理和道德价值观中具有基础性的地位和影响？在价值观学习和教育中尤其需要注意的内容有哪些？

人类历史上一些伟大的思想家、教育家对此提出了许多富有启发性和耐人寻味的真知灼见。中国古代的思想家孟子提出"四心"，认为人的"恻隐之心、羞恶之心、辞让之心和是非之心"（《孟子·公孙丑上》）是人性的基础，也是人的一切伦理

---

① ［德］哈特曼：《道德意识现象学：情感道德篇》，倪梁康译，21～22 页，北京，商务印书馆，2012。

② 郑信军：《青少年的道德情感：结构与发展》，75 页，杭州，浙江大学出版社，2015。

和道德价值观的前提。苏联伦理学家季塔连科认为，道德情感并不是脱离一般情感的抽象物，人的热情和赞成、谴责、同情、团结、忠诚、爱国主义等极为丰富、广泛的情感都是道德的心理机制，人的道德积极性和道德上的自我发展正是通过这一心理机制表现出来的。苏霍姆林斯基将同情、怜悯看成人最基础的情感，认为同情心、善良、怜悯、敏感性、友谊、义务感、责任感等都能增强人的精神情感的力量，这些情感力量微妙地交织在一起，进而达到高尚的情感激动。只有这些情感的培养才能使道德概念变为信念。① 俄国哲学家索洛维约夫通过文化人类学的考察认为，存在三种基本的道德情感②：人和动物相区分并获得作为人的尊严，因而也就有了羞耻感；当和同类相处的时候，人就产生了同情感、怜悯感；当人面对神性感到自身渺小，并试图超越自己追求精神成长的时候，就产生了敬畏感。

在此，在人与自我、人与同类、人与社会文化制度三个层面和维度上，我们认为，(1)人身上所特有的、可贵的自由意志使人具备了对他自己"作为人"这一事实的肯定和骄傲的可能，这种可能促使他萌发对于"人之生命"的欲求和爱，并在这个过程中迸发出爱护、珍惜、寻求确证和认同的道德生长的潜在力量(成人期待)。(2)因为意识到自己"作为一个人"以及在与同类的相处关系之中，不断地发现自己与他人之间关系中存在的不完美乃至对"做成一个人"的妨碍和破坏，人不断地在这一事实面前感到苦恼和悔过(羞耻感)，从而产生对已有价值观念的修正、对更高价值序列和层级的向往。这是建立在前一种"成人期待"基础之上的另一种带给人消极体验的基础性道德情感品质，也是在人的价值观形成和教育中具有"转折"性质和作用的道德情感。(3)在人与社会文化制度的关系层面，一切人类社会的发明、创造、规则、制度，最终都服膺于人的生命，把人的生命放在一切价值之首，是一切价值成为"价值"的基本条件。爱护生命、尊重生命的意识、观念和情感(生命之爱)是其他价值观的基础与前提，舍弃这一点，一切价值和价值观都将失去意义。

其中，"成人期待"和"羞耻感"是与伦理道德价值观相关的、分别表现在人体

---

① ［苏］苏霍姆林斯基：《苏霍姆林斯基选集》第 3 卷，蔡汀，王义高、祖晶主编，719 页，北京，教育科学出版社，2001。

② 王岳川、刘小枫、韩德力：《东西方文化评论》第四辑，341~349 页，北京，北京大学出版社，1992。

验的积极和消极方面的基本的情感品质，它们最终指向和归结于对"人"的肯定、弘扬和珍惜，并服膺于人对生命的热爱之情。

（一）立足人的存在属性，呵护并培育人的"成人期待"

这是一种希望做"人"，因为"做成一个人"而感受到自己的价值、意义、使命和力量的情感。

英国哲学家哈奇森（Francis Hutcheson）将对他人的"仁爱"看作道德的基础，认为由人的内在自然性所决定的道德感官是这种"仁爱"之情的基础。然而，由于"人与自然界的特殊关联使人永远也变不成神，人与神的特殊关联使人永远不会成为动物……人的存在是精神的，但人又不具有绝对的精神，因为他不能彻底拒绝物质世界的诱惑"①，因此，"爱"（无论是对他人的"仁爱"还是指向自我的"自爱"）之所以成为伦理和道德价值观的基础，除了与人的这种内在自然性相关以外，还与人的内在自由性，即人在本质上对现实和自我的超越相关。为什么对他人的"仁爱"能够成为伦理和道德的基础？不仅仅因为"仁爱"是"向外"的，是对他人利益和幸福的成全，还因为我们在"爱他人"这种"爱"的情感里看到了、感受到了自己的需要和自我人性的欲求。"爱他"与"自爱"不是矛盾和独立的，而是统一的。只有在那生命本源之处的"家"里，你、我、他乃至物才能达到真正的统一。在那里，爱他人、爱万物就是爱自己；在那里，我们才可以生发真正的爱心，并且，这种爱不再受到自爱与爱他人的困扰，因为它唯一的指归就是生命自身。②

只有在对人自己的生命状态进行反观的时候，对自己的"自爱"和对他人的"仁爱"才会不至于成为在理性和利益算计之下的途径与工具，才会无论在有无利益冲突、有无机会的情况下，都成为每个人自身的生命需要，并在人身上展现出来。"我们的道德情感应该是对万物本源状态的欲求，也是对我们自身如其所是的状态的欲求，这种感情不仅可以使我们享受更高的道德快乐，而且使我们找到生活的终极价值支点与意义原点，因为它以万物一体的巨大力量促使我们以崇敬而谦卑的心

---

①　戴茂堂：《人性的结构与伦理学的诞生》，载《哲学研究》，2004（3）。
②　李家莲：《道德的情感之源：弗兰西斯·哈奇森道德情感思想研究》，330页，杭州，浙江大学出版社，2012。

态去面对生命自身，使我们自身的生命在这里找到灵魂的粮食，也即生命的粮食，从而真正得以茁壮成长。"①

这种对生命本源状态的欲求之情是对以他人和自我利益为依据的功利主义伦理标准的超越。人对伦理和道德价值的追求归根结底表现为他要超越一切现实（包括他自身）的内在欲求和本性。无论他是英雄、德行高尚的尊者，还是罪恶滔天的罪犯、囚徒，只要他还是一个人，还想像人一样活着，对于伦理与道德价值观的追寻就会在他的人性结构中本然地存在，只要拥有一定的条件和契机，他都会表现出不同程度和差异的超越自然和现实而靠近"神性"的生命冲动。这种"冲动"也是人"发自内"的，而不是"源于外"的，在哈特曼那里被称为"伦常骄傲"——"由于人意识到他自己是一个伦常的人格性，由于他在其人格性的伦理特征中认知他的人格价值的最纯粹的和最关键的尺度，因而在他知道自己是这个最高价值的承载者时会在他心中生发出一种舒适情感，并且会生发出在任何情况下都维持这个价值的努力"②。作为人发自内心的一种情感，"伦常骄傲"是那样纯粹，它直接与伦理和道德的内在价值相连，在这里至关重要的不是与其他人的比较，而仅仅是与伦常理想的比较。③

由于"伦常骄傲"始终在自己的正价值中获得满足，而不依赖其他任何外部的环境、条件和力量，因此，它既不同于我们日常生活中所说的"骄傲"，也不同于我们通常所说的"荣誉感"。因为恰恰在荣誉这里，首先起决定作用的并不只是更好的普遍伦常，而更多是那种特殊化了的、腐朽的和怪癖的阶层伦常。④"伦常骄傲"是伦理和道德在理想上的情感自觉和清醒，以至于它甚至不需要经过多少有意识的反思，也不至于像骄傲或者荣誉感那样容易让人在自满中迷失方向，缺少伦理判断和道德要求的意识与能力。

因此，作为可靠和永恒的、能够指引道德前进的根深蒂固的"道德情感"，"伦常骄傲"能够帮助我们抵抗外力的束缚和羁绊。即便在骄傲所依据的是幻想的情况

① 李家莲：《道德的情感之源：弗兰西斯·哈奇森道德情感思想研究》，331 页，杭州，浙江大学出版社，2012。
② ［德］哈特曼：《道德意识现象学：情感道德篇》，倪梁康译，23 页，北京，商务印书馆，2012。
③ ［德］哈特曼：《道德意识现象学：情感道德篇》，倪梁康译，24 页，北京，商务印书馆，2012。
④ ［德］哈特曼：《道德意识现象学：情感道德篇》，倪梁康译，27 页，北京，商务印书馆，2012。

下，它也完全是自律的。而克服那种对他人意见过分恐惧的观察与顾忌的最可靠的治疗手段就是对自身情感的增强，就是对骄傲的唤醒。在这个意义上，哈特曼十分肯定地说，一个遭到所有人抛弃和放弃、厌恶与轻蔑，且被耻辱所淹没的人，只要能够将他自己裹在他的伦常骄傲的大衣中，只要没有做任何动摇他的道德情感的事情，就仍然会仰首挺立。① 我们把这种人之为人的、发自人的内在伦理和道德欲求的情感称为人的"成人期待"，它是人对生命本源状态的欲求之情，它使"爱"（自爱和爱他）的力量在人自己的生命之中得到确证，是其他诸如荣誉感、自豪感、被承认感、被接纳感乃至安全、信任、对他人的关心以及建立在此基础上的对公平的诉求、对公正的渴望等具有道德意义的情感的基础，而不是对被它允准的快乐的找寻，或对它行为的已知目标的不快的逃避，否则这个行为就仅仅是根据幸福主义原则来完成的，并且不具有任何伦常的价值。②

将"成人期待"作为一种情感，并看成伦理与道德价值观的基础，意味着将人看作伦理和道德判断的主体，它是对基督教以"罪恶""忏悔"为特征的人性悲观论的否弃，是对人性的信任、乐观和期待。从"乐观人性论"出发，人取代神成为一切价值评判的标准与最高尺度。真正具有伦理与道德良心的人在见到有违此心的事和现象的时候，就会产生更强烈的悲伤、怜悯或遗憾以及在对世界运行的浅薄理解之上带着对德性真正益处的疑虑而产生的不满，而当我们自己的这种良心（情感）得到安顿和顺遂时，则会产生喜悦之情、对上苍的满意以及由德性而生的安全感。③

价值观教育就是要培育、发展和呵护个体身上的这种"成人期待"，它具体表现在两个方面。一个是对个体与生俱来的对他人、自然、社会、动物和自我的"关心""爱"等情感（和联结关系）的呵护、培育与构建，它们是将来在更加复杂、更大范围的生活环境中建立友好、信任、责任、公平、正义等价值观和伦理道德情感的基础。另一个是对人本性当中的"希望成为更好的人"的情感和动念的呵护及发扬

---

① ［德］哈特曼：《道德意识现象学：情感道德篇》，倪梁康译，27 页，北京，商务印书馆，2012。
② ［德］哈特曼：《道德意识现象学：情感道德篇》，倪梁康译，42～43 页，北京，商务印书馆，2012。
③ ［英］哈奇森：《论激情和感情的本性与表现，以及对道德感官的阐明》，戴茂堂、李家莲、赵红梅译，53 页，杭州，浙江大学出版社，2009。

和开发，它们表现为个体身上的那些希望得到承认、希望被认可、希望做得更出色等"希望自己变得更好"并将这种"更好"展现给别人的那种生命欲求和情感。

在这个意义上，学校价值观教育仅仅教给孩子们一些基本的情感品质是不够的，因为在现实当中，具体的道德情感品质都拥有不同程度上的伦理局限和道德边界，恐惧、悲伤、快乐……都只有在与具体情境之下的具体的人（包括人的生存境况）结合起来的时候，才能彰显它们的伦理价值与道德意蕴。尤其是在当代，在一个的充满矛盾与精神困惑的时代，一味空洞和纯粹地谈论理想和这种"伦常骄傲"或者"成人期待"是不够的，向内的伦常情感必须通过向外的伦常情感来补充。① 学校价值观教育不能无视人的现实性，不能脱离儿童青少年的现实处境去追求一种纯粹的道德情感的培养。正如乌克提茨所言，人类生活中确实存在一种无论如何也要捍卫的超越一切的价值，……但是实践告诉我们，一旦涉及细节问题，涉及具体的情况，人们的思想就开始发生分裂了。② 纯粹道德的人是不存在的，即使是崇尚理想主义的道德英雄，也不可能是不食人间烟火的纯灵性存在。③

所以，对于伦理和道德价值观的培养必须回到具体的情感和具体的情境与人的生命经历、生存现状之中去考察。对于学生而言，就是回到他们生活和学习的主要场所，如家庭、学校、班级、课堂之中去考察他们在其中的具体活动和人际交往过程。这也是他们除了自身情感条件之外的价值观学习赖以存在的重要的情感基础与条件。

（二）转向内在自我，适度培育并运用"精神羞感"

哈特曼说，在一个有力的"伦常骄傲"得到展开之前，与他人相关的羞耻或许可以提供一个在自己面前的秘传羞耻的替代品，在与此大致相同的意义上，荣誉感也可以被视作伦常的自身情感的初阶替代品。④ 羞耻感本身就连带着价值，它会形

① [德]哈特曼：《道德意识现象学：情感道德篇》，倪梁康译，33 页，北京，商务印书馆，2012。
② [奥]乌克提茨：《恶为什么这么吸引我们?》，万怡、王莺译，6 页，北京，社会科学文献出版社，2001。
③ 万俊人：《义利之间：现代经济伦理十一讲》，30 页，北京，团结出版社，2003。
④ [德]哈特曼：《道德意识现象学：情感道德篇》，倪梁康译，29 页，北京，商务印书馆，2012。

成诸如自尊、责任、友爱、诚信等正向价值，当然也容易产生自卑、失望等负向价值。

舍勒在对"怨恨"和"羞感"两种负性的情绪体验和心理感受活动进行对比分析之后认为，尽管它们都是负性的情绪情感体验，但是对于人的精神品质、价值观生成和伦理道德的养成而言，具有截然不同的意义。"怨恨"作为负性的情绪情感体验，带给人的价值感以及对于人的价值观生长的意义也是否定的；"羞感"作为负性的情绪情感体验，带给人的价值感以及对于人的价值观生长的意义却是肯定的。舍勒将它们看成影响价值观变化乃至现代社会中宏观价值观念转型和变化的重要的内在情感因素。舍勒尤其看重"羞感"这种情感品质在人的价值观生长上的基础性的作用和影响，认为，它是人的超生物性的精神意向在回首自己离不开生物性的身体时，对于自身的局限、被束缚以及贫乏和无知的生物性状态的一种心理体验和处境。作为"人"的一种特有的情感体验，"羞感"是人对身体和精神之间的矛盾与纠结状态的一种处理和挣扎，它既离不开精神，也离不开身体，在"神性"和"动物性"之间，唯有人才具有"羞感"。舍勒因此在人类的情感中给予"羞感"很高的位置，"羞感"也是人区别于动物和神，而"成为人"的重要的情感表征之一。

"羞感"联结着身体和精神，为人所特有，是人个体和群体生活的重要情感机制，也是价值观的重要部分。舍勒在对"羞感"进行研究的时候，除了将"羞感"发生的条件进行了认定并由此看重"羞感"对于人的特殊意义之外，还认为，"羞感"发生于自身的感觉期望与他人的注视和精神意向的冲突、不一致之间。也即，"羞感"发生于人对自身的"回返"。人用自己的精神和意向回返他自身，或者回返他人对自己的意向看法，发现不一致甚至冲突，就会产生"羞感"。正是在这个意义上，萨特认为"羞感"是人在他人面前对自我的羞。[①] 作为价值观的重要部分，"羞感"不仅是人之为人所特有的文化心理和精神观念，而且是较高价值与较低价值、新价值与旧价值的碰撞和冲突的产物，也是价值观发生、变化和进步的必然条件。正如舍勒所言，"羞感"的本质一方面是使个体回顾自身，面对一切普遍性东西的领域保护个体自我的必要性的感觉；另一方面，它是一种感觉，在这种感觉中，对于强烈吸引较低级的本能追求的对象，进行价值选择的较高级的意识功能的未定性表现

---

① ［法］萨特：《存在与虚无》，陈宣良等译，393 页，北京，生活·读书·新知三联书店，1997。

为两种意识等级的对立。在"羞感"中，我们感受价值的碰撞并由此产生改变（接受、内化、抵抗）价值的行动力。在此意义上，"羞感"是价值观发生、变化和学习的情感机制。

具体而言，舍勒认为，"身体羞感"与"精神羞感"是不一样的。就前者而言，"羞感"发生于指向生命价值的"生命之爱"与以舒适感受为基调的"本能冲动"之间的意识对立中。正是在"身体羞感"的协调下，生命状态才有可能从较低等级的舒适感受走向更高等级的生命之爱，人之为人的生命的价值才能得到提升。就后者而言，"羞感"发生于指向精神价值的"精神"与以实际效用和自然意义上的感觉为基调的"生命本能"之间的意识对立中。其中，"敬畏"是"精神羞感"的基本形式，它引导人们去探寻无知，探寻神秘世界和事物的奥秘，努力挣脱生命本能的低级和愚昧状态，朝向更高的精神之乡行走。

"身体羞感"是所有人都要去面对的，而"精神羞感"不一定所有人都拥有。伦理道德和价值观的颠覆与失落，在很大程度上是因为"精神羞感"以及与之相关的精神信仰的缺失、迷乱和荒芜。也是在这个意义上，我们将"精神羞感"看成价值观教育中尤其需要引起注意的具有基础性意义的价值观品质。它类似于哈特曼所说的"伦常羞耻"——在自己的"伦常骄傲"面前的"自我羞耻"。当伦常的人突然发现自己有一个不道德的欲求、一个为他的骄傲如此乐意地视作完全不可能的欲求时，他会发自全部内心地在自己面前感到羞耻。①

在具体生活和情境中引发的"精神羞感"不仅是个体感到"惭愧""内疚"，进而关联到"自尊""自爱"等伦理和道德价值观的重要的原发性情感，而且由"羞愧"所引发的个体内在情感和外在行为上的表现和连续性的反应也是价值观学习和教育过程中对"消极""负向"价值观的发展趋势来自个体内部的抵抗。它是保护个体价值观学习和教育方向的内在的"情感壳"，它只是自身情感的自身保存追求的消极面，是自身情感对消沉的抵御和预防性胆怯，这种抵御与胆怯会将自身展现为羞耻。②在这个意义上，"羞愧"与"谦卑"的区分在于，前者是价值观学习和教育中具有负面体验，却起到积极作用的"预防性"的情感，而后者则是价值观学习和教育中具

① ［德］哈特曼：《道德意识现象学：情感道德篇》，倪梁康译，28页，北京，商务印书馆，2012。
② ［德］哈特曼：《道德意识现象学：情感道德篇》，倪梁康译，29页，北京，商务印书馆，2012。

有正面体验，同时也起到积极作用的"给予性"的情感。因此，"羞愧"带来对消极价值观的逃避和相应行为的禁止与惩罚，而"谦卑"则带来对积极价值观的倾向和相应的诸如关爱、奉献与尊重等情感和价值观品质。

作为对现代社会结构变化和道德生活秩序混乱状态的映射，舍勒认为现代人的情感，尤其是为人所特有的、标示人的存在的、反映人的心灵状况的"羞感"的衰退是人类以及人类社会整体退化在个体心灵、精神和情感上的标志。它使得人不能再体会到"返向"自己的感觉，人不能用精神之光去关照自己、反思自己、审视自己，更不要说他人了。因此，人的情感上的自私、指责、戾气、恶斗等在个体层面上的根源就在于"羞耻"之心太少，它们在个体情感和整个社会层面留下的印记不是温暖的、有结构和温情的，而是计算的、冰冷的、交换的。而与"羞感"相近的另一种情感——"谦卑"相联系的"爱""尊重"等情感不再是个体自我精神丰富和人格提升的需要，而是追逐名利的手段和相互利用的工具，整个世界和"我"以外的他人都不再是爱的来源和对象，而是计算、交换和加工的对象。"我"与"世界""他人"不是相互关联的"一体"，而是对立甚至冲突的"二元"。这就使得个体的情感关系和性质是冷静的、对象性的，整个道德也因此是冰冷的、交换的和充满功利的。可以说，在一定意义上，从人的"羞感"的状况中，我们可以洞悉人类伦理情感和心态的精神本质。

作为一种体验上的负性情感，羞耻感是少有的具有伦理和道德意义的情感之一。价值观教育既要注重对羞耻感这一对伦理和道德价值观具有基础意义的情感的合理运用和适时培育，又要注意把握好羞耻感在不同情境、个体、事件上的表现程度，使得羞耻感不至于成为一种过失感，甚至成为自卑和丧失信心的根源。而那些孕育伦理和道德价值观，与价值观的形成、学习有着本然的、基础性关系的羞耻感以及与此相关的适度、适当的负性情感品种和形式又能够在适宜的环境和教育下得到保护和强化。

(三)回归生命事实，呵护并培育"生命之爱"

在一切价值和价值观中，人的生命价值以及对于生命的认识、了解和情感是居于核心位置的。不仅人的生命是衡量伦理和道德的最高标准，而且生命本身的价值也是不可剥夺和不能让渡的。

从对生命的奇妙、多样、丰富、有限等的认识出发，以生命中具体的感受、体验等为主要表征的敬畏生命、热爱生命、珍惜生命的"生命之爱"是一切价值观中最基本的价值观，也是伦理和道德价值观形成、学习和教育的重要基础。"生命之爱"在人的情感中赋予生命以至高无上和独一无二的位置，以对生命价值的高度肯定为特征，其他伦理和道德价值观都在生命价值中获得内涵和意义，并以对生命价值的维护、提升为基础和目的。其中，对积极价值观的构建等以生命的正当合理需要和价值提升为目的，而消极价值观如怨恨等的消解与放弃，也是因为在对美好生命的感知、体会中而"心有戚戚焉"。因为感受到生命的美，才会有关怀、友爱、责任、珍惜、敬畏；因为体会到生命的有限、痛苦，对人生有更深刻和丰富的了解，才会有远离痛苦、恐惧、冷漠、自私、欺骗，而不断地生发出对快乐、安全、温暖、公正、民主、诚信等价值观的欲求和向往。

对生命价值（包括自己和他人以及其他一切生命）的肯定、珍视和关爱，具体表现为人的良善心、同理心、成人期待、羞耻感等，它们超越政党、阶级和意识形态，具有人之为人的人的存在意义上的普遍性，体现人类和人类个体生命内在的自然性和自由性在伦理道德方面的情感涌现和扩充。从西方词源上看，"生命"（es 或梵文 asus）与人的"存在"（das sein）几乎同源。"生命"本来属于自然，因着自然而自生自灭、自驻自行，但是，自人类有文明之日起，人对于生命的解释又不止于此，所以，无论是希腊语和拉丁语中从"es"化生出来的"存在"和"是"，还是印度-日耳曼语系的"ist"，"存在"和"是"都是人之"生命"的内涵与规定性的体现。作为"人"，蕴含有"人性"的生命必然包含着"存在"[1]，"存在"或"是"与生老病死一样，是人之生命的律令与原则。因此，对生命的追问，就是对人的本源存在，亦即人生之路的追问，它是一切价值观存在与最终旨归的起点也是终点。

由此出发，"生命之爱"既包括对人的自然身体的关心，也包括对作为存在之人的生命的关心。就前者而言，身体是每个人具体的身体，其生理感官上的舒适体验或者病痛都是具体的、因人而异的。尤其是身体的疾病、痛苦等，它们是自然身

---

① 陈嘉映：《海德格尔哲学概论》，44 页，北京，生活·读书·新知三联书店，1995。

体变化过程中必然和无可避免的生命现象，对于它们的关心主要是医学发展与进步的目标和伦理责任。就后者而言，一方面，在日益发达的技术面前，坚守"身体"这一生命中的先验存在，适当地将那些与身体无关的政治、科学、艺术、技术等暂时搁置起来，使得身体是自然的；另一方面，不能回避和逃避在对待、回应"身体"这一自然现象时所持有的态度，它是有伦理意涵的。甚至只有当伦理和道德情感在人的生命之中涌现的时候，"身体"才会成为"人之身体"。"人之身体"亦即"生命"对于人的具体性、唯一性和至高无上性意味着相对于技术和政治而言，对于生命的爱护才是一切价值观的出发地，技术与科学也只有在为生命服务的时候，才会成为人的生活的一部分。

对于生命的爱护亦即"生命之爱"，就是要竭尽全力地挣脱或者警惕人以及人的生命在科学、技术、学科以及概念之中被埋没、消逝或陨落，转而使用福柯在论证临床医学特征时所使用的那种凝视——在面对活生生的生命之时，有意识地抛弃理论与概念本身，而专注于观察和经验，通过沉默、凝视而自然地呈现生命的图示，"恢复遵循一种发生过程而产生的事物的真理"①。当然，这种凝视不是呆视，它是包含"思"的成分在内的。因为有了对生命的爱、赞赏，所以人有了对于生命之美的悟性与感受能力，这就是瞥视。它意味着，人生不允许我们长久地驻足与凝望，多数情况下，往往是在那匆匆的一瞥之中，我们感受到生命的喜悦、快乐或者悲伤、痛苦，产生了对有限生命的无限留恋与热爱，生命的永恒价值在瞬间的体察和顿悟中向我们显现，充满无尽情思的短暂顿悟成就了生命的永恒之美，伦理和道德的标准在其中得以萌芽，向我们昭示出"生命之爱"在伦理和道德价值观形成、学习和教育中的魅力。在这个意义上，生命中的瞥视是一种选择、一种境遇，在有限的人生之中有选择性地趋向生命的美好，在面对生命的无常和变化的处境之中形成我们的心境，这同样是生命之爱在伦理和道德价值观上的深刻凝固。更进一步地，通过对现有价值之外的价值的追问、对意义的探讨，有着更多"思"的成分的生命审视帮助我们将那些通过凝望得来的经验、瞥视获得的顿悟再一次地回归到社会伦理层面接受检视，在社会与个人、群体与个体的相互回返印证之中，经过生命内部自我的矛盾、冲突、无序到厘顺，再到新的矛盾冲突、复归平静，"生命之

---

① ［法］福柯：《临床医学的诞生》，刘北成译，120 页，南京，译林出版社，2001。

爱"深深地扎根生活，内化成深刻人性的一部分，成为个体伦理和道德价值观的深层次的情感基础。

"生命之爱"既不是非理性的狂热，也不是冰冷的理性比较，而是以感性与理性在交融互动之中的循环往复和逻辑提升为持续性的情感表征。以公正(理性)与爱(感性)为例来说，尽管对人类关系性生活的维护和发展离不开公正，甚至在一定程度上还需要通过对个体情感与偏好的约束来实现对他人和全体的公正，但是这并不意味着与"生命之爱"的对立。因为对作为基本伦理和道德价值的生命价值的热爱不是自私自利的，更不是排斥他人和群体的——相应的经验使我们确信"利益的感觉已成为我们全体社会成员所共有的"，并且由此而使我们对全体社会成员的"行为的未来的规则性"产生一种信心，而正是基于对这种"信心"的"期待"，我们节制我们的自私并且尊重他人对其财物的占有而戒禁破坏。① 而这种"信心"和"期待"正是我们个人生命中最重要的部分并且依赖人的生命而持存。

然而，对生命的冷漠和对生命敬畏的缺失，是现代人的一大精神和情感弊病，它表现为人对生命的鲜活性、精神性的漠视，用程式化的套路和理性化的程序来人为、先在地设定好与具体生命的相处模式，用对待机器或者类似于对待机器的方式对待生命。由此，人对于生命也就少了一些"成人期待"和"羞耻感"，失去了对生命的敬畏和珍惜，生命被无情地伤害、践踏，生动而丰富的生命被冷冰冰地对待、漠视。生命之间的交往缺少了温暖，不再有个体性的特殊关怀和人与人之间的含情脉脉，情感成为交换和利用的资源与商品，而不是对生命的滋养、关心、爱护和尊敬。不过，"冷漠"不同于理性原则参与下的冷静和审时度势，含情脉脉也不是将情感变成交换利用的资本和"世故人情"。在现代社会，人的生命既需要温情呵护，也需要在感性与理性的交融中获得新生；生命成长和生活历程既离不开理性原则，也不能缺少感性关怀。

基于"生命之爱"的价值观教育既不否定公正，也不是不要爱。相反，对于公正价值和原则的追求恰恰需要公正之心，而这种公正之心就源于"生命之爱"，只有从"生命之爱"出发的公正才是真正的公正；而有力量、深刻、具有伦理和道德意蕴的爱也必然不是自私、偏袒、狭隘的爱，它需要公正原则的指导。就学

---

① ［英］休谟：《人性论》，关文运译，531 页，北京，商务印书馆，1980。

校价值观教育而言，细致、点滴的生命呵护与陪伴、珍惜、善待固然重要，厚重的生命理想、高远的人生境界以及对于更丰富、饱满、有力的生命力量和生命层次的追求则更加重要。一方面，生命中不存在纯粹的感性和理性；另一方面，个体在某时某地暂时性的感性反应和理性思考都还不足以代表价值观的整体状况，深刻、长久的伦理和道德价值观是以感性和理性融为一体的人的情感为基础的。

从"生命之爱"出发，价值观教育将生命突出为终极目标，更加认清、接受、认可教育过程中感性与理性的交替往复现象，在具体的事件和场景之中，相比于那些临场出现的、暂时性的情感（更多的是情绪），那些事后出现的、经由反思获得的追复情感具有更显著、深厚的伦理和道德意义。因为它们不仅带有认知和价值判断的成分，而且还可能会部分地源自良心发现或良心冲突。由感性和理性两个方面的统整而获得的个体生命中的持续性的内在伦理和道德力量启示我们，要超越价值观教育中"情"与"理"的简单对立关系，避免在所有的价值观教育举措、途径和方式中都要求有立竿见影的、显而易见的效果，放弃短视的、标准化的价值观教育评价、衡量的标准和观念。通过对崇高榜样的演示来靠拢那种为了崇高与伟大而发出的情感激情，并且通过抽象的和范式化的理智的早熟反思来警告对那些更深情感的压抑。① "生命之爱"是一切价值观的基础，是"情理交融"的人的情感，它体现在一个整体的生命之中，持续人的一生。

---

① ［德］哈特曼：《道德意识现象学：情感道德篇》，倪梁康译，20页，北京，商务印书馆，2012。

第四章
情感性课堂与学科教学育人

人是情感与认知、感性与理性相统一的完整生命体，青少年学生的成长过程也体现为"完整生命"的整全成长。在学校教育中，课堂是以学科知识及其教学为依托和载体的、指向整全生命的"育人"场所。学科知识与课堂教学围绕"完整生命"展开，因而也就不能不注重和突出生命中的个体感受、体验、情感脉络、情感经验、情知交融等以及它们在课堂中的重要性。这既是对作为完整的人的生命存在在学校教育尤其是课堂教学层面上的回应，也是对人以"情感"为基础和表征的认知、思维乃至整个精神层面上的价值观状况和价值观学习的教育观照。

一、情感性课堂及其育人指向

不仅经验与能力各异的学生个体是教学活动和知识学习的主体，需要在课堂中得到优先的关注，而且学生个体在课堂生活中的感受以及同伴之间对于各自感受的分享、表达、回应的状态也构成学生学习和成长中不可剥离的重要成分。课堂中不仅有师生交往，还有同伴交往。课堂人际关系的状态和质量、弥散其中的情感氛围、教师教和学生学的过程中的体验等，既是知识学习的重要影响因素，也是直接展开价值观教育进而通达"育人"目标的关键甚至是核心。

(一)课堂教学"育人"精神的式微

苏联教育家苏霍姆林斯基曾痛心地指出当时苏联教育界和大部分中小学中用知识教学和考试分数代替整个教育教学目标，并将前者作为衡量与评价学生的唯一依据的片面和畸形的教育观念与方法。他认为，每一个人的生命都是独一无二的、完整的，是道德的、智力的、情感的、审美的、创造的和体力的整体。对这个整体施加教育影响时，切不可只有智育(更不能只有学习)而无德育、美育、体育和劳动教育，切不可只有课堂学习而无多方面的精神生活。① 他的这一忠告对于现行的教育尤其是学校课堂教学依然具有重要的警醒和针砭意义。

现今，有过学校教育经历的人对于学校都会有这样一种深刻的印象：当铃声响起，学生从室外走进室内，坐到自己的座位上，拿出课本和学习用具，等待老师的到来……一堂"正规"的课便就此拉开了序幕。这时候，无论是来上课的教师还是来听课的学生，每一个人都不约而同地在心里有一个意识：开始上课了。一直到下课的铃声响起，教师才感觉释然，学生才觉得可以尽情地放松、嬉闹、玩耍、"放肆"地大笑……原先一片安静的校园变得热闹起来。

"开始上课"，在这样"正式"的"课堂"时间中，尽管也有理智的欢乐、探索的乐趣以及师生之间情绪情感上的互动，但是与"课外"相比，它是正规而严肃的。

不可否认，对学科知识的教与学是课堂活动的主要内容。然而，正如苏霍姆林斯基所言，教师在课堂上是"教人学知识"，而不是"教知识"。借助知识教学而关注"人"的成长和进步，课堂的目的在于通过教学而育人。其中，"教学"是手段、途径、载体，"育人"才是目标、归宿和指向。课堂教学和学习如果不以"人"为出发点和目的，就容易本末倒置，将对于知识的理解掌握作为其主要甚至唯一的目标，而忽略了其中的"人"。尤其是对学习者本人的生活经历、生命需要和感受的忽视，容易导致割裂的知识与碎片化的认知。即便是那些在自己任教学科的知识体系和逻辑上已经十分娴熟、能够前后连贯的教师，也大多只能在他所任教的学科上成为一个好的知识理解者和传递者，而很难是一个自觉的、具有清醒的"在教学中育人"的观念和意识的教育者。

更进一步，学校课堂教学的这种情形不仅没有充分发挥其"育人"功能，不利于知识的教与学，而且对于学校价值观教育来说，更是一个严峻的挑战。因为价值观教育与课堂教学中对于知识的关注程度并不一定成正比。多年以后，当孩子们离开校园，他们身上拥有的对生活和工作产生持续性影响的品质，更多是与那些发生在课堂中的教师和同学之间令他们内心波澜起伏的经历相关的。缺少或者根本就不能将学科知识、教学以及学习活动与学生自身内在的情感和生命感受、体验联系起

---

① 毕淑芝、唐其慈、王义高：《苏霍姆林斯基的全面发展理论》，87~88 页，上海，上海教育出版社，1991。

来的课堂教学形态很难在学生内在的精神层面培养积极、健康的价值观念。

（二）情感性课堂的内涵

加德纳在 20 世纪 80 年代提出了多元智能理论，他认为每一个人都具有多方面的、不同的能力，不能用能力的差异代替能力的高低而忽视人类能力的多样性。将课堂教学的目标仅仅设定为学生在识记、推理、逻辑等少数几种能力的发展，显然也是对人类以及人类个体能力多样性的忽视；而整个学校教育如果依据学生在课堂上的学习成绩或者是某一门学科学习上的表现来评判其整个人生的价值更是极其危险的。

近年来，我们围绕课堂教学与情感之间的关系做了一些探索，初步对师生之间、生生之间在人际交往过程中形成的情感联结、情感氛围等在学生学习和教师教学中的重要性地位做了阐述，并对"情感—交往"型课堂的若干特征做了简要总结。① "情感—交往"型课堂着眼于师生关系的改善，进而改变整个课堂教学的环境和氛围，这种希冀和构想的实质在于还课堂教学的"本真"，重新审视课堂教学的"育人"功能和底色。由此扩展开来，这样的课堂不是不要知识教学，也不是仅仅强调"交往"，"交往"只是手段、途径，其最终目的在于形成一种新的课堂样态，它凸显"情感"，并以"情感"命名，实际上关心的是一个包含了感性与理性的、就像加德纳所说的"多元智能的人"。

我们把凸显"情感"层面，注重个体间生命联系，尤其关心包括个体情感在内的整体人格健全发展的课堂样态和模式称为"情感性课堂"。

情感性课堂认为，学科知识只有在成为学生个体认知、思维和经验系统中的一部分，也即学科知识彰显个人价值、呈现个人意义，从而真正与每个学生的思想观念、情感体验、生活需要产生联系时，才有可能成为具有个体道德成长意义的价值观载体。课堂教学应该注重学科和知识的个体意义，尤其关心在个体的情感层面上，如何通过对个体情绪感受、情感体验的关心，而不断丰富孩子们的情感和精神

---

① 朱小蔓、王平：《情感教育视阈下的"情感—交往"型课堂：一种着眼于全局的新人文主义探索》，载《全球教育展望》，2017(1)。

世界，提高他们的价值观品质，并通过情绪情感的机制作用促使课堂教与学活动能够深入心灵，通达个体精神，发挥育人功能。

情感性课堂关注的是人的整全生命，尤其凸显"整全人"中的"情感"层面以及情感在构成"整全人"中的黏合作用，重视"情感"在表征个体能力、学习感受，连接个体的课外经验与课堂教学等方面的连续、贯通和基础性的地位。它摒弃单向线条式的、静止不动的纯粹个体间的知识传递，在师生共同组成的全体和动态交往中形成价值观。

第一，教学"并非简单实施计划，而是包含着诸多令人不知所措的、复杂的未知因素。教学设计的方法中应该体现教学本质的复杂性和模糊性。教师的教学工作并非通过事先设计来控制学生，而是要珍视每一位学生的学习点滴，而后将其串联成故事"①。从"情感"切入，教学过程更加关注师生在教与学中的感受，尤其关注学生在教学过程中感受到了什么，学到了什么；教师对教学过程的体验如何，如何评价和调整自己的教学，如何评价学生以及师生之间的互动状况。

第二，学习活动是教师与学生共度的愉悦、有趣、有意义的生活，它需要唤醒当事者自身的觉悟，反省自己的课堂行为与态度，培养自身对自己生活质量的敏感性。因此，教师在课堂教学中的作用不仅是激发学生，还是通过建立良好的师生关系，让自己能够更加胜任教学的工作，体会教学生活的快乐，与学生一起成长。

第三，"学科"与"知识"不仅仅是概念、符号、语词、理论等，还包括情感以及以情感为主要表征的价值观，既是课堂乃至整个教育活动中重要的价值载体，也是价值观学习和教育的主要抓手。学习知识的过程既是理智和逻辑不断丰富、完善的过程，也是在合作学习、团队协作等过程中不断提升个体的学习愿望与能力，发育社会性情感和道德情感，生长公共精神的过程。课堂活动围绕学科和知识展开，每一个学生在其中的感受和体验、生命和精神状态等都需要并应得到关心，因为它们既是学习的内容，也是学习获得成功的途径，更是学习的最终目的。

第四，构建一种完整的具有生命质量的课堂教学生活。重视认知和情感的发展，而不是以过度的负性情绪为代价去满足短暂的认知结果、分数和升学成就。它

---

① ［日］秋田喜代美、［日］佐藤学：《新时代的教师》，陈静静译，19 页，北京，教育科学出版社，2013。

不排斥教学需要考试的评价，也认为学生的考试成绩是衡量教学质量的重要指标，但尤其关心并希望反思与改善的是用什么方式、经由怎样的过程去获得学业成绩。

第五，指向整全生命，以"育人"为课堂活动的最终目标。关爱、呵护师生的生命状态，通过师生、生生感性和理性沟通统整以及情感与认知沟通统整，激发师生的自我调适，从而将其塑造为感性与理性、认知与情感协调发展的人。希望通过关心并改善知识学习的过程和方法、改善师生关系，从而改善整个学习的物理与人文环境，使教师获得职业幸福感，学生获得成长幸福；指向基于个体生命成长的教学过程中共同利益的达成的新教育质量观，使得课堂教学真正关心生命、通达生命。

（三）情感性课堂何以"育人"

情感性课堂中的价值观形成过程实际上是"整全人"的教育过程。它关注课堂中的"人"，尤其是人的情绪情感需求、特征等状况，将"人"看成课堂教学活动的中心。学科知识、教学活动、学习活动都围绕课堂中的"整全人"展开，从而助力于学生在课堂中良好的道德品质和价值观的形成。

1. 注重教与学活动中师生的情感体验，内在地奠定价值观学习的基础

与对于具体的知识、原理等的关注相比，"学生有哪些障碍和困难""如何点拨和回应"等问题更加受到教师的关注，并成为他的整个教学思维的核心。

在情感性课堂中，教师将自己的生活经验带入对学科、知识、文本的理解和解读中，在教与学活动结成的关系中，敏锐地发现、识别学生的情感状态并进行移情性的回应、调适和恰当的处理，以引导学生在情感上感受到学习的乐趣、惊喜，思维和理智的挑战、自豪，并保持继续学习的愿望，逐渐发展学习的能力。在情感性课堂中，教师心里装着学生，跟着学生的思维和学习体验组织教学，而不是根据他自己事先设计好的教学计划和任务完成教学。此外，学生在这个过程中的情感以及伴随情感而带入的个体生命的感受、认知、思维的发展以及教师在其中的参与程度、扮演的角色、做出的回应等，也是教师教学中的关注点。这样，师生、生生之间便建立了对于彼此作为"人"的状态的关心，整个课堂教学和学习活动成为学生借助知识媒介感受自我、确证自我并在真实性的挑战、兴

奋、失望、期望、憧憬等情感氛围和心理力量中获得价值观的过程。

例如，教师在上课之前对全班学生深深地鞠一躬、在课堂中一直称呼站起来回答问题的学生的"小名"……"学生们是能够感觉到老师对他们的敬意的。而这是一堂好课非常重要的开端。……老师平时就是这样称呼孩子，他们已经习惯了，不是在外人面前刻意为之，否则的话，就显得矫揉造作和虚假，反而孩子是瞧不起这样的老师的"。诸如此类看似不起眼的情感性课堂中的行为举止，不仅拉近了教师和学生之间的距离，有助于课堂教学在情感的自然流淌之中展开；而且是教师个人真实的情之所至，其中渗透的尊重、真实、平等、关心等价值对于学生价值观形成的影响是潜移默化的，也是具体深刻的。

2. 关注学生情感经验的连贯性，促成持续性的价值观学习

个体间多样、差异的学习体验和感受状态贯穿、连接着课堂与课外，是学校教育全时空、全方位育人的重要机制、桥梁与纽带。在"育人"特别是价值观教育这一目标上，课堂与课外既是教育时间上的人为划分，也是教育影响和教育目标上的自然延续和高度一致。"课堂"作为学校教育生活的一个重要部分，在关心学生的多方面能力及其差异、关心他们的不同发展需求以及在学习中的感受并通过学习获得生命的成长与进步等方面，应该担负起长久的使命和责任，而不仅仅是局限、停留在简单的认知教学和少数几种能力、少数人所谓"发展"上。"课外"则是学生有价值、有意义的校园生活中重要而不可分割的一部分，其中的人际交往、集体活动等更是学校隐性价值观教育的重要资源和平台。在情感性课堂中，学生个体在课外经历与获得的人际关系、情感经历、生活经验在课堂中得到重视，得以延续。例如，一位初中语文教师在给学生上阅读课之前，对学生有这样一段分析：

学生"每月共读一本书"，在月末都会有一次图文并茂、精彩纷呈的读书分享会，同样的时间和内容，每个人的读法和收获却都是不一样的。研修班、自修班的学生还阅读了其他自己感兴趣的作品，而且阅读的感受深刻而独特，阅读量是比较大的，阅读面也是比较广泛的，阅读的感受也是丰富的。

这段分析的一个突出特点就是针对"学生"（在课外的经历和已有经验），而非"知识"本身（前后衔接、逻辑递进）。基于对学生课外经验、感受及其差异的比较

好的预判，教师在安排课堂教学环节和教学设计时也就自然而然地将学生的已有经验、需求等考虑进去，如在课堂上安排的"从名著中的人物身上获得的启示""与名著中的人物对话""表达对名著阅读的感受"三个环节，因为其在情感经验上的贯通、延续，价值观学习也就更有可能获得持续从而变得自然而然。

3. 通过学生的情感体验促进深度学习，使价值观学习不断走向深入

由于情感得到重视和凸显，学生在情感性课堂中借由情感体验领会学科内容中的情感、体验他们自身在学习过程中的情感状态、感受交往中他人的情感状态，有可能实现从"学习知识"到"在学习知识中感受学习"的"深度学习"的转变，从而帮助价值观学习走向深入。例如，在阅读名著《老人与海》的课堂上，当教师要求学生用成语来表达阅读之后的感受的时候，有人说是人定胜天，有人说是百折不挠，有人说是成王败寇……学生尝试表达如果自己是那个老人，将会怎么办。这些都是学生与文本、文本的作者以及他自己在对话过程中表达自己情感体验的过程，它们超越了简单的语文识字教学，不是对作者思想感情表层、生硬的理解，而是将学习、学科知识与自己的生活以及个体化的情感结合起来，"死"的知识由于人的理解各异，并在不同观点的交互碰撞中"活"起来，价值观也就在这个过程中生成和显现。

可见，学科知识内含的"价值"固然重要，但只有当它们真正成为学习者学习的平台，尤其是能够引起学习者在其中不断地通过与文本、作者、他人的对话而超越碎片化的知识、割裂的文本、静态的价值告知，生成具有个体意义的价值观念的时候，学科知识在价值观学习中的作用才真正地展现出来。在情感性课堂中，借由个体情感的贯穿和凝聚作用，学科课本中零碎的知识点在个体的思维层面得到关联，被还原或者整合进学生自己的生活图景和生命样态中。如此，碎片化的知识点也就在个体的感受与体会中联结成为具有学习者个体意义的价值体验和价值感受，知识背后的学科精神通过"价值文本—价值感受—价值观"这一层层递进和深入的过程而获得转化，知识传递和学习的过程伴随着深刻的情感体验，不断唤醒与激活学生生命中的能量。

情感性课堂秉持情感教育的研究旨趣和理论主张，在对人的整全生命的关注中尤其突出对人情感层面的关注。注重师生情感层面在课堂教学中的位置，尤其重视从青少年学生的情感特征出发，关心他们的情感发展需求，通过课堂中的知

识内容、教学过程中的人际交往等具体的途径、方式，将学生作为整全人的生命不断丰富和生长的过程与课堂教学紧密统整融合到一起，发挥并开启课堂的育人功能。其中的价值观学习和教育体现、渗透在知识、身体、精神等多个方面的协同中，以整全生命为出发点，以为了更好的生命为目标。相反，如果失去了对于生命，尤其是完整生命中的精神和价值观的关照，课堂教学也就失去了灵魂和目标，割裂的知识教学和学习也就成为符号和信息的记忆，不仅不能深入学生的心灵、滋养他们的生命、丰富和提升他们的价值观，甚至在一定程度上成为他们生命的负担和累赘，乃至在其中不断地感受、遭遇生命与价值观的压抑、扭曲和破坏。

因此，情感性课堂不是一种专门指向某一具体学科的课程或教学理论，也不是要对某一具体学科的知识体系、教学过程等做出"学科专业"层面的研究和讨论；而是在情感教育作为一种教育哲学思考的前提下，从"育人"这一教育理论和实践的原点出发，对课堂教学做出的一种"高瞻远瞩而又近距离"的审视。情感性课堂关于"人"的观点认为，"人"是丰富的。在课堂乃至整个教育生活中，学生好奇、乐于求知、专注投入、勇于提问、友善互助，教师的语言、肢体、眼神等都渗透和传递着他们的生命由内而外散发出来的积极的情感和价值倾向，师生之间在通过交往结成的尊重、平等、胜任感、成功感等情感关系中不断地建构起各自的价值观，获得并体验生命的意义。由此出发，教学活动应该既面向全体，又关注个体。其中，教师能较好地识别和满足学生的真实需要，师生在感性与理性、认知与情感方面得到关注，受到启发，获得协调发展；师生的生命活力、创造欲望得以表现，负性情绪得到关切和适时调适，教学过程与育人过程融合，具有可持续的生态，有共在感与共生体验。情感性课堂不是不要教学，而是认定教学不是空洞、抽象、断裂、紧张、压抑的。因为对具体的个体经验、不同的性格、认知习惯的关注、尊重，情感性课堂强调并努力追求教学成为师生双方积极投入、共同创造和享受幸福的过程。① 所有的课程、学科和知识点都因为人的情感的存在和注入而具有并显现出维系人发展的"育人"功能。

---

① ［德］雅斯贝尔斯：《什么是教育》，邹进译，67 页，北京，生活·读书·新知三联书店，1991。

二、学科与教学中价值观的情感性显现

从重视人的整全生命出发，情感性课堂在学科、知识、教学中"育人"，尤其突出对作为一个"人"而有着不同经验、认知、感受、能力的学生的情感层面的关注，使得学科知识、知识教学凸显了鲜活的生命底色，课堂成为育人的场所。那么，在学科与教学中，价值观在什么样的层面上与情感相连？具体又是以什么样的方式、经由怎样的途径显现并成为个体精神的一部分，滋养他们的生命成长的呢？

(一)在联系和系统性的学科思维中把握学科精神及其价值内涵

不同学科具有不同的属性和特点。人文学科中的语言文字、人物事件、文化传统、风俗人情，自然学科中的定理公式、生命成长、科学发现，都从不同的角度侧面传递出审美的、厚重与敬畏的、严密规整的、多样包容的、丰富而不同的价值观念。它们对于涵养学生的科学素养、规则意识、思维品质，培养积极健康的审美情趣、生活技能与习惯、交往和团结的能力，磨砺意志品质，培养学生相应的道德价值观和健全的生命与人格等，具有十分重要的影响。这些影响有的以显著和较为直接的方式，如专设的品德课来体现；而大部分是不明显、隐晦的，尤其是各个专门学科的德育功能是需要教师认识和不断挖掘、开启的。

以学科和知识为载体，培养学生的学习兴趣、学习能力、学习态度，在对学科的热爱与学科精神的把握中，体会并追求生命、人生、世界的真善美，这是每一个学科都倡导和应该具有的价值目标。著名教育学者朱小蔓教授在其研究中对不同性质学科背后可能蕴含的道德价值进行了总结和提炼(见表 4-1①)。

---

① 朱小蔓：《情感德育论》，267 页，北京，人民教育出版社，2005。

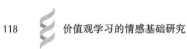

表 4-1　不同学科蕴含的道德价值

学科			素材形式		蕴含的道德价值
分类	特征	科目	学科内容	学科方法	
人文学科	伦理正义关爱审美	语文	字词句章、人类文化、人物、情感、伦理	榜样示范、阅读、审美、情感、语词敏感	伦理、正义、同情、人际敏感、人道主义
		历史	典籍、人物、事件、价值观	批判性、独立思考、叙事、历史感、辩证思维	正义、宽容、理解
		外语	语言、文字、文化风俗	情境、交流、对话、语感	尊重、倾听、国际理解、宽容
自然科学	理性秩序和谐有机性复杂性	数学	公理、公式、原理、计算、数学家、发现	推理、演绎、归纳、计算	严谨、理性、坚韧、审美
		物理	定律、公式、计算、物理学家、发明	实验、观察、计算、设计	严谨、专注、理性、坚韧、求实
		自然	物种多样性、环保组织、志愿者、发现	观察、分析、描述、感受	多样性、和谐、敬畏、感恩、审美
综合实践课程	探索情境做中学创造性	研究性	现象、原理、方法、研究报告	探索、实验、动手操作、分析、论证、独立思考、辩证思维	严谨、独立性、合作、超越
	伦理性参与体验	社区服务与社会实践	伦理义务、服务、技能、体验社会	参与、体验、责任承担	热情投入、责任、义务感、感受他人

尽管不同学科的性质和特点不同，每一位教师任教的具体科目也不一样，但是教师有必要对"学科是什么"这一问题给出基于自己学科立场的哲学思考和回答。因为对于教师而言，如果不搞清楚你要教什么，以及付出什么代价来教，那么宣称

所有孩子都可教就是毫无意义的。① 对于学生而言，"学科知识"也并不等同于他们自己"内心的知识"，教师讲解的和考试中涉及的知识也并不代表它们必然地成为每个学生"自己的感受与信念"。"现在各个学科课程之间彼此分离，课程与现实世界分离，与人类面临的真实问题分离。它们成为象牙塔里的知识，成为被学生们死记硬背的东西。"②这样的课程、学科、知识既不属于个人，更无法深入个体的生命与精神层面而成为个人的价值观。

实际上，无论哪一门学科中的哪一种价值，在深入人的内心而成为一种具有个体意义的价值观方面，都必须与情感相连，甚至它们本身既是一种情感，也是一种价值观。也就是说，学科和学科知识是在与具体人的实际状态和发展需求相结合，尤其是与人的情感层面相联系的过程中彰显价值、显现为"情感—价值观"的。尤其对于青少年学生而言，我们要求他们要尊敬、要负责、要关心他人等，他们会问："为什么？"③学科和知识如果不能回答这一疑问，满足他们情感上的好奇和认同的需要，就很难在实际上成为他们个体价值观学习和形成的支撑，也就失去了学科设置和学科知识的价值观教育目标与功能。

面对学校里开设的一门门学科和每一门学科中的诸多知识点，不仅教师要思考为何选择"这些"而不是"那些"知识，而且青少年学生也会产生诸如"为什么非得学习这些知识不可"④的疑问。只有对某一学科或知识点的必要性、关联性进行探讨，围绕具体学科展开的课堂教学才有可能超越显而易见的知识和符号表层而拓展到人的思维、生命等层面，并将教学的旨趣牵引、转向关注人的生命和生活质量，关注

---

① ［美］诺丁斯：《学会关心：教育的另一种模式》第 2 版，于天龙译，29 页，北京，教育科学出版社，2014。

② ［美］诺丁斯：《学会关心：教育的另一种模式》第 2 版，于天龙译，233～234 页，北京，教育科学出版社，2014。

③ 国际教育基金会：《培养心情与人格：人生基本目标教育》，7 页，北京，北京大学出版社，2005。

④ 事实上，大量的学困生和教学中的难题都告诉我们，学生之所以对一些学科和知识的学习不感兴趣，除了学生自身的学习能力、教师的教学能力外，一个很大的原因就是孩子们并不知道他们为什么要学习这些知识。与这些在他们看来没有什么价值的枯燥的学习相比，可能课堂之外的那些看起来与学习无关的事情更能满足他们的价值需要和趣味，因而更能吸引他们。"有价值的知识""感受到所学知识的价值"是学生产生好奇心、兴趣和学习动力的重要因素之一。而简单粗暴地用知识学习上的"成功与否"来衡量学生的智力和一切方面的发展潜力，不仅以偏概全，而且在忽视了考问"我是否感受到了学习的价值"这一问题的同时，可能会造成教育中令人痛心的悲剧。

个体的信念和价值观以及我们自己与他人的关系。而这正是价值观在知识和教学中渗透、成长和形成的空间与可能性所在。

以历史课"法国大革命"为例，如果将其看成对法国大革命的爆发时间、地点、人物、原因等孤立的历史知识和知识点的记诵，那么就难免会产生"为什么要学习离我们那么远的知识""这有什么价值吗""如果不学，又会怎样呢"等疑问。但是如果认识到，师生之间不是在孤立的知识点，而是在人类知识的大厦、在一个系统化的知识链条中展开教与学的活动，将教学活动放到人类知识的系统和长河中看待的话，知识教学就既不是孤立的点和面，也不是简单的背诵和符号，它们是人类知识谱系中的某一段、某一点，并在特定的历史时间、空间中，与发现、发明和使用、创造这些知识与文明的人联系起来，知识因而是具有生命的、立体的、丰富的。不仅教和学知识的人是具体的、生动的，知识本身也不再是静态和僵死的，而是具有了人的价值考虑，也就与人的生活和人类社会的文明与福祉联系起来，对于知识的教和学也就超越了简单的符号活动而具有了道德上的考量。

同样是"法国大革命"，如果我们上升到这一层面去看，就应该知道，法国大革命是资产阶级大革命的一个部分，是人类历史发展前进中的一个环节，学习法国大革命可以帮助一个人了解世界争端和战争的普遍规律。那么学习法国大革命就不再是简单的事实和信息的识记，而是为我们提供了一个观察现实，思考人类和平、自由、公正等价值的透镜。学习者通过这样一个平台不仅可以学习知识，而且可以理解人类战争和冲突发生的根源，引发他们对弱者的同情，对公正、自由价值观的重要性的理解和体悟，涵养与这些价值相关的价值观念。历史课教学也就成为价值观学习的重要平台。

透过一个个具体的学科知识点，经由认知与情感的层层冲突、碰撞而洞悉学科的本质，将知识、教学、学习、考试评价等一系列教学过程中的观念、行为放到学科本质精神的位置上加以检视，意味着学科以及散落在学科中的知识点固然重要，但是通过对学科知识背后的方法论、认识论以及思维本质和精神内涵的深层次感受和体验而把握学科的精神本质，不断地感受"学科味道""学科之美"，获得并不断体会"既见树木又见森林"的知识价值更加重要。例如，就数学学科来说，数学知识的学习不是最重要的，甚至很多知识都可以忽略，但是怎么认知知识、用某个知识去解决问题，这是关系到数学思维、数学规律等数学的方法论问题。如果教师意识到数学课堂应帮助孩子形成方法论，在认知数学的过程中认知世界，教学组织方式和课堂的关注点也就会改变，师生相互信任、共同探索。否则教师说什么都不管用。其中伴随的情感状态是支撑学生从"疑问"到"豁然开朗"的发现问题、寻找方法、解决问题的中介与桥梁。还以数学学科为例，在我国2001年颁布实施的课程标准中，把"运动变化"的观点带入课程，强调几何教学"在运动变化的关系之中寻找、形成、把握'不变'"这一学科思维，就是比单纯地寻找图形之间的"变化关系"更为深层次、内核性地体现了学科精神和本质。围绕这一理念展开的"图形的旋转"整个课堂活动都围绕"图形的旋转"设计，把"不变"作为贯穿教学设计和展开教学活动的主线，通过图形转动，让学生观察、讨论、发现、总结"变化"背后那些"不变"的规律。这种围绕学科本质精神展开的课堂活动不太在意学生每一节课上具体学到多少概念化的、静态的知识，而是通过知识的教与学探究学科背后的价值观与精神。

总之，融进情感的情感性课堂关心学科和知识点与个体情感间的联结以及以人的情感为基础的知识点之间的相互关联。其中，教师因为超越表层和孤立知识的视野而可能看到学科和知识的脉络以及背后的那些与人的生活、人类历史发展相关联的具有价值和文化意蕴的东西；学生既是学习某一门学科、某一课、某一章、某一节的知识，也是在整个系统的知识和人类文明的框架中学习，他们知道为什么要学、知道知识所处的位置、学科的价值以及学习本身的意义。所有这些不仅使学生逐渐形成思维能力、科学思考的方法与态度、自我学习的意识和能力，建立自我生命经验与知识之间的联结，而且在其中形塑自己的价值观、感受和形成切己的道德品质。

（二）在情感与价值观交融的教与学过程中显现和形成价值观

价值观蕴含在知识里，各科教学及其教学过程充满丰富的价值观教育内涵。[①]然而，渗透、蕴含在一定的概念、文字、事实、语词、公理、图形、图片等之中的

---

① 朱小蔓、刘巧利：《尊重价值观学习特性及学习者——论中学生社会主义核心价值观教育》，载《中国教育学刊》，2016(3)。

价值和价值观是静止的、符号化的，只有在与具体的人的情感层面产生联系，在人的理智与精神中形成结构化的思维、个体性的感受、情境化的体验的时候，才有可能从抽象变为具体、从静态变为动态，具有个人意义，并可能与人的生命相结合而显现成为个体生命中的价值观。

在情感性课堂中，价值观的开启和显现体现在情感与价值观交融的教与学过程中。情感性课堂通过借由关心师生在课堂教学中的情感状况为课堂中价值观的学习、教育和形成创设条件、提供契机；它不排斥知识教学，但是更加注重知识学习过程中伴随的情感状况，亦即它更加关心"学生是通过什么样的途径、在什么样的状态下学习知识的"，更加关心"教学活动的终极目标和意义"。

孩子们更容易获得并反复体验好奇、兴趣以及情绪情感的激扬、兴奋，他们开始呈现出自主的学习，跃跃欲试、愿意冒险、不怕嘲笑、不怕挫折等学习的精神状态。在这个过程中，孩子们的理智感、道德感等社会性情感在合作、接纳等过程中不断得到求证和体验，他们在其中不断学习接纳自己，感受集体、学习带来的力量和道德，审美上的愉悦、趣味和满足。这些情感状况的产生过程也是价值观的熏陶、生成过程。而教师对教育者的意义的熟识和对教育的爱、执着、坚定，等等，既是教师本人价值观的情感基础，也是影响学生价值观形成的情感基础之一。尤其在课堂的活动组织、教学组织和设计等过程中，教师建立在对学生情感需求敏感基础上的及时、恰当的应对、回应和调适的能力等情感素养，是减少学生在学习过程中的负性情绪，增加感受和体验正面情感与价值的重要的外源性情感基础。

具体而言，教师在课堂教学节奏、教学互动和评价等方面要更加注重情感状况，特别是融汇、伴随情绪情感的感知、激发、延续等效应。

第一，在知识处理与教学环节安排上，避免或者减少直接搬用知识概念、抽象的价值说教、想象性的价值观迁移，依托学科知识设计更有趣味、生动、易于学生内化的教学组织形式和活动，挖掘、显现其中潜藏的价值观。例如，在《骆驼祥子》的教学现场，为了避免学生的思维仅仅停留在概念表层，当学生讨论"如果祥子到我们学校来，他会是什么状态"这一问题时，教师便敏感地意识到：仅用今天的幸福生活与祥子做对比，得出他很"痛苦""不幸"这样的结论是不够的。抽象、想象的讨论与理性的认知判断还应该与情感相结合，让学生进一步在体验的层面上获得价值观学习的契机和可能。因此教师便引导学生进一步讨论"如果祥子来到我们中间，我们要如何帮助他"这样一个问题，通过将知识学习与情感深度融合，在知识学习的过程中开启、带入和萌生更深刻、丰富、细腻的价值感受，教学中的"同情"以及由此生发的"关爱""帮助"等价值观在情与理的交融中呈现为一个整体，不断刺激、挑战学生的既有价值观，为价值观的深层生成提供动力。

第二，在课堂教学互动中，不仅关注学生课堂表达中的"认知"层面的对与错，更加尊重、照顾学生的情感体验以及他们结合自身情感体验和知识学习的"价值观表达"。有的时候，教师甚至要将情感表达和认知观点表达的机会一起还给学生，而不是将情感表达的机会从认知观点中剥离开来，只允许学生"回答问题"，限制或者不允许学生"表达观点"。如此，教师本人便可能是第二角色、第三角色，甚至教师整个人都退居幕后。教师有时候要有意识地、适当地把自己的感情隐藏起来，他的话很少，他把自己想要表达的、引导的都还给学生、交给学生，学生成为教师的"替身"——替教师回答问题，从教师的言行举止、神情之中感受教师"想要表达"而"没有表达"的情感，替教师表达出来。

第三，在课堂教学评价中，注重评价的衡量与判断功能，发挥评价在情感和价值观生成中的正向功能——不仅这种评价本身渗透着亲切、平等的价值观，而且有助于引发更大程度、范围和层次的价值观形成。这就要求教师要抓住学生的情绪情感状态，寻求合适的情绪情感契机给予评价。例如，在某数学课堂上，当学生回答错误的时候，老师了解到他并不是因为不懂，而是因为紧张、疏忽犯错，所以老师特别注意维护学生的自尊心，不停地说，"你再说说""再说说"，直到他说对了才让他坐下。学生因为积极情感得到呵护而可能保持继续学习的愿望和动力。而呵护学生的学习兴趣、保持他们对待学习的信心和面对失败时的勇气，比提升他们的成绩更重要，不仅具有重要的知识学习的意义，更是价值观教育的重要层面。学生笑的声音不太一样，什么情况下爱笑，什么情况下爱说"噢""啊"等，都是教师促进学习关系、备课和教学过程中应该抓住的关键点。抓住了学生的兴趣，在他们兴趣盎然的时候呈现精华的、关键的教学内容；在他们沉闷的时候，加入娱乐、有趣的成分等，不仅是教学技巧和智慧，而且有利于价值观的生成、显现。

第四，在课堂教学节奏和进度上，依据学生的情绪情感状态和节奏安排课堂教学节奏。尤其是在价值观学习和教育中，更应摒弃"一课一得"、追求每一节课都完整并解决所有知识点和学习疑问的观念，更加注重情感的连续性和"知情一体"的人的发展的长期性、生动性。不因为课堂教学时间的划分以及知识教学任务的完成而阻隔、切断情感与思维的连续性与延展性。课堂中有的学生反应快一点，有的学生反应慢一点，有的在下课之前回答了问题，有的在下课之后还会继续思考和探究……所有这些，都是价值观学习和形成过程中的"常态"。教师应接受这种状况并允许、善于通过课堂教学的"悬念""反差""留白""遗憾"等呵护学生的思维与情感，根据学生由情感延续而带入的后续价值观学习的兴趣和继续探索的热情调整安排课堂教学节奏，力所能及地创造条件。

三、教学设计凸显价值观的情感纬度

课堂教学渗透着价值观，是学校价值观教育的重要平台。一者，不仅课堂教学的内容(主要是学科文本、传递的信息等)蕴含着价值观导向，而且课堂教学的形式，即"以什么方式来组织教学"以及"教学内容和学习过程的脉络"等同样具有价值观的引导和渗透功能。对此，美国教育哲学家诺丁斯引用杜威的话，"学校里开设什么课程并不那么重要，真正重要的是课是怎么开的，怎么教的"①。二者，由于学生在课堂中是以情绪与认知、感性与理性相统整的整全生命体而呈现在场的，个体在学习过程中借由情感激发和体验、意义呈现和感受、思维碰撞和交融等"认知—情感"的互通、冲突、一致、反复等过程，并最终由于教学的教育性引导而可能获得更高层面的认知提升和精神生长。因此，课堂教学设计不仅要考虑如何帮助学生将清学习的脉络和知识层次从而"学得懂"，而且要考虑如何帮助学生借由课堂学习而获得内在生命质量的提升，亦即借由知识学习滋养生命，从而真正"学得好"。

从情感教育的层面，结合在中小学的听课考察和实践，思考并探索课堂教学设

① [美]诺丁斯：《学会关心：教育的另一种模式》第 2 版，于天龙译，62 页，北京，教育科学出版社，2014。

计如何突出情感元素和特征，以贴近人的学习特征的方式，帮助引导学生在知识学习中生成意义，在课堂生活中经历理性与感性交融的、丰富而充实的生命成长之旅，从而使得"教学"作为一种活动和知识学习形式不仅发挥知识学习的引导作用，而且发挥生命提升的育人价值，这既是以关心人的整全成长为宗旨和目标的情感教育研究中一直探索的重要命题之一，也是重视对儿童青少年的价值观教育以及新时代立德树人工作在学校教育中的重要实践诉求。

（一）教学目标：观照基于体验的"价值感受"目标及其达成

一方面，教学目标主要是回答"教学要将学生引向何处去"这一问题，它本身蕴含着价值观；另一方面，"如何引导"，即"通向教学目标的过程"也蕴含着价值观。在为教学设计目标的时候，要注意到学生的感受和体验，并借此观照到"价值观"这一目标，而不是仅仅盯住知识目标。在通向教学目标的过程中，在教学过程的设计方面注重学生的体验程度，从而牵涉、渗透"价值观"这一目标。

1. 基于个体情感设计教学的"妥当性目标"，关注"价值观"在其中的渗透

"价值观"是蕴含贯通在整个教学过程中的，"知识与技能""过程与方法""情感态度与价值观"三维目标，其实质并非相互割裂的"三个维度"或者层层递进的"三个方面"，而是作为一个整体，在教学和学习过程中交融渗透、相互促进。学生获得"知识与技能"的过程也是价值观习得与内化的过程；尊重学生独立思考的"过程与方法"设计则为尊重个体差异、在个人化的感受中促成学生个人价值观的生成留下空间。尤其知识教学的"情感态度与价值观"教育并不是要渗透、培养特定知识所蕴含的"情感态度与价值观"之外的"情感态度与价值观"，而是要揭示、彰显、内化特定知识本身所蕴含的"情感态度与价值观"，且只有通过揭示、彰显、内化特定知识本身所蕴含的"情感态度与价值观"的教育，才是真正富有生命活力且与特定知识融为一体的"情感态度与价值观"教育。[①]

因此，在为教学活动设计目标的时候，应该注意到，不仅教学内容中渗透、蕴含着价值观（因此价值观教育这一目标可以从对教学内容的理解中获得），而且对

---

① 李润洲：《"情感态度与价值观"教育的目标设定与实现路径》，载《教育发展研究》，2015（Z2）。

教学内容的揭示、彰显过程，亦即教学的组织形式也内含价值观教育和学习的契机。一般而言，教学内容中渗透、蕴含的价值观是相对直接的，是教师设置教学目标中的"价值观目标"的主要着眼点。而通过什么样的方式、以什么样的节奏、在什么程度上使这些内容中蕴含的价值观显性化，并通过教学这一活动过程成为影响学生思维、精神以及整个生命的持续、稳固、连续的力量，亦即"教学形式"对于学生价值观的影响是隐性的，也是相比于内容学习而言更为重要的课堂价值观学习和育人方式。而这一点常常又是更加容易被忽略并且更难达到的。

在课堂教学实施过程中，前者通常以"规定的教学内容是否完成"为表征，后者则以"教学内容是否引起学生的深刻感受、激发进一步思考和学习的欲望"等为衡量标准。如果我们将前者称为教学的达成性目标，后者称为教学的"妥当性目标"的话，那么显而易见，达成性目标是显性的、易于评估和可视的，因而也是当前教学过程中教师经常关心的事情。而与妥当性目标相联系的完成教学内容的方式、节奏、时机、程度是否合适"等，则是比较隐性和难以把握的，也是常常被忽略的。站在学生价值观形成以及教学育人的角度看，教学内容的完成亦即达成性目标的实现有时候并不代表教学形式的恰当亦即妥当性目标的实现。当我们考察课堂教学的育人功能即它对于价值观教育的意义的时候，不能不追问、考察"全部达成性目标的设计是否对每个学生而言都是妥当的""完成达成性目标的过程是否对每个学生而言都是妥当的"等问题。

在为课堂教学设计目标的时候，是选择深刻的内容和思维，还是选择借由内容来帮助学生建立与他们自己生活经验的联系并且突破困难，为后续学习提供更多的动力支持？答案是显而易见的。我们无法肯定每节课的教学内容都蕴含显著的价值观成分，但我们可以肯定地说，每节课的教学形式都是最好的价值观学习和教育方式，都渗透着教师对于学生价值观学习的引导。每一个具体的课堂教学组织形式和过程都应该被看成孩子生命经验积累的过程，与知识内容价值观容量的多少和深浅相比，课堂教学能不能成为每一个孩子生命中的难忘经验、能不能给孩子创造一个蕴含价值观导向的(关心、信任、宽容、理解、接纳……)情感环境，激发他们自身对于美好价值的渴望、向往以及无限学习和追求的热情与动力显得更加宝贵和重要。有了这些，美好的情感与价值观就会在他们内心真正地产生魅力，他们的生命也在其精神和人格的升华中获得牢固的价值观基础。

2. 着眼于学生的深层思维和精神世界，注重教学过程中价值感受目标的设计

价值观蕴含在教学的全过程中，不仅教学发生之前预设的价值观教育目标的表述要在文本信息中找到依据和来源，教学目标设计中的价值观目标的设计不能人为地从外界"寻找""想象"；而且，从什么角度、基于什么考虑设计和安排教学过程，也就是教学目标的实现过程，也蕴含着价值观。

这是因为，学生在课堂教学中都有不同程度的情感体验发生，蕴含在教学和知识学习过程中的价值观也是伴随着课堂教学和学习经由每位学生自身的感受、体验而不断显现并向学生展开的。对于学生个体而言，这一过程是否能够实现、在多大程度上实现，与教师在教学过程中能不能关心学生"是否真正感受和体验到了"有着很大的关联。只有从特定文本出发，结合特定的知识学习情境和学习脉络而不断开启、挖掘，"价值观"这一目标才有"根"，才会"实"。在教学目标的达成过程中，这个"根"就蕴含在学生个体对所学知识的具体的情感体验以及与之相关的价值感受中。注重"价值感受"这个教学过程中的"根"，也就是在教学目标达成过程中设计了一个隐性的价值观目标。以下两位教师对同一节作文指导课"观察生活的途径"的设计，就蕴含着不同的价值观目标。

A 教师的设计思路：

首先做一个小实验：用纸片将盛满水的玻璃杯盖住，再将杯子倒立过来，观察水会不会流出来。实验之后进行片段写作，要求学生写细致、写生动。学生写作之后，从学生的习作点评中，提炼出知识与技能点——多感官细致观察。接着要求学生写出新意。在对学生习作进行点评时，从学生作品中提炼出第二个知识与技能点——多角度新观察。最后让学生谈观察体会，从学生的体会和之前的习作中，提炼出第三个知识与技能点——多用心悟观察。

B 教师的设计思路：

首先确立一个可以现场观察的对象，认为"击鼓传花"这个游戏能够让大家都有参与，有视觉、听觉、触觉，也有体会，写出来也很真切。接到"花"的学生就吃一个水果，引导学生注意观察。接着，就进行片段写作，完成后当场点评。最后，实践拓展——根据已经掌握的知识与技能，写出自己班级中"最美的同学"，之后点评。

比较这两种针对同一内容而设计的不同的教学思路，我们可以看出，A教师的课堂教学设计，目标分解很细致、清晰，学生目标明确。通过观察、思考、合作、交流、体会等，学生不仅学习了如何观察和写作文，而且在其中通过交往、体会、感悟等过程学习了价值判断以及对于同伴、自我的重新认知。相反，B教师的设计看起来很好玩，但是由于没有实质性的指导和学习的内容，尤其缺少明确的教育指向，容易造成看似场面热闹，其实恰恰剥夺了学生情感体验、感受的时间和机会。一堂课下来，学生也许会一直沉浸在游戏中而没有愉悦的写作体验，也没有学会哪些观察生活的方法和路径。

站在学生的角度设计蕴含价值感受性质和具有价值感受机会的教学目标和教学过程，留给学生充分的思考、感受、参与的时间和机会。教学过程中由互动、交流以及价值观不一致而导致的碰撞甚至是矛盾，等等，都会影响教学和学习，关乎学生在其中伴随着情感状况的价值感受的程度以及是否能够获得足够的知识和深刻的情感体验而形成深刻的价值观。

(二)教学环节：基于情感状况设计思维进阶和价值观引导

学生不仅在课堂教学中获得认知和行为层面的知识、能力，而且一直在学习中"感受学习"，不断获得对学习内容以及学习行为本身的情感体验(正向的或负向的)，其中伴随着价值信念和价值观的生成与发展。因此，课堂教学每一个环节的设计除了考虑知识更加条理化、教学思路更加清晰之外，还应注重从学生的情感状况出发，基于学生在学习过程中的感受、体验进而在他们的思维层面上体现学生"思维需求"和"思维脉络"的设计，通过思维的连贯性和深刻性，渗透隐性的价值观影响。

1. 设计基于情感连贯性的思维与价值观学习环节

课堂教学时间在物理意义上的划分与学生学习经历和感受的状况并不一致。事实上，学生的思维、认知与情感的延展不因为课堂知识教学时间的结束而中断，其价值观是在经历情感接受、认同等循序渐进的过程中形成的。这就意味着教师的教学过程与学生的思维发展、情感状况之间具有不同步性——教学任务的完成并不代表学生思维的停止，更不意味着价值感受和情感的断裂。一节课虽然结束了，但学生的情感和思维还处于波动、延宕之中。而对于这种情感、思维的连续性的呵护与保持则是价值观教育的重要方面，它与情感的性质和特征是一致的：让学生在课堂内外始终保持思维的完整以及每个阶段的"爬坡"，也就是呵护、保持伴随着思维过程的情感体验的连贯性，这使得他们可能因为思维时空的拓展和自由而在情感层面生成更加系统、一致、成体系的、可以接受的、真实的个人价值观念。

遵循这一规律，在课堂教学环节设计中，应该充分尊重学生思维和情感的连续性特征，创设、提供更加宽松、自由的时空条件，使学生的思维能够在情绪情感的连贯中绵延。以语文课"名著阅读"为例，教师在教学环节中设计了三个问题：针对名著中的人物，"我们从他们那儿得到了什么""他们会对我们说什么""我们又会回应什么"。可以看到，这三个问题并不仅仅是为了学习名著本身而设计的知识点之间的逻辑联系，而且兼顾学生的认知习惯和思维，是充分考虑学生个人情感体验、想象和生活经验，以文本人物为依托的"假想对话"调动、激发起情感、兴趣的体验和思维设计。"我们从他们那儿得到了什么"，是人和书之间的关系；"他们会对我们说什么"以及"我们又会回应什么"，不仅是人和书之间的关系，而且是人和人之间、生命和生命之间的关系。通过回答这三个问题，学习者超越字词和成语等知识层面，在感受中获得思维的递进、深入和延展，在不断触及生命意义、关系的层面上感受生命、自我，获得内在精神的变化和升华。

在这当中，以情感为主要标识和基础的价值取向和价值观的形成过程也就发生了。这三个在情感和思维上具有连贯性的问题的提出，既遵循了情感上的自然过渡，也是在努力调动、重构知识和生命、生活、环境同为一体的价值观念——无论是教师还是学生，在这个过程中的情感表达都依赖将知识与个体经验、体验、认知乃至整个生命结合起来，实现符号化知识在个体身上的"复活"。而知识"复活"的过程以及"复活"了的"知识"，也必然需要再返回，通过个体的经验、体验来表达、传递。整个过程是情感的流通、升华，人们在内外不断地交互过程中形成价值观。

2. 基于学生的情感状况决定并设计价值观学习的深度

教学环节设计除了照顾情绪情感上的连续性之外，还要以一种教育性的视角进行，即将帮助学生获得情感与精神的成长作为教学目标和价值观教育的期待。因此需要考虑，在这当中，每一个教学环节之间的内在关系和层级，特别是将它们联系起来对于整个思维层面的可能影响：是拔高思维还是仅满足于对文本的掌握？这不仅关系到知识教学的目标是否达成(因而是一个教学策略问题),而且关系到价值观的选择与呈现方式(因而在本质上是教学中的价值观教育问题)。例如,有的教师就会认为,拔高学生的思维会让学生因为感觉到自己有所欠缺而"受挫",不敢或者不愿意再表达自己的观点,这不利于课堂教学中价值观的生成。但是在某些地方又需要教师拔高,如《老人与海》这篇课文,其中要传达的一个重要的价值观念就是"人定胜天",但是今天,在强调人与自然和谐相处的价值层面上,我们如何理解"人定胜天"这一价值观?因此,教学环节的设计就不能不考虑这一现实,是否需要在思维层面拔高、怎么拔高、拔高到什么程度,其结果都会涉及价值观教育的程度和取舍。而其背后所涉及的教师的教学观——什么样的思维深度是适合学生、对学生而言具有教育意义的?——同样是一个价值观教育的问题。

对此,我们认为,尽管教师并不一定对所有学生的思维需求与特征都了解,也难以在同一时间照顾到所有学生的价值观发育需求,但是可以在整体上以贴近学生情感和认知发育特点的方式,设计一些符合特定年龄阶段学生的思维和价值观特征及需要的环节。在教学环节设计中,考虑不同年龄和认知水平的学生在认识和情感体验上的程度和层次差异,做出相应的安排和调整是可能而且必需的。例如,在《骆驼祥子》的教学环节中,提到祥子的三起三落,学生在讨论中用"堕落"一词来形容祥子。他们为什么要用"堕落"一词?在他们所处的认知阶段所提到的"堕落"指的是什么?他们真实想要表达和传递的又是一种什么样的价值观念?对于诸如此类问题的回答不仅涉及评价"堕落"的"标准",而且还应该考察学生用这个词语时的情感状态,敏感于他们在彼时彼景下的内在真实的价值感受,而不仅仅局限在表面的语词达意方面。根据学生的情感反应以及当场的讨论情况,教师设计了这样一个环节,用于引导学生进行更加深入的讨论:来到我们身边的祥子处于什么时期?并提醒学生:可能在祥子特别得意和特别不得意的时候,他的想法、状态是不一样的,我们对他的评价也是不一样的。这样,对于"堕落"的理解也就在讨论中自然走向深入,价值观教育也就悄然发生了。

(三)教学环境:凸显情感微环境的价值观导向

环境中蕴含着价值观,环境是价值观教学的重要依据和载体。教学发生于教室内而成为"课堂",教室因为教学活动的展开而成为一个独特的空间和时间环境。不仅这个时空环境本身因为其独特的性质而潜藏着价值观以及对价值观的可能影响和条件,而且这个时空环境中发生的事情——教学活动以及人际交往等,也蕴含着价值观形成以及教育的诸多契机。

1. 营造开放安全的物理与心理环境,增强学生的学习兴趣

在教室中听课,我们经常会看到这样一种现象:教师请学生回答问题,经过几位学生的回答或者简要讨论之后,教师轻轻点击鼠标,正确答案便出现在大屏幕上。此刻,我们会看到学生或因为自己的回答与教师给出的答案一致而兴奋不已,或因为自己刚才的回答与教师给出的答案不一样而面无表情或者唉声叹气。再进一步反思,如果这样的情况经常出现,学生经常在课堂中经历类似的过程,那么久而久之,还会有多少学生愿意在教师给出答案之前参与发言和交流?会不会有学生在无形之中已经丧失了对自己的信心和发言交流的勇气?因为这会给学生造成一种深刻的感觉和情感体验,那就是无论他们回答什么,最后老师一点鼠标,正确答案就会出现。那么与其自己费力思考,还不如等待正确答案的出现。在教师轻点鼠标揭示"谜底"的那一刻,也就意味着学生刚才的思考和回答都成为教师整个教学过程中的一个摆设。这样的教学环境尽管在一定程度上锻炼了学生的思维和参与学习的能力,但是学生对于学习的热情、兴趣却会不同程度地受到影响。慢慢地,他们会认为,无论回答什么、讨论什么、表现如何,最后只要教师动动手,就会出现正确答案。如果正确答案早就预设好,那么回答和讨论也就失去了意义。长期下去,很多学生甚至索性就不回答了,他们宁愿等待那个正确答案的出现。

相反,如果教师观照学生学习过程中的这一情感体验状况,那么就会更加注意教学环境对学生学习的影响,通过空间环境和学生参与学习过程中的心理环境的建设,尤其是设计有积极情感融入的相互启发、激励、安全的课堂环境,不给学生提供等待正确答案的机会或者尽可能消除正确答案给他们带来的负面学习体验,就可能帮助学生打消心理的顾虑而积极参与到学习活动和人际交流之中,使他们更加积极并愿意在课堂上表达自己的观点。课堂中的这种心境基调是非常宝贵的,一旦形成,无论在什么时间、学习什么内容,只要学生身处这样的环境和人群之中,他们就会感到安全,就会充满活力与学习的盎然兴趣,就能够集中精力地沉浸其中。

"沉浸"，既是判断课堂情感氛围具有教育意义的重要表现，也是新的价值观念在思维和精神层面沉淀并在情感上外显的最佳时刻。它们在人身上表现为目不转睛、惊讶、好奇，甚至不时地发出"嗯""啊"的声音……由此在人际关系方面呈现出亲切、和谐、舒服且发自内心的情感舒适。其中，教师流露出的亲切、质朴、简单，就是安全感和自由的体现，也是对学生价值观的熏陶、感染。而与此相关的显性的教室空间环境布置，诸如面对面的小组合作，圆桌式的相互分享，不囿于等待统一、标准式的答案而敢于、乐于相互交流的课堂环境氛围等，则更容易激发学生参与的积极性，使学生在学习的过程中感受到自己内在的力量，逐渐养成乐观、积极、专注向上的精神品质与价值信念。

2. 注重人与人之间微观肢体语言和情感状态中蕴含的价值观力量

师生、生生之间情感上的相互影响在微观上构成价值观教育重要的环境条件。作为一种社会实践活动，学习活动是在社会性的共同体中展开的。社会性的学习活动离不开他人，师生需要在与他人的合作中获得智力、道德等整个人格的社会性发育和健全。

对于课堂教学而言，在一个由多人组成的集体学习环境中，教师应该成为学生喜欢、喜爱的人，同时也是敬重的人。教师不仅要全情投入课堂教学，而且还要善于根据学生的情感状况进行相应程度的价值观教育渗透。例如，在与学生的交流中，教师可以让学生更多地谈论他们对学习过程或者知识本身的体会与感受，而自己则从这些反馈中判断学生的学习状况并进行适时的、水到渠成的价值观引领。如果学生言之有理，教师就帮助他开掘深度；如果学生体验朦胧、模糊，教师就搭桥解困；如果学生的观点似是而非，教师就设法让他自悟；如果学生的回答文不对题，教师就巧妙设疑，扫清审题障碍……如此，在敏锐的情感识别、恰当的情感回应和具有教育性的情感调适等情感素养的支持下，教学妙趣横生，不仅充满趣味，而且蕴藏智慧、充满享受，积极的价值观渗透、融化在其中。

对于学生来说，他们可以用不同的身体姿势来表现他们是否在介入学习、在多大程度上介入了学习。大部分学生是有表达、演示的欲望的，无论是互动还是讨论，甚至他们发出的"嘻嘻……哈哈"等自言自语的声音，也是他们从内心表达出来的他们在学习知识过程中的感受。这是一种不自觉的本能表达，而那些积极的情绪情感表现，诸如专注、会心的微笑或者轻松愉悦的大笑，等等，不仅表明他们在知识学习中的快乐体验，而且也是积极价值观生长的源泉。不仅如此，在情感氛围积极融洽的课堂环境中，如果大部分孩子都能够积极投入学习，并乐在其中，那么这种学习就是可以持续的。因为即便有少数孩子因为各种原因不喜欢学习或者不能够全情投入其中，但是为了消除被排除在教学活动之外的尴尬，抑或受到环境中同伴的鼓舞、邀请、带动，他们就可能转变自己的注意力，或者改变自己的认知、行为，而逐渐培养自己参与课堂活动的热情。受同伴影响和同伴学习环境的熏陶，他们可能也会表现出求知与参与的兴趣和热忱，这种转变常常表现为他们主观个人层面上的自觉的"我想学习"的愿望。"我想学习"，这是课堂教学赋予孩子们最宝贵的财富，连同其一起的"我想成为一个好人""我想过更好的生活与人生"等愿望和信念的开启，是一切其他价值观形成的情感根基。价值观教育和学习由此获得内生性的动力。

在这样的课堂上，不用再担心德育怎么样，即便是偶尔有几个学生的调皮、犯错误也都是善意的、可以允许的正常的生命活力。学生审美的需要和能力得到开启，他们既可以全情投入、兴奋、好奇、激动、想象、猜测、自信，也可以轻松、直率地对他人进行评价："你讲得还可以，但是讲得太啰唆了。"由于积极情感氛围和心理环境的存在和裹挟，这样的评价不会令人产生负面的不快。相反，其中蕴含着真诚、平等等可贵的价值品质和精神的萌芽。

（四）教学互动：彰显教学语言和交往中的价值观意蕴

课堂教学本质上是师生经历的思维探险过程，但是这种探险不是盲目地追求课堂上的思维刺激和挑战，而是在课堂教学的回应与交流中的思维变化与精神发育过程，其中蕴含着价值观的导向和考虑——教师与学生之间的带有教育意义的交往既不是为了盲目地激起学生的所谓"兴趣"，也不是为了迎合学生某种"热闹""刺激""猎奇"的心理。在课堂教学中，具有教师个人特征的语言风格、学生占主动地位的人际交往等，都因为带有价值观倾向而具有教育意义。

1. 关注教学语言使用与选择中的情感力量，以语言影响价值观

其一，语言是课堂教学中的重要媒介和价值观载体。师生在课堂上直接的语言回应、呼应，尤其是教师以情感为基础的启发、和蔼、宽容、信任、善诱等语言和

表达风格，不仅本身蕴含着积极价值观形成的氛围和契机，而且有助于营造宽松、和善、信任的师生交往氛围。由此建构的质朴、真实、牢靠的师生关系中孕育、传递的积极教学状态，构成课堂价值观学习的重要基础。例如，在某数学课上，当回顾"圆周角是360度"这一知识点的时候，教师没有直接提问，而是提醒说："这是很漂亮的数字、很漂亮的角。"学生立刻反应说："这是圆周角。"当学生在使用直角三角板画图出现了位置错误的时候，教师并没有直接指出，而是在一旁用诙谐的语气说："这是在打架呢!"这一口语化的形象比喻引来学生的哄堂大笑，不仅起到了指导纠正学生的作用，而且化解了学生的尴尬，调节了整个课堂氛围。

其二，语言对价值观的影响还体现在"无言"上。同样是下课前的总结，教师没有对本节课的学习进行小结，而是让学生总结他们的学习收获，并说一说。这一看似没有多少直接性语言交往的设计，实则起到了"此时无声胜有声"的作用，巧妙地把"师生之间围绕文本的交往"转换成了"学生和自己的交往"，在学生回顾自己的学习与体会，并选择语言组织、表达这一体会的时候，会加深对所学内容的理解。这个过程所暗含的认知冲突、情感记忆的回顾和外化表达等，都使得课堂教学在情感上生成了学习美感。由此所形成的学生想要表达、愿意表达、积极倾听、及时分享的"习惯"则在他们心中留下更加深刻的记忆。学生对于这种情感体验和记忆的呵护、延续的愿望则会一直支撑他们获得道德上的积极力量，为更大程度和范围的价值观生成奠定心理和情感上的牢固基础。

其三，教师通过选择并组织恰当的语言结构，设置疑问或者进行交流，以设问、发问的方式，引发学生思考、探究，促成学生主动性被激发而升腾起内心情感的波澜。这种回应方式往往是实现对文本的多种解读，开拓思维，继而在不同的声音和观点中引起价值观碰撞的重要方式。在多种不同的文本解读中，文本知识因为与具体人的具体思想、经验、情感相结合，而成为一种"个性化的表达"。"解读"不仅是对文本内容本身发表观点，而且是学习者以内容为载体的自我价值观的形成过程以及在此基础上的观点、思想和情感的连缀、显现和表达的过程。而敢于设问、通过选择语言设问创造学生自主探究的空间和机会，并允许多种不同的声音存在，这本身又体现和塑造了一种自由、民主、信任、宽容的价值观氛围。例如，在数学课"图形的旋转"教学中，教师就很好地使用了"语言"这一载体：教师不停地抛出问题，让学生讨论、交流。整个课堂结束以后，教师问一个学生："你学到了什么?"学生马上概括出这节课的核心思想。教师接着又问另一个学生:"你印象最深的是什么?"学生能够说出这节课的学习难点。这类问题中的"你""印象"等词语,都在暗示并要求学生投入自身的情感并做出带有个人体会和感悟性的回答。由于没有标准答案,这类问题往往可以引导学生大胆、放心地说自己的体悟的和想法,从而使得课堂教学能够越过知识而触及学生已经内化了的、个体层面的观点和价值立场。

2. 设计吸引学生主动投入学习的交往互动,在动态学习中形成价值观

在课堂教学中,师生之间是针对问题展开互动还是针对情境展开互动,对于学生价值观的影响程度是不同的。前者往往导致标准化、统一性、静止的"答案",而后者则可以是多样化、个体化、生动性的"探讨"。关注学生的交往习惯和特征,并据此设置能够让学生"动起来"的交往互动,有助于让学生有更多的机会参与、体悟教学过程。其中,来自不同家庭背景,具有不同生活经历和知识结构、性格特征与能力水平的学生都可能不断感受思维和价值观的新鲜、碰撞和更替,获得具有个体意义的情绪情感体验;经由不断地与他人、环境之间的交互,在个人原有经验的断裂、修复中生成、提升新的价值观念和价值品质。

具体而言,教师可以考虑从三个方面设计"互动",以引导、帮助学生在课堂教学中获得知识以外的价值观学习机会和空间。(1)学情。教师可以从学生的生活经验出发,设置互动,让学生带着自己的体验,在分享交流中形成自我经验的更新和内化。(2)教材内容。教师可以根据具体教学内容的性质与特征,引入、营造或创设与教学内容相适应的互动环节,在帮助学生迅速而正确地理解教学内容的同时,激发起他们的情感体验。(3)社会生活。教师从社会生活出发,重视鼓励学生走出书本,在社会生活和各种实践活动中丰富对知识的认识和体验。

例如,在探讨"如何处理和父母之间的矛盾"时,也许是对这一教学内容不感兴趣,也许是教师的提问方式和"探讨"这一教学方式本身不能激发学生的思考和对问题的探究欲望,教师发现大部分学生都处于思维的"懒惰"状态,给出的答案也都是书本上的"标准答案",道德和价值观的学习并没有触动学生的心灵而真正发生。于是教师调整教学设计,设置了一个能够调动学生主动性和积极参与的互动:让学生转换角色,扮演"家长",换位思考。于是,一个干瘪、司空见惯的问题在这样一个互动中被"活化"而变得生动起来。

假设你现在是一个 12 岁孩子的父母，你现在很苦恼。你每天晚上都要督促孩子写作业，否则他就会磨蹭到很晚。你还得帮他收拾书包，免得他第二天有课本没带，叫你送到学校。每天早上你要花很多时间，一遍遍叫他起床，以免孩子上学迟到。实在来不及了，你就打车送他上学。你觉得这样做家长很累，可是用什么办法来改变这一切，让孩子学会自立呢？请全班的"家长"分小组讨论一下，说说各自的"高招"。

在和学生一起探讨这个问题的过程中，学生的情绪得到调动，思考得以开启。这一"互动情境设计（提出问题）—协作探讨—实践运用"的设计思路背后，是学生的"思维和情感激发—体验感悟—意义建构"的价值观形成过程。在师生共同开发和设计的一系列"相关事件"中，学生借助体验感悟，达到意义建构，形成自己的观点，以及在其中渗透的无形价值观。

教学在青少年学生价值观学习和教育方面的整体、独特、全方位的影响以学科知识和教学过程为载体，并通过对教学目标、教学思维、课堂情境以及课堂语言互动等教学过程诸多细节的设计渗透和表现出来。教学在总体上将完整生命的成长与发展看成课堂的终极目标，尤其突出精神生活在学习活动中的作用和地位，强调情感融入、理解、体验、个人思维脉络以及系统化的经验等在生成、修正和发展价值观方面不可替代的基础性意义。

第五章

教师情感人文素养与价值观教育

　　帮助、引导青少年学生在一个既相互依赖又互为排斥，既联系密切又冲突不断的"繁荣"与"危机"并存的时代获得价值观方面的成长和进步并非一件容易的事情。选择什么样的价值观教育，如何看待以及开展价值观教育，对于那些听惯了抽象的、"应该如何"的道理的人们来说，显得更为实际；对于那些工作在教育一线的、与青少年接触频繁的教育实践工作者来说，显得更为急切。

　　如何使学校教育跨越简单的识字、认知甚至是告知、灌输而成为关心、通达每一个个体生命质量的育人活动，是每一位教育工作者都应该考虑的事情。教师自身以情感为基础的情感人文素养是十分重要的基础和影响因素。

一、价值观教育中的教师：情感缺失及其改观

　　凸显价值观在个体以及人类社会生活中的重要性不能忽视整个的人，尤其是人的情感。今天，人们越来越意识到情感在包括认知在内的我们的整个人格和生命状态、发展方面的辐射作用和全息性的影响，情感在价值观构成以及青少年价值观养成中的意义更是不言而喻的。一些青少年学生体现在学习方面的创造力、活力不足，人际关系上的紧张、矛盾以及生活上的呆板、生命力被抑制等现象背后的个体的创造力和判断力以及自我学习和自主、自由地表达，获得理解和对他人的理解等方面的能力的不足还普遍存在。造成这些现象的原因是复杂的。就学校教育内部而言，教师，尤其是教师本人以情绪情感为内在基础和外部表征的情感人文素养的缺乏就是一个重要原因。

（一）教师情感纬度在儿童青少年价值观学习中的缺失

1. 扭曲的师生关系与情感不对称

　　教育是人类社会中人与人之间一种特殊的情知相连的互动交往活动。苏霍姆林斯基说："教育，这首先是人学。不了解孩子——不了解他的智力发展，他的思

维、兴趣、爱好、才能、禀赋、倾向，就谈不上教育。"①在学校教育这一特定的环境内，教师是与学生相处时间最长、交往最频繁的人。无论是教学活动、人际交往还是其他教育活动，都需要以教师为支撑，带动和引导学生。教师在儿童青少年价值观学习方面的影响亦即教师的育人活动是具体的、全方位的和渗透性的。以师生关系为纽带，师生在交往过程中建构起来的情感联结、依赖、信任、理解等，是学校教育意义得以实现的重要表现，也是学生价值观成长的重要的情感基础；而师生交往过程中的情感氛围、情感体验的渗透则不仅对包括学生学习、交往和参与学校班级生活在内的一切学生的健全发展产生重要的影响进而影响学生价值观的形成，而且对教师生命的成长以及教师专业素养的提升具有重要价值。这就需要教师具备一定的情感素质去面对学生的情感需求，建立与学生互动良好、积极的师生关系。教师只有具备了敏感性，才能在教育实践活动中敏锐地发现学生的情感需求，理解、表达并与学生沟通，做出恰当的情感应对。

当前，教师在青少年学生价值观学习、教育引导方面的误区与不当主要体现在观念和方式方法层面，它们集中地通过师生关系并在师生交往过程中展现出来。例如，有些教师希望教导学生要公正、民主，但他们自己又喜欢在班级里培养"告密者"，并且心安理得地认为那是为了更好地了解和掌握学生的情况；学生喜欢自己的玩具，喜欢和同学交朋友、一起玩耍，有些教师常常对此不屑一顾，甚至说那是玩物丧志，学习才是重点，并且时常告诫学生不要和那些贪玩的学生交朋友；学生觉得玩就要玩得快乐、舒畅、尽情，可有些教师更喜欢给他们立规矩、讲道理，总是希望他们能够在玩耍中学到点什么。玩耍不是目的，只是另一种学习……我们看到很多教师和学生身处同一间教室，但实际上他们却生活在两个完全不同的世界里。学生不了解教师的苦心和爱心，教师不懂学生的需要和无奈，教育的世界有时出现令人窒息和费解的情感真空，价值观教育越教越反感，知识越学越枯燥，师生交往越来越沉重、乏味，甚至只要是教师看重的，就是学生鄙视的。师生之间的消极、对抗甚至是矛盾冲突实际上是师生情感的对立。尽管有些教师也认为那些价值观很重要，需要学生认同、掌握，但是他们自己却很难做到。

① ［苏］苏霍姆林斯基：《育人三部曲——把整个心灵献给孩子》，毕淑芝、赵玮、唐其慈等译，11页，北京，人民教育出版社，1998。

以上种种，原因复杂众多，但其中最主要的原因之一恐怕还在于师生之间情感上的不一致。换句话说，就是教师不能对学生感同身受，学生不能理解教师的一片苦心。教师总是站在成人和教育者的立场上解释具体的行为和价值观念，而学生则永远有他们自己的具体情况、处境、经验以及由此形成的对于世界和各种事物的看法。常常不是师生之间在价值观上不一致，而是师生对于价值的解释方式，亦即价值观念上不同。而这种不同的根源正是价值在人身上显现为价值观的重要甚至是决定性的因素——情感的力量。

如何打破这一壁垒，解决这个问题，关键还在于教师，尤其是教师的情感人文素养。作为学生的引导有，教师需要提高自身的情感人文素养。能否好好地重新审视生活、生活的世界以及与之打交道的儿童青少年，能不能用正确的姿态去面对，以积极的心态去改变，以坦诚之心去相处，以教育者的慈悲、善良和大爱去寻求改善，考验的是教师的智慧、能力，更是教师自身内在的情感人文素养。

2. 情感维度在教师整体素质以及教师工作政策、评价和研究中被遮蔽

我国教师教育在职前培养、职后教育与培训中，以强调教师在学科知识与技能意义上的专业性为主，强调教师职业专业发展外在的、知识和技能的维度，而相对忽视情感在教师成长中的重要性，缺乏对教师作为生命体的情感素质的重视。无论是课程还是培养模式，对于培养教师的人文素养，尤其是教师人文素养中那些涌现出来的具有优势地位的情感素质，应该说贡献都比较小，甚至甚微。

伴随现代化进程中的网络社会的来临和教育技术的进步，个性化的学习需求和强调互动的学习模式等对中小学标准化、齐一化、单向性的教育教学模式造成越来越大的冲击，逼迫着我们面对一些无意义和无关联的教育教学活动，重新思考教育的意义。"我们所追求的，首先不是教什么、如何教的问题，而是追究这种学习活动是否具有文化、社会价值的经验；这种经验是否丰富和发展了儿童所形成的社会与文化的意义关联"①，只有关心每一个学习者的个体差异，我们才可能知晓并敏感于学习活动的个体价值，从而竭力关心如何寻找新的途径和方法来实现有质量的教与学活动，真正对个体的生命和学习质量负起责任。多元智能理论的提出者加德纳认为，教育必须依据学生的学习来展开，对于学习内容的筛选和学习过程的研究

---

① ［日］佐藤学：《课程与教师》，钟启泉译，78 页，北京，教育科学出版社，2003。

将是教育研究中最主要的任务。为此，必须根据学生的个体智力差异，为他们提供对于个体而言有教育价值和有意义的学习方式与途径。

教师是否在教育中热爱自己的职业，是否有意愿和兴趣与学生沟通，是否在教学和人格上对学生有吸引力，教师的教育观念、对于学生的评价标准和模式等，都是影响学生成长的重要因素。对此，培养教师的教师教育工作要关心教师的情感，关心教师教育中对于教师包括情感在内的丰富的人文和精神世界的塑造。因为教育是需要心与心的沟通的、需要人格与人格相碰撞的活动，深入心灵的教育才能改变人、发展人。我们不能完全用理智去解释教师职业，喜悦、忧虑、期望、思索、热爱、自豪、失望、灰心、妒忌、不满等情感都伴随着教师工作而产生。这些情感支持着教师的工作，也显示了教师工作的价值。可以说教师工作是认知、情感、行动一体化的产物。任何工作都与情感相关，而关系人的成长、发展的教师工作在这个方面表现得更加明显。① 正是情感的支撑使教师成为有价值的职业。

(二)情感人文素养：改善教师价值观育人的内部整合力量

毋庸置疑，包括教师的教育教学素养、学科和专业知识储备以及教学技能方法等在内的教师专业素养在提升教育教学效果以及整个学校教育质量方面的作用是关键性的。教师职业作为"专门性职业"的专业属性已经越来越得到人们的认同，教师职前培养和职后培训也都将教师专业素养的提升作为主要目标。然而，良好的教师专业素养并不等于良好的教育教学质量，更不等于良好的学生学业质量。那些与教师个体的生命脱离的、符号化和抽象化的专业知识、能力由于没有真正进入教师的生命意识和个体能力范畴中而成为教师自己的知识，因而也就不能与教师的生命相融而构成真正意义上的教师专业素养，更无法通过教师影响、教育学生，促进学生学业质量和整个生命的健全成长与发展。只有将它们转化为教育教学的能力，发挥它们促进和提升教育教学目标的作用，教师的专业素养才具有教育价值和生命意义。否则，对于教师而言，它们只是割裂的知识、静止的符号和分散的信息，在其

---

① [日]秋田喜代美、[日]佐藤学：《新时代的教师》，陈静静译，10页，北京，教育科学出版社，2013。

影响下的学校教育也就只能培养一种有用的机器，而不是一个和谐发展的人。①

由此看来，大量的专业知识和技能学习并不必然带来优秀的教师专业素养。在教师的专业素养中，如果缺少一种能够将它们有机整合、联系起来而发挥育人功能的素养，那么再多的专业知识、信息和技能也只是一盘散沙，难以发挥有效的教育教学功能，甚至还会因为让人感觉无用而给教师增加更多的工作负担和学习包袱。这种能够整合所有专业知识和技能的素养，就是教师的人文素养。②

关于何谓人文素养，一直以来众说纷纭，也难以有一个统一的定义。在汉语世界里，我们常常从《易经》"观乎天文，以察时变，观乎人文，以化成天下"中寻找解释"人文"的依据；在西方，拉丁文中"humanities"的意思是"人性、教养"，英语中"humanism"（人文主义）的意思也强调对人，尤其是人的精神世界的关注。在不同的时代和文化语境中，"人文"的具体含义有所变化，但是无论如何，对于人以及由人所创造的文化的强调无疑是"人文"的重要内涵，"人文素养"自然也就指人身上那些对于"人"的看重和尊重的素养，具体来说，有以下两点。（1）作为一种观念和精神，把"人"作为自己价值观的根基，在观念、思想和意识中信奉"人"是一切价值的根基和目标。这意味着，人是活生生的，而不是抽象的。有血有肉、有生命的需求、追求生命的价值和意义，都是人的正常和必然的生命现象。"以人为本"的人道主义、人文精神是对这种素养的集中体现和概括。（2）作为一种行为实践，人文素养体现在个体生活和生命的时时处处，在一切行事和生命经历中，表现为对人的尊重、爱护和信任。因为将人作为行动和实践的本原，所以也就自然地排斥和反对那些将人当作工具的，导致人片面化、单一化、技术化的行为，重视作为活生生的生命、完整生命体的人的地位、价值、精神和人身上丰富的情感。

对于教师而言，教师的人文素养既是将"人"放在一切事物的核心的观念和行为，也是渗透并体现在教师言行之中的，将学生作为发展中的同时又具有平等人格和完整生命的人看待的专业人文素养。表现在其职业过程中，一方面，将人作为教育教学的核心，知识、技能、信息等都为人的生命的完整、健全和长远发展服务，

---

① [美]爱因斯坦：《爱因斯坦文集》第三卷，许良英、赵中立、张宣三编译，310页，北京，商务印书馆，1979。

② 王平：《情感教育视阈下的教师人文素养提升：理念与行动》，载《教育科学研究》，2019(3)。

而不是颠倒过来，使人成为知识、技能、信息的奴隶；另一方面，关心学生身上那些人之为人的特质，对他们受教育的生命成长与发展价值给予足够的关怀，在教育教学中时时处处体现并践行"以追求真善美等崇高的价值理想为核心，以人的全面发展、自由、解放和幸福为终极目的"①的人文精神和关怀。强调教师的人文素养，意味着教师要拥有将人放在教育教学活动核心位置的观念，能够始终将人的完整生命发展的需要、规律以及对于人的价值、意义的关怀贯穿教育教学活动。

教师人文素养在很大程度上因为渗透、联结和整合教师的专业知识、技能而影响甚至决定了教师专业素养的完整性、教育性和生动性，其本身更是构成教师专业素养的重要内核和根基。一方面，教师人文素养以对"人"的关心作为核心标识，因此它不是或者主要不是依靠外在技术、信息、知识等的学习获得的，而在根本上体现为教师作为一个人身上的那些由自己的生命体验、感受而生发出的对于他人生命、作为人的价值和意义问题的思考、关心和追问，表现为教师对于人生命的尊重、关爱，并以教师的人格魅力自然而然地散发弥漫。由自己的生命而关心学生的生命，由学生的生命而获得自我生命成长的动力和职业生涯中积极的生命与职业体验，这既是教师人文素养在学生生命成长、教师专业素养以及教师个体职业生命中的作用体现，也是教师人文素养的内涵和生成过程。另一方面，对于教育、教师而言，人文、人文素养又与之有着尤其亲近、密切的关联。与其他社会活动和职业相比，教育活动的中心是人。将人放在首位，以培养人的生命健全、完整的发展为自己的目标和使命，这是除教育和教师以外，其他任何活动与职业都不能代替的。要做到这一点，教师人文素养就是相比于其他的教育教学素养、专业知识以及技能而言更为根本性的素养。它是在教育教学改革不断、理念层出不穷，而学生的生命成长和健全完整受到压抑，社会和学校对教师专业素养的要求越来越高，而教师越来越感到力不从心，甚至感到困惑、倦怠、焦虑、没有出路的情况下，尤其需要得到重视和关心的教师素养根基。

在这当中，尤其以教师个体内在的、具有鲜明个体条件和特征的情绪情感作为源泉和动力。每个人都有情绪情感，在教师身上，这种情绪情感所表现出来的素质和能力，不仅影响甚至决定了教师人文素养，而且它自身有时候也以外显的能力构

---

① 孟建伟：《科学与人文精神》，载《哲学研究》，1996(8)。

成教师人文素养的重要部分。教育家苏霍姆林斯基用"情感素养"一词来表达教师的教育力量，他认为学校的教育力量首先来自教师，而教师的个性和行为则是教师教育力量的源泉。真正的教育者向来都是情感丰富的人。他对欢乐、忧愁、令人担心的事都有着深刻的内心体验。儿童若能从他老师的这些激情中感受到他的真诚，他们就会信任他。① 因此，是否能够把全部的爱献给孩子，是否对孩子的情绪情感表现出具有高度敏感性和细腻的关注，是否能够以教育者的责任心和能力去处理孩子细微、深沉、复杂的情感等不仅关系到儿童青少年在学校中的学业成绩，更与他们包括情感在内的整个人格和生命质量息息相关。一个有情感修养的人，他说话不用喊叫，也能打动儿童的心。对儿童的精神世界高度敏感和关心的教师，是从来不高声训斥儿童的。教师的担心、忧愁、苦闷、惊奇和愤慨——所有这些情感以及它们的种种细微反应，即使从老师的平常话语里儿童也能体会到。真正的教育能手都具有高度的情感修养。②

我们把发轫于教师的情绪情感，并与教师的情绪情感纠缠在一起的，以对于一个真正、完整的人的生命关怀为教育教学核心观念和意识的教师素养和能力称为教师的情感人文素养。教师情感人文素养强调情绪情感在教师职业和生命中的独特价值，强调把教师的情绪情感素质和能力作为标识、抓手，透过情绪情感能力表征人文素养，并贯穿教师职业以及教师个体生命的全程。它表现为：情感在人文素养结构中涌现出优势作用和地位的一种状态。也就是说，情感人文素养源于人文素养，人文素养里的情感状态、情感品质、情感能力涌现出来成为显著优势的时候，我们就称其为基于情感素质的人文素养。情感构成情感人文素养的优势和核心，情感人文素养则是情感表达的内在基础。

在学校教育中，教师的情感人文素养体现在教师与儿童青少年之间心灵的联系与沟通上——教师与学生之间的交往尽管有着知识、信息乃至规范与要求的驯化，但归根结底是两个鲜活的、具体的人之间的交往。人与人之间的交往离不开情感，教师对学生的完整生命的教育和引导主要在于对他们情感和心灵的关心。除了一些

---

① [苏]苏霍姆林斯基：《和青年校长的谈话》，赵玮等译，122 页，北京，教育科学出版社，2009。

② [苏]苏霍姆林斯基：《和青年校长的谈话》，赵玮等译，123 页，北京，教育科学出版社，2009。

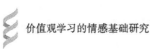

必要的知识、技巧与能力之外，这种关心主要依赖教师自身内在持续不断地散发和涌现出来的对于生命的热爱与尊重。

(三）教师情感人文素养的表现及其提升的可能性

对于教师情感人文素养的认识、理解和培养并非易事。

一方面，除了受制于宏观的社会历史因素之外，情感自身的内隐性、复杂性等特征使得对于情感的研究一直处于人类学术研究中"灰姑娘"的地位而很少甚至不被重视。1995 年，美国学者丹尼尔·戈曼提出"情商"的概念以及近年来积极心理学中对于学习和所谓成功标准的研究将情感的地位和情感研究向前推进了一大步。作为最早也较多关注情绪情感研究的学科，无论是情感心理学还是人格心理学，一般都倾向于把情感看成一种内隐的行为，认为情感是一种可以从意识上独立并加以区分的主观体验。主观体验作为一种状态，它据以负载的过程就是情绪作为心理实体的具体过程。① 这就使得将对情绪情感的认识在主客体的关系中简约为体验与被体验的关系，情感剥离现象而成为概念化的表述。

新现象学提出情感不仅仅是主观体验，更具有整体特征，这种特征使得它可以成为客观的、可感知的对象，并且"是不确定的宽度无限的气氛，情绪上震颤的人身体上可以感受到被嵌置于这气氛中：因为这个特征，它与充满着原始的无形式的空间、宽度空间并因此以无位置、无方向的形式从空间上凸现出来的天气相同"②。"情感"被认为是空间上扩展着的、自弥漫的气氛，人们可以溢出个体去认识把捉人、裹挟人的情感氛围的作用，并在客观上感知它。这些对于教师情感素养和教师教育的启发在于，教师的情感既是主观体验，也是客观和对象化的存在，教师情感素养和教师教育可以借用一定的方式去把捉、观察和研究教师的情感状况，并寻求教师情感素质提升的途径和渠道。

另一方面，长期以来，教师教育中枯燥的知识学习，抽象的理念总结，单调乏味而脱离学生生活与生命实际的教学技能、方法训练与灌输，都容易导致忽视教育

---

① 孟昭兰：《人类情绪》，6 页，上海，上海人民出版社，1989。
② 庞学铨：《新现象学的情感理论》，载《浙江大学学报（人文社会科学版）》，2000(5)。

教学中人与人真实的生命状态，忽视学生之间、师生之间在生命互动中的细微差别、真实场景，往往使得教师听起来热血沸腾，操作起来却无所适从；宏大叙事多，个体关照少，理念和操作的方式都很难落地生根，真正成为对学生和教师有影响、能够深入他们内心的东西，教育研究脱离人、抽象人，追求技术、数据，而唯独对活生生的生命关注、关心不够。在一个注重标准化、短期效益的时代，教师的人文素养在整个教师素养结构和体系以及教师教育中无论是在观念上还是实践操作中，都重视不够。加上人文素养的内隐性、不易标准化以及对于教师专业素养支持和教育教学质量提升的长期性等特征，提升教师人文素养的研究和操作都因为缺乏有效的理论和行动指导而让人束手无策。

近代认识论传统走向实践哲学、教育和社会的发展等又不断地呼吁对于教师作为教育实践者的那些与教育教学实践特别相关的深层次教育教学素养和能力的关心，不断凸显教师人文素养在教师专业素养和教师教育中的重要性，以及它们在学校教育质量和促进学生生命成长中的内源性价值。特别是在现代知识社会、人工智能和信息时代的大背景下，对于纯粹信息和数据的依赖逐渐从"人"转移到"人工智能"，导致学校教育对于认知性知识教学和以强调纯粹知识、技能等为核心议题的教师专业素养内涵的质疑：教师如何在看似琐碎的日常工作中提高自己的专业性，并且在其中获得自身职业的幸福体验？

因此，我们认为，在学校教育中，教师与学生之间的交往不仅仅是知识的传递，深刻的教育总是发生在师生之间生命的某种"际遇"中。正是这种生命之间的际遇，使得教师职业有了人的温度、人的精神，教师的情感人文素养就可能在其中得到体现、获得提升。所以，具体的教育教学行动、场景和人际关系过程既是教师情感人文素养体现的载体，也是其生长的源泉。教师的情感人文素养是不能通过外在的他人"教给"的，而只能在教师的职场生活中，通过教师自身不断去面对职场中的问题、现象，处理职场挑战而不断地磨砺、生长出来。教师职场生活过程是教师情感人文素养显现、生长和发展的过程，教师职场关系本身体现了教师情感人文素养的状态、质量。

教师在教育教学中的情感表达能力是与教师人文素养密切相关的，是源于教师生命内部的，因而在表征和显现教师人文素养方面也是具有突出优势的生命元素。在此意义上，教师人文素养是以教师作为"人"的个体生命体验和情感为基础、表征的，是在教师的职业生活环境中，经由人际互动尤其是师生之间的生命互动而不断经历反复锻炼、提升的。教师人文素养包含教师的情感素养——那些不易显见、标准化，看起来不易捉摸的教师人文素养有可能通过教师情感表达的程度、时机、方式等在一定程度上反映出来；提升教师外在的情感表达能力，就有可能为培养教师的情感素养、提升教师的整体人文素养创造提供一定的条件和契机。

当然，教师的人文素养与家庭条件、社会环境、个人经历等多种因素紧密相关并渗透到其人格特质的多个方面，与其情感结构、素质和能力密不可分。教师的情感人文素质以及在教育、教学交往和日常交往中的情感人文素养及能力受制于教师的生活经历、阅读史、价值趣味、性格气质等。尤其是教师能认识到人的情感发展的重要性，对学生和自己的情感状态以及可能后果有觉知和敏感性，能识别和应对不同学生在特定情境中的情感需求，并能很好地做出应对等，既构成教师情感人文素养的重要内涵，也为教师情感人文素养的提升提供了可能的条件。

1. 走近儿童青少年、关心儿童青少年，而不是对儿童青少年的世界不屑一顾

徘徊在孩子们"心门"之外的教师很难体会和享受到教育中那种"拨弄心灵的琴弦"的幸福。要对儿童青少年的价值观进行教育和引导，就必须首先走进他们的世界。只有那些始终不忘记自己也曾是一个孩子的人，才能成为真正的教师。① 教师首先应真实，博得学生的信任，只有带着爱与智慧走进儿童青少年的生活世界和心灵世界，成为他们的朋友，才有可能成为他们成长路上的引导者和搀扶者。亚米契斯(Edmondo De Amicis)在《爱的教育》中描写了一位学生对他一年级老师的追忆："你总是充满热情：看见学生执笔写字的坏习惯，你会感到失望；督学考问我们学生时，你会紧张得发抖；而我们表现出色时，你又会无比高兴。"② 只有教师自身真实，孩子们才愿意对教师展现真实的一面，沟通与交流才有展开和持续下去的可能，真正的教育才因为有了了解和契机而有了发生的可能。教师尤其应该意识到，孩子们的存在不是对教师的刁难，更不是给学校制造难题，而是对教育者的恩赐。在与孩子们的交往中不断发现、感受他们身上那些难能可贵的品质，与他们交朋友，不仅教师自身的情感人文素养可以不断地在被唤起、被激发中得到提升，而且

① ［苏］苏霍姆林斯基：《把整个心灵献给孩子》，唐其慈、毕淑芝、赵玮译，6 页，天津，天津人民出版社，1981。

② ［意］亚米契斯：《爱的教育》，梁海涛、蔡雪萍译，15 页，上海，上海人民出版社，2005。

因为看到孩子们的成长，教师还从他们的激励与帮助中获得结伴相行的教育勇气。只有这样，教师才可能真正成为儿童青少年价值观学习过程中的陪伴者、见证者、支持者、引导者。

2. 教师自身具有识别、回应和处理这些现象以及问题的能力

教师要有一定的教育艺术素养来应对学生的行为事件，这种教育素养和处理事情的机智的根源依然是教师的情感人文素养——"机智是一种对他人的关心指向。一方面，关心是主动愿意为他人承担重负、困难和悲痛。另一方面，关心他人也意味着注意他人、爱护他人，慈爱而温柔。……机智是一种实践中的规范性智慧，它受见解的支配同时又依赖于情感"①。教师敏锐地洞察学生问题背后隐藏的深层问题以及应对这些问题的情感能力关系到学生完整生命的成长。

（1）情绪情感的识别。情绪觉察能力是指了解自己或他人内心的一些想法和心理倾向的情感能力，是直觉与一定的认知判断相伴随的过程，是情绪智力的核心能力，也是一个人情感能力和情感素养的重要部分。一个人能够体会、发掘自己和他人的情绪以及对经常变化的情绪情感状态的敏锐捕捉、理解和领会，是自我理解、人际交往、移情以及认同等价值观形成和学习活动的重要基础。教师通过情绪情感的"觉察"与"识别"，敏锐地捕捉自身以及学生所处的情绪情感状态，并且不断提醒、唤醒自己对"情绪反应"的认识、理解，从而寻求更为妥当、合适的教育应对和支持策略，对于学生价值观学习行为的发生以及学习的深入程度而言，都是至关重要的。

（2）情绪情感的表达。教师的情绪情感表达指的是教师通过恰当的方式在合适的时机以合适的程度表达自己的情绪情感，并对学生的学习、交友和学校生活中的言行做出情感上的回应。在杜威看来，"成人有意识地控制未成熟者所受教育的唯一方法，是控制他们的环境。……我们从来不是直接地进行教育，而是间接地通过环境进行教育"②。在学校价值观教育中，因教师情感表达与回应的时机、程度和方式不同而构成的教育环境是影响学生学习，尤其是价值观学习的重要因素。恰当的情感回应和表达有助于营造和形成符合学生生存需要、关系需要和发展需要的情

---

① ［加］范梅南：《教学机智：教育智慧的意蕴》，李树英译，193 页，北京，教育科学出版社，2001。

② ［美］杜威：《民主主义与教育》，王承绪译，25 页，北京，人民教育出版社，1990。

感与价值环境，为学生在其中完成思维变化和精神发育与成长等一系列价值观学习的复杂心灵过程提供内外部人际氛围和情感环境的支持。

（3）情绪情感的调适。以情绪情感识别为基础，运用恰当的方式方法调整自身对于情绪情感识别的敏感性以及识别的方法，不断改善情绪情感表达的时机、方式和表达的程度，调整那些负面的、不利于自身以及他人身心健康发展的负面情绪情感等，也是教师情感素质和能力的重要体现。教师的情绪情感调适能力包括：教师是否很好地认识和了解学生的情绪情感发展特点；是否能够根据学生的个性特点、场景变化、情境变化等自觉地、有意识地进行情感上的识别、表达，并依据教育原则帮助学生进行适当的情绪情感调整和行为改变；能否较好地反思自己的情绪情感状态，并且从专业的角度对自我情感进行调整和采取相应的行动变化，等等。这些直接影响甚至决定学生能否积极、健康、充分、舒展地进行学习、交往和参与班级生活，能否在学校教育环境中因为比较好的情感上的支持而在价值观形成和学习中获得更多的积极力量。

二、教师情感人文素养："以生命相教"的情感秘密

情感在青少年价值观学习中的重要性不言而喻，而教师情感不仅在学生的价值观形成方面，而且在教师培养和教师专业成长中的意义也是极为重要的。教师情感在学生价值观学习中作用的发挥需要以教师培养和教师专业发展中对教师情感的重视和提升程度为基础，与教师专业发展、教师培养工作之间有着深刻的关联。如果没有教师对所教学科的挚爱甚至痴迷、执着的情感，没有对胜任该学科教学的自我肯定的积极体验，不但他自己是走不远的，而且也无法影响学生的情感态度价值观。

教师的情感素养以及以情感能力为基础表现出来的人文知识、思想、方法和精神等人文性的素养反映出先前教育经验的意义，与"外在的""物质的"教育目标以及技能化、知识性的训练不同的是，这一坐标使教师人性化、个人化，创造性地决定着教师活动对象的方向。教师内心世界的职业形象是其专业化的表现。教师不是旁观者，而是参与者。

具体来说，教师在教学中表现出能够超越表层地理解知识，能传递学科背后的价值、文化意蕴，教学方法有趣，整个课堂教学由于教师的情感渗入和人文理解的参与通向对于学生情绪情感状态的敏感和应对。师生之间由于教师的这种基于情感的人文素养的内在支持而获得彼此间的良性互动并呈现、持存信任、责任、安全、兴趣、注意等积极而深刻的精神和生命状态。课程内容由于教师情感性地解读和再读而融于教师的精神状态并通过教师与学生产生共鸣、共享，从而使静态的、文本式的文字、符号、概念、理论变得饱满、立体，使得对于知识的学习不是死记硬背，教学也不再是用枯燥的知识去驯化。在整个教育教学过程中，教师个人的情感世界比较丰富，情感基调比较积极，有情绪和鉴赏趣味，有一些幽默感，对学生有吸引力。不管他的风格怎样，他都应该是情感世界比较丰富、基调比较积极、有鉴赏趣味的人。教师能够带着关爱，以对自由、完整生命的尊重、理解、真诚、平等、引导、鼓励的态度与学生交流，展开教育和教学活动。教师的表情、微笑、眼神、身姿、手势、站立的位置，语言的音量、声调、频率、节奏，书面语言的准确，口头语言的自我控制等，构成学生真实而有意义的生活情境和学习环境，是青少年学生价值观形成的重要情感基础。

（一）教师情感人文素养的课堂表征及其对学生价值观的影响

课堂以及教学组织中的情感因素必须通过教学活动中具体、生动的"人"体现出来。作为课堂教学活动的引领者、组织者和服务者，教师的情感素质关系到整个教学活动的基调并通过渗透在教学观念、教学组织形式、课堂行为等教学全过程中而影响学生的价值观。主要表现在两个方面：（1）教师的学生观具体地表现在教师在课堂教学之前对于学生作为完整的"人"的需求和发展状况的把握与了解等方面；（2）教师的教育观具体地表现在教师对学科教学内容及其精神的把握、教师对学科课堂教学的情感态度以及教师的教学组织方式等方面。

第一，教师的学生观。教师建立在自己良好的情感人文素养基础上的学生观综合汇聚而以一种难能可贵的情感——"教育爱"的形式渗透在整个教学过程中，并通过教学细节反映、表现出来，构成对青少年学生价值观学习的情感影响。

随着认知结构的不断完善、社会经验的逐渐丰富，青少年学生在情绪情感方面逐渐表现出情感表达方式的掩饰性，情感体验日益深刻，体验的内容由于认知的成熟而逐渐具有社会性和抽象性并日益丰富，道德感、理智感、美感等社会性情感逐渐上升到主导地位，社会性情感的水平不断提高等，一系列更加细腻、敏感、微妙、复杂的情感需求都意味着教师只有真正懂得学生，才能在课堂中更有效地展开对学生的教育和引导活动，价值观教育才有可能因为对学生真切的关心而成为影响生命的教育力量。

这就意味着，教师在理解和安排课堂教学与活动时，真正地关心作为一个"人"的学生的成长，而不是将学生作为知识学习的工具。以语文课"读书分享——其实名著就在我们身边"为例，教师在设计教学之前对教学内容的理解和安排不是就知识看知识，而是将学生放在前面，并做出了以下判断：学生"每月共读一本书"，在月末都会有一次图文并茂、精彩纷呈的读书分享会，同样的时间和内容，每个人的读法和收获却都是不一样的。研修班、自修班的学生还阅读了自己感兴趣的其他作品，而且阅读的感受深刻而独特，阅读量是比较大的，阅读面也是比较广泛的，阅读的感受也是丰富的。

教师在课堂教学之前对学生与本节课教学相关的阅读能力、阅读感受，与人分享阅读感受的意愿以及能力等的基本预判和掌握不是抽象、笼统和含糊其词的，而是真正基于对学生已有知识经验的了解和分析。正因为如此，教师在课堂上安排的"从名著中的人物身上获得的启示""与名著中的人物对话""表达对名著阅读的感受"三个教学互动环节也是有针对性、具体和深刻的。

更进一步，正是由于每个学生都是生动的、真实的、具体的，因而教师要想获得对学生的需求、能力、意愿等方面的具体、贴切而又深刻的理解和认识，仅仅依靠书本知识的学习或者常识经验的总结是不够的。教师需要在每一位真实、丰富的学生生命中找到一个抓手，而情感恰恰是一个十分重要的方面。教师只有把他在书本中学到的知识与自己对学生的具体感受、体验结合起来，才有可能理解自己的教育对象，知道他们是谁，体会他们的需求和精神状态，并且可能生长出具有教育意义的、指向美好生活的价值倾向，并将它们作为引导、贯穿整个教学过程的基调和底色。如果教师自己的情感比较丰富，体验比较丰富，那他的表达自然就丰富。教师除了要有很多正性的东西，也要对学生有深入的了解。教师对学生深入的了解是教学的重要基础。由此我们认为，教师建立在情感人文素养基础上的细腻的感受、深刻的体验以及积极的教育关怀帮助他们洞察教学的真谛，感受教学背后的意义和基于人、指向人的价值观方向，这正是整个课堂活动中蕴含、彰显价值观底色和意蕴的基础。

第二，教师的教育观。教师个人以情感人文素养为基础的经常性的情绪情感基调、状态以及外化的情感能力等会影响到他对课程与教学实质、目标和过程的理解，进而影响课堂教学中价值观导向的性质、程度和形成过程。

一方面，学科中广泛蕴含着具有价值观导向的知识内容，教师是否善于发现与捕捉、挖掘和主动建构，是否善于结合学科史实与栩栩如生的人物进行延伸和拓展性介绍，将其自然而艺术地呈现与表达出来，既体现了教师自身的情感素养和学科教学中的情感能力，也关乎教学中的育人观、育人方式和价值评判标准与价值观形成等问题。另一方面，教师本人对所教学科有挚爱甚至痴迷、执着的情感，对胜任该学科教学有自我肯定的积极体验及表达等，都会对学生产生情感传递、分享等作用。教师因为热爱学科，因为在学科和知识教学中渗透了个人饱满的热情、深刻的理解、积极的价值观念和期待而使得对学科进行带有情感温度的个人化的理解和阐释成为可能。

教师优秀的学科素养、谦和仁爱的态度、驾驭问题的能力以及追求学科本质的精神，通过具体的、符合学科特征的方法体现在对学科精神的追求等，都在课堂教学中有直接或间接的体现，并形成对教学过程和最终教学目标的影响和导向。具体表现为：(1)教师个人的情感素养，在教学中的情绪情感状态以及表达情感的方式、习惯；(2)教师个人对情感态度价值观的投入程度以及在教学中表现出来的情感能力；(3)教师经常表现的无意识的情感基调、言行投射及其蕴含的价值观念。

以下是一位教师的教学笔记：

一次借班上公开课，原班的老师悄悄告诉我，班里的袁某挺笨的，提问的时候尽量避开他，我谢了他的好意。上课时，我时不时地看看袁某，他听得很认真，讲到第三道题时，他的眼神里闪过一丝喜悦，我请他和他周围的同学到黑板上做练习，其他学生高高兴兴地上去做了，唯有袁某静静地坐在那儿，无动于衷。

"你怎么了，不舒服吗?"我问。他给我的反馈是"低头不语"。

"老师，他不会。""老师，以前老师不许他回答问题!""老师，他不聪明。"

袁某的眼睛里映射出自卑、恐惧，还有愤怒。

"上去试试。"我鼓励他。

"这道题不难，你能够做出来的。"我再次的鼓励最终使袁某走向了讲台。同学们还在议论，我提高音调说："我的眼里没有笨与聪明，只有进步与否。"

袁某做对了，我让大家给袁某鼓掌，袁某的眼泪悄悄地流了出来。

教师的细心观察、耐心鼓励使一直受到同学歧视的学生袁某得到了一次表现的机会并且得到了众人的掌声，这得益于教师敏锐的情感识别能力以及对于课堂教学实质和目标的体悟——课堂教学为了什么? 一直以来，公开课对教师而言，既是展示的平台，也是专业的考验，而学生的表现更是直接关乎公开课的效果。同样，这也是一个学生展示自己的舞台，对学生自信、自尊等价值观的培养具有非凡的意义。在如此重要的场合，教师请袁某上讲台做练习是要承担公开课"失败"的风险的。

在这个案例中，从同学的回答"老师，他不聪明""老师，以前老师不许他回答问题"，以及原班老师的提醒中，可以分析出，袁某的学习成绩较差，更重要的是在大家的偏见中，他丧失了自信；而其他同学对于袁某这种嘲讽的态度，更不是一种积极、健康的价值观念。因此，如何给袁某一个展示的舞台，给其他同学一个纠正自己观点的教育和引导，似乎比回答问题、公开课的所谓"成功"更加重要更具有价值引导意义。案例中的老师，先是细心观察袁某，发现"他听得很认真""他的眼神里闪过一丝喜悦"，并据此推断出袁某应该有能力完成这个题目；接着，老师便紧紧抓住这一契机，鼓励他"上去试试""这道题不难，你能够做出来的"；然后在同学议论时，提高音量提出自己的一个学生观——"我的眼里没有笨与聪明，只有进步与否"，为袁某的解题排除干扰，树立信心。袁某做对之后，大家的掌声既有老师的鼓励，更有惊叹!

其中有两点特别值得我们注意。(1)教师的情感态度和价值观是相互影响的，课堂教学中的价值观可能决定着教师的情感态度。在该教师的眼中，学生的努力比天赋重要，学生的成长与发展比一节公开课的成败重要。这些价值观念的前提条件决定了该教师有可能上出一节具有教育意义的公开课。(2)关心最重要的意义在于它的关系性。关心意味着一种关系，它最基本的表现形式是两个人之间的一种连接或接触。① 教师识别，进而回应、关心学生情绪情感的能力影响了教学中价值观的达成。当教师提问学生而学生坐着不动的时候，教师首先想到的问题不是学生对自己不尊重、不服从自己的命令，而是从学生的角度出发考虑，"是不是身体不舒服?"面对班里同学对袁某的嘲笑，教师没有表现出愤怒，而是着眼于鼓励袁某，并在后面通过"提高音调""让大家给袁某鼓掌"等方式，引导学生改变自己对他人不尊重、不守纪律等不良的价值观念。

总之，在整个课堂教学与组织中，教师因为关心学生的所思、所想、所惑，关心学生学习过程中的体验、感受，并据此调整自己的教学方式、应对策略，从而使教学能够较为紧密地跟着学生的思维展开，帮助引导学生以良好的生命状态展开学习、互动、交流。师生之间由于认知和思维在方向上的一致性而能够并列前行，并产生更多情感体验上的共鸣和移情，互通、理解的机会和可能。基于人、通过人、为了人的教学活动最终在"人"的层面上渗透、贯穿、传递，并不断地借由人的力量形成人的价值观，在人身上获得教学自身价值的确证。

当然，尽管有时候教师的情绪情感不一定完全是积极的，经验与认知是有局限的；尽管他的方法有时候是笨拙的、不那么妥当的，但是只有将个人内心复杂的、多层次的感觉与知觉、情绪情感、赞成与否定等真实的体验带进来，他才是一个真实的人(当然，这还要视学生年龄的不同而有所区别)，才可能将自己的生命向学生、学科和知识教学敞开，使得自己在教学实践中不断得到磨炼而逐渐成熟，他也由此获得学生的信赖。而这种热情、真诚所激发、转化出的深刻的道德—心理机制则是人的道德积极性和伦理上的自我发展得以展开、实现的依据。如果没有教师本人对所教学科挚爱、真实、执着的情感，没有对胜任该学科教学的自我肯定的积极体验，不仅教师自己的教学和职业发展难以为继，而且也无法影响学生的情感态度及价值观，教书育人的效果会大打折扣。

---

① [美]诺丁斯：《学会关心——教育的另一种模式》第2版，于天龙译，23页，北京，教育科学出版社，2014。

（二）教师情感人文素养通过师生关系折射并构成学生价值观学习的基础

学校教育以提升人的生命质量为目的，其中既不存在孤立的教与学的活动，也不存在既定不变的师生关系。师生之间以动态变化的信息交流、情感联系亦即"交往"为参与学校教育活动的基本方式，在交往中建立顺畅、融洽的良好师生关系同时也是基本、普遍的人际关系需要。其中，尤其离不开真实、动态的情感需求和情感交往作为润滑剂、缓冲剂和纽带。正如教育家杜威在《民主主义与教育》的开篇所言，不顾他人的情感和理智倾向的师生关系不是真正的社会化关系，只能是一种工具性的关系。以情绪情感状态、情感素养与能力等为表征和基础的交往关系不仅影响到教与学活动的效率以及价值观的显现，而且立足学校教育生活并迁延至学校之外的"交往关系"本身还蕴含着丰富的教育意义，是师生之间建立情感联结、展开知识学习，不断丰富并提升情感素养、价值观层次与生命质量的重要方式。

更进一步，师生交往是师生双方在交往中获得的情感关系，如教师尊重、理解、爱护学生，学生信任、尊敬、爱戴教师，师生双方乐于和对方交往等；师生交往又是师生双方在特定角色关系交往中立足促进学生健康发展的基础上而产生的特殊的情感关系，如教师想教、乐教、爱教，学生则想学、乐学、爱学等。在教育实践中，教师的教育、教学，学生的学习、理解，都是在一定的情境和氛围中进行的。德国新现象学研究者施密特在现象学的基础上发展了情感空间理论，强调人所处的空间不是一个物理空间，或者主要不再是物理空间，它是由情感氛围包裹着主体的情感空间。朱小蔓教授指出，在师生交往过程中形成的情感氛围或情感场，既作用于每一个学生的心理和学习行为，同时也有力地支撑和促发着教师的教学情趣和情绪。师生间健康、和谐的交往关系有利于学生产生积极愉快的情绪情感体验，并进而激励、促进学生学习活动的高效进行；有利于师生间产生信任感，学生敢于把自己对教师教学的真实感受与看法表述出来，教师也乐于接受建议，改进教学方法，调整教学内容，真正形成师生之间的教学相长。

与学生的交往是教师育人和教育活动的重要途径与方式，也是教师精神生活的重要组成部分。以教师的情感人文素养为基础，通过师生交往折射、渗透的价值意蕴是影响学生价值观学习和价值观形成的重要方面。

1. 教师工作的对象是鲜活的、富有个性的具有不同生活经验和背景的人

教师不仅向学生传授知识，而且通过对他们的性格特征、兴趣爱好、家庭背景等方面的足够多的认识和了解，尤其通过研究他们的精神世界，探索脑力劳动和人的个性形成的复杂过程的规律性，而影响学生的价值观，对学生进行价值观学习的引导和教育。例如，教师知道在小学低年级的学生入学适应阶段需要提供给他们什么样的情感与教育支持，在三四年级经历学习分化，高年级面临交友、家庭和自我成长的各种困扰的时候需要给他们提供什么样的知识与情感援助，如何识别和回应学生的成长问题与需求，并给予及时恰当的成长帮助，等等。可以说，"研究学生"是贯穿教师教育事业的主题，教师通过研究学生的身心发展特点了解学生。因为学生的精神世界是相当丰富和复杂的，教师很难从一个学生的外在表现准确了解他内在的精神世界和情感状况。

正如苏霍姆林斯基在其著作《帕夫雷什中学》中所指出的，每个孩子在思想、观点、情感、感受、快乐、不安、悲伤、忧虑等方面都是一个独特的世界。教师应当认清并熟悉自己学生的精神世界。而研究学生的精神世界必须要身体力行，因为任何一个未能精通人性科学的理论和技术的人，要想把人教育好，都会遇到极大的困难。他完全只是在表面上操作，而且会错误地相信自己能够改变孩子。我们必须基于我们的教育实践，进行复杂的心、脑、精神的工作。教师只有与学生之间不断反复地沟通交流才能了解他们的内心世界，并可能对他们进行区别性的情感态度上的教育，从而帮助他们及时克服与纠正一些不健康的甚至是错误的情感和价值观状况。教师不仅需要具备必要的教育学、心理学和关于道德价值观等方面的知识，而且需要具备相当高的教育素养，尤其是情感人文素养来应对学生的行为事件，对不同学生的不同需求和问题给出基于一定知识和认知的敏感而适当的判断与回应。教师本人的情感素养和条件决定了学生是否可能向教师敞开心扉、畅所欲言，是否能将教师视为朋友。

2. 人类的伦理和道德问题体现在日常的交往和关系之中

作为学生在学校生活中最为重要的引导者，教师对学生的态度、情感，教师在学校乃至学校之外与学生之间建立的关系、相处模式等蕴含着重要的价值观和价值导向。一方面，安全感、归属感、被承认感等是健康人格的基础，构成个体在认

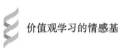

知、情感和价值观念、生活方式等方面的原始、基础的反应模式。家庭教育不仅对此承担着重要乃至不可替代的培养责任，而且伴随着个体的成长和生活经验持续到学校教育中，在师生交往关系中得到反映，得以延续或者断裂。师生关系中的需求、爱好、趣味，师生相处中的诸如尊重、宽容、公正、平等等价值取向刺激和影响着学生的情感定向和认知思维发展。尽管它们在具体的事件和人身上的反应会有所不同，但是由此奠定的人际交往观和个体在遭遇情感经历、价值选择的过程中所获得的价值调整、重构是儿童青少年价值观形成的重要影响因素。而在师生交往过程中，教师能带着关心，以对学生尊重、平等的眼光和视角处理教学中的问题，并与学生之间形成关心而公正、真诚而平等的师生交往关系；师生之间呈现出坦诚、平等和相互尊重与信任的交往互动关系以及信赖、责任、惬意等积极的生命状态等，也是锻炼学生在人际交往中的价值观形成和处理人际关系并在其中形成一定的道德品质的重要契机和途径。所有这些是否能够满足学生在情绪情感上的恰当需求，使学生感受到温暖、安全的师生关系，都依赖教师的情感人文素养，它是培养学生尊重、自信、信任、诚实、关爱等一系列社会性情感和价值品质的重要条件。

另一方面，教师对待师生关系的态度以及价值取向本身也影响青少年学生的价值观。教师与学生有多元的关系，但核心是人的关系、人道主义的关系。对学生人格的尊重是教师的基本义务和伦理底线，激发学生的生命活力是教师职业永恒的使命，而教师与学生之间的关系更是双向的关心和心灵上的相遇。当今时代，自觉抛弃将学生当作"知识接受者"的主客二分的师生关系的认知；将受教育者从客体状态中解放出来，让他们充分发挥自身的潜能与创造力；倡导教育者与学生进行平等的对话与交流，与学生在相互尊重中相互欣赏，与学生在相互理解中共同发展，这既是教育工作的性质使然，也应该成为当代师生关系在价值上的追求。这种师生关系本身也是一种重要的价值观教育资源和微环境，其形成、维持、提升都渗透并依赖教师个人的情感人文素养、条件和能力。

3. 在教育性原则中渗透对学生的情感关怀和引导培育

教师在互动和实践中识别、回应和不断调适自己的关怀方式，通过关怀使师生关系更顺畅、牢固，并在更加顺畅、牢固的师生关系中培养、锻炼、维护学生的关心能力，让学生学会关心等。正如诺丁斯所言，大部分的道德行为与关心、同情等相连。因此，对于接纳、认同、理解等道德情感的培育，既是价值观教育的重要方面，也是人的基本的价值和生命需要。关怀既是美德，也是关系，关怀双方对关怀情感的感受以及在此基础上建立的关怀型的情感关系是积极道德品质生成的重要的环境和内在条件。尽管并不是所有的教师都可以天然地从关怀出发，或时时处处皆能出于爱而关心、理解、接纳学生，但是教师职业的特殊性恰恰就在于日复一日地，长时段、高频度地与学生相处，师生关系好坏本身已然是教师和学生生活质量优劣本身。教师的情感人文素养显然有助于引导学生形成积极的情感品质和价值观念，教师只有在与学生的相处关系中不断调整自己，同时引发学生学会关怀教师，才能逐渐从学生的反馈中获得职业的满足感和尊严感。教师虽不是圣人，但教师本人，或者更确切地说健康、良好的师生关系是学生道德价值观形成的重要来源。

如此，教师就可能从只关心"是否教"而转为关心"教得怎样""是否愿意学""学得怎样"，从而慢慢地引导学生学会关心。"关心"是一种情感，对于关心关系的维护和延续更有赖于情感。不敏感、情感冷漠等都不利于关心关系的建立，一厢情愿的关心更是难以建立和维护良好的关心关系。为了完善学生的世界观，教师需要经常以学生的眼光来看待这个世界。优秀的教师不会轻易否定学生表现出来的任何需要和进步，还会从学生的现有基础出发给每个学生确立更高的目标。这一切都需要创造和维系一种充满信任的师生关系。①

现今，教师作为教育工作者正面临知识社会中关于教育、教学以及学生等观念上的挑战。教师是否能够积极主动地转换自己的教育观、教学观和学生观，在一种双向互动的过程中不断生长、建构师生之间的关系，并在一种真正意义上的关心关系之中展开师生交往等，都会影响学生的价值观学习。由于这种关系不是静止、孤立的，而是一种社会性的实践活动。因此，师生关系的质量、状态必然与教师的社会性交往能力、情感人文素养及表达情感的能力紧密相连，并体现出一定的价值倾向、观念。

当然，课堂教学活动和师生交往关系中教师的情感人文素养最终还是要回到教师本人的道德情感、精神境界乃至整个生命状态之中。在对学生价值观形成和学习

_____

① ［美］诺丁斯：《学会关心：教育的另一种模式》第 2 版，于天龙译，138 页，北京，教育科学出版社，2014。

的教育引导方面，教师是作为一个"整个的人"出现的。教师对于学生的影响体现在知识、品德、情感、人格、精神乃至言行举止等方方面面。教师是以其全部生活经历和生命状态在影响学生，而不是简单的知识传递者、说教者。① 作为一个生命体，教师本人在把抽象的道德规范化为具体的道德形象，以生命的灵动、鲜活代替知识的死板、僵化，胜过一切形式的活动和说教。拥有良好道德品质和积极生活态度的"四有"好老师本身就是"育人"的楷模，他们身上体现了人类道德的美好。通过他们的实践，以他们自己的生命形象地呈现的道德之美，是最激动人心的，也最容易打动孩子们、被他们接受。当思想与行动、认知与情感都结合在一个人身上并以活泼的生命姿态向我们展示的时候，孩子们内心受到的震撼是可想而知的。最有教学意义的直观学科和最生动的实例对学生来说都体现在教师身上。教师本人体现出个人的教学方法，体现出课堂教学原理和教育原理。②

　　教师既是一个职业者，也是一个普通人，而且，首先是一个普通人。从本质上看，师生之间的交往既是两个普通人之间的交往，也是两个特殊角色之间的交往。因而，在教育职场中，师生之间的情感交往既是普通人之间的情感交往，也是教师与学生这两个角色之间的情感交往。作为普通人的情感与作为职业者的情感共同构成了教师丰富的情感世界，缺乏其中任一层面，教师的情感世界都是不完整的。尤其是作为一种特殊的职业角色，教师在情感方面有着独特的规定性，这是教师职业活动长期累积之后形成的相对稳定的状态。③ 这些处于相对稳定状态的情感包括教师作为职业人的情感，它既是一套社会标准的期望与限定，更是教师个体在学习教师角色的概念与行为之后，尤其是在与教育对象的不断互动之后逐渐感受、体验、内化而形成的。其中，尤其是具有丰富的情感、饱满的精神、积极的生命态度和价值取向的教师身上所表现出来的丰厚的情感人文素养对青少年学生价值观方面的影响显得至为宝贵。

---

　　① 朱小蔓、王平：《在职场中生长教师的生命自觉——兼及陶行知"以教人者教己"的思想与实践》，载《南京师大学报(社会科学版)》，2017(3)。

　　② [德]第斯多惠：《德国教师培养指南》，袁一安译，7 页，北京，人民教育出版社，2010。

　　③ [美]戈夫曼：《日常生活中的自我呈现》，黄爱华、冯钢译，55 页，杭州，浙江人民出版社，1989。

三、提升教师的情感人文素养

我们以情感人文素养为教师教育理念建构的基础，寄希望于通过提高教师的情感人文素养来培养有饱满、积极、健康的情感品质，有丰富人文素养的教师。进一步通过教育教学活动中师生的互动、交往等，经由师生、生生相互影响，不断改变学校教育中的文化和生态氛围，扭转过多地以概念说教、价值灌输和脱离了个体经验感受的空洞、抽象的"高大上"的价值告知和肤浅的游戏活动，力图使价值观和价值观教育真正成为个体生命和生活的一部分，是个体在自己的学习、交往等生活中真切地感受到的需要，使价值观对于个体而言真的具有"价值"和"意义"，而不是外部的强加和规训。

（一）注重教师教育中教师基于情感人文素养的价值观教育能力的提升

虽然教师和学生的情感因与他们个体内在的精神相连而具有高度的隐秘性和个体性，但是通过教育教学活动，在具体师生交往关系中外显出来的情感表达的能力可以在一定程度上帮助我们通达个体的内心世界，窥见个体内在的情感和精神状态（包括价值观品质），从而为我们不断打磨、调整、提升个体以情感为内核的人文素养提供抓手和切入口。对于教师情感人文素养的提升，由于情感最直接地与教师以及学生的生命和存在联系，因此，外化出来的情感表达也是对人的生命和存在状况最真实地"回归"。在教师教育中，通过提供一定的平台和条件，关注教师情感人文素养的改善，就有可能在价值观方面发挥积极的渗透和引导作用，从而不仅为改善教师的情感人文素养，而且为教师进行更加深入的价值观教育和引导提供一定的基础。

1. 依托学习工作坊，提升教师的情感人文素养以及价值观的层次和质量

工作坊学习是一种重要的跨际学习方式，也是一种行动研究。通过把不同学科、年级、教研方向的教师聚集在一起开展合作学习，形成知识与生活、学科与生

命、不同生命体验之间的联结和相互沟通，使教师获得不同视角，体验各异的教育发现，并在这种学习过程中丰富自身生命的感受和历程，不断反思、醒悟自身的教育经验，提升把捉教育教学场景中转瞬即逝的、具有重要教育意义的情绪情感线索的素养和能力，从而获得知识视野、精神视野的不断扩展，人文理解力的不断提升。它是以"我要做什么"中的"我"为中心来进行的。教师在探索改革的实践过程中，必然改变自己的价值观。教师通过行动研究不但加深了对实践的认识，而且也找到了自我。①

例如，在阅读和影视工作坊中，教师通过抽签或者组建临时小组、结对子的方式，形成不同学科、年龄和生活经历的异质性学习共同体，在分享各自的教育发现、阅读体悟和观影感受时，教师会发现从不同视角思考的乐趣，会在经历倾听、移情等过程中去感受不同生活经验、不同学科角度、不同生命体在教育理解和教育现象解读上的异同。当知晓许多自己不曾发现而由其他教师发现的孩子的特征时，当发现许多自己不曾做出而由其他教师从不同的视角对教育现象做出的不一样的诠释和理解时，教师会表现出兴奋、惊讶和好奇，表现出过去从未有过的关心和敏感。由此，他们开始本能地辨别教育学的意向并反问自己，我以前读懂这个学生了吗？我做了什么来支持这个孩子独特的意向和品性发展呢？我为什么没有想到还有另外的视角、没有体会到那样一层意义和感受呢？

所有这些过程中教师的感受、体验、发现都表现并在一定程度上反映、外化在教师的情感方面。由于情感既是主观也是客观的对象，因此，在教师教育的实操方面，可以通过若干途径的支撑，经过一系列过程引导、发现、观测教师在其中的情感表达方式、时机和途径，把捉教师真实情感线索的流露。在教师之间结成的共同体的交流互动中，不限于行政性的指令或单向度的激发，而是以他们外显出来的、被认识和了解到的情感特征为基础，从而有了多角度的、仅依靠自省和体悟所不能或者难以达成的优势，帮助教师实现他们在情感表现以及整个情感素养和能力上的"自我觉察"和自我提升。

---

① [日]秋田喜代美、[日]佐藤学：《新时代的教师》，陈静静译，41页，北京，教育科学出版社，2013。

2. 营造以倾听与关心为基调的学习环境，发挥教师的价值观影响力

在当今人口大规模流动、升学竞争压力持续不减等复杂的背景和情况下，教师对于学生的影响以及师生关系的紧张等使得教育教学的效果在很大程度上取决于师生之间情感关系的质量。整体性的、笼统的教育和学习环境难以保障师生之间的交往质量，唯有在多样化、情境化，体现和尊重个体性、差异性、自主性的环境中，师生交往的复杂性和深刻性才会凸显。

因此，在教学中，能不能允许、尊重、鼓励别人的表达和表达方式，能否察觉学生的情感需求，特别是对学生的安全感、成功感、自我接纳以及负性情绪是不是具有敏感性，能不能临场有教学机智及时调节师生关系，重新营造学习环境等，既是教师情感人文素养的内涵并彰显了其中的价值意蕴，也多多少少地体现在教师的外显行为中。由于教师在这些方面的素养不是知识性、识记性、操作性的，而是感受性、内隐性、体悟性的，因此，在教师教育工作中经由教师自己亲身经历、体验和不断锤炼慢慢塑造而成的这些带有感受性、回味性的教师素养只有在以倾听和交往为基调的教师互动学习环境中才得以培养。

在师生关系中，教师工作面对的是不断成长变化的学生。伴随学生心理与认知发育的逐渐成熟，面对学生"心声不一"的情况，教师敏感的情感识别和觉察意识、能力，尤其是"倾听"能力，"听"出其言外之意和声后之情的能力，仅仅依靠知识训练是难以获得的。而教师的情绪情感识别以及与此相关的倾听能力又反过来影响教师自身的教育教学和工作胜任感。学生对于教师工作的配合、欣赏以及由此建立的深厚的师生关系是除了管理者和同行评价之外的，教师获得教学和职场工作胜任感的重要来源。教师全天各种各样的工作中夹杂着各样的活动，这是教师工作的特征之一。这往往会使教师产生事务缠身之感。同时，这些事务也是学生成长的关键因素，通过这些契机，教师可以看到学生们在课堂上不太表现的另一面。[①] 引导教师在繁杂的教育教学事务中学习"倾听"，既是对教师情感素养和能力的考验，也是基于此的互动和个性化、情境化的教师情感人文素养提升的良好契机。

---

① ［日］秋田喜代美、［日］佐藤学：《新时代的教师》，陈静静译，7 页，北京，教育科学出版社，2013。

由此，教师与学生之间的关怀关系是否建立起来，教师是否能够在职场工作中反思自己与学生之间的关系并对此进行反复求证，思考这种关怀关系是不是适合的，需要密切关注教师的情感回应和调适能力。因此，在教师培养和教育中，关心教师的情感素养和情感能力，教师与学习共同体成员之间建立关系；教师在相互学习中体会关心关系的建立和维护，品味由于关心关系的建立而营造的个体化的、有情感温度的学习环境带来的美妙，等等，是使得师生之间的应答关系得以建立并顺畅的重要测度。

3. 开展教师基于现象学立场的情感人文素养与价值观提升的操作训练

教师培养和教育工作应该基于教师情感人文素养的构建和提升而展开。师范教育是"教教人之人，育育才之才"，因而突出师范生情感性人格特质，具有特别的价值和意义。① 教师的情感人文素养除了与特定内容领域的课程及各门学科相关外，更重要的是化约、弥散、消融在教师与学生、教师与教师的交往及其关系中。尽管情感结构、素质和能力与个人的性格、所处环境等密切相关并在长期生活过程中形成，在个体身上表现出内隐性的特点，但是情感有其外化的形式和载体，并通过不同的方式不同程度地体现在教师个体的生活场景，特别是他的教育生活细节中。因此，在增进教师的自我认识、自我调控以及沟通与合作素养方面，情感维度的"涌现"以及由此外化出来的情感识别知识、敏感度、表达技巧以及对于情感的调控等能力在一定程度上是可以在职场中进行锻炼和提升的。应通过一定的方式和途径帮助教师普及、提升其关于情感的知识和认识，并最终使得教师在职场特别是与学生、其他教师的互动中不断体验、建构、重组和提升自身的情感素质结构与能力。由于情感表达是一种能力或能力倾向，我们将教师情感表达作为突破口，通过自观、他观、反观等方式，感受、体验教师情感表达的能力及其蕴含的情感人文素养。

在此，现象学写作的方式在帮助教师获得对学生以及自我情感的识别、表达和调适，从而提升自我的情感素养、价值观的层次和境界等方面是值得尝试的。

在教师的教育教学中，与学生的交往、教学过程中的种种活动都是即时性的、转瞬即逝的。体现在这个过程中的教师的人文素养是隐匿的、不容易被把握的。那

---

① 朱小蔓：《素质教育之我见》，载《江苏高教》，1997(4)。

些消逝了的过去并没有变成虚无，它可以再被唤醒。① 并且，伴随这种过往经历的被唤醒，已经过去了的经验活动仿佛被重新生动地体验到。② 因此，教师可以通过写作的方式来反思那些在教育教学过程中转瞬即逝的、没有来得及捕捉的教育信息和情感状况。

教师的现象学写作主要着眼于教师自身敏感性的提升，即教师对于自己对学生的教育影响作用有无敏感性、有无自觉意识。教育敏感性虽然有一定的个人天赋因素，但是可以培养的。可以通过现象学写作帮助教师反思。通过反思，事件发生的过程得以再次在头脑中回放，当事人也作为事件的一部分重新返回到经验之中接受反思。教师不仅反思教育教学事件的经过，而且反思自身在其中的行为和意识，这是"在直接激情的对世界本身的交付中，此在的本己自身从事物中反射出来"的"实际—日常的自身理解"③。教育现象学的反思是将生活体验以文本的形式表述出来，对一个极其具体、真实的生活情境进行描述，包括人物、人物关系、情节、行动（或无行动）、内心事件以及体验等，从而在写作过程中，将主体的生命、心灵投入其中，投入当时的情境，通过回顾情境中人物细微的变化，如表情、体态、动作、情感、言语（或无语）等，不断回想，并反思自己有没有寻找到重要的时刻、关键点，有没有把捉并采取了适当的行动。

（二）聚焦教育细节，发挥教育机智中蕴藏的"育师"力量

对于教师而言，他们在职场生活中的生命和生存状态、通过学习所获得的知识技能等，都在动态的职场生活和教育场景中通过教师本人的情感表达而向学生敞开。师生之间通过教师外化的情感捕捉生命内在的意义，获得生命的成长，教育就是在这个过程中悄然发生的。正是在"老师向学生眨眼睛对学生的工作表示赞赏"④

① [德]胡塞尔：《欧洲科学的危机与超越论的现象学》，王炳文译，435 页，北京，商务印书馆，2001。
② [德]胡塞尔：《欧洲科学的危机与超越论的现象学》，王炳文译，435~436 页，北京，商务印书馆，2001。
③ 倪梁康：《自识与反思：近现代西方哲学的基本问题》，494 页，北京，商务印书馆，2002。
④ [加]范梅南：《教学机智：教育智慧的意蕴》，李树英译，43 页，北京，教育科学出版社，2001。

中，教师表达自己的情感，并由此牵连着他的内在情感和人文素养状况。由此，基于对教师情感状况的观察，尤其关注教育生活中的言语、沉默、眼睛、动作、气氛、榜样等在内的被范梅南称为"教育机智"的教育细节，发挥它们在影响学生价值观方面的力量，就有可能使得教师获得情感素养的提升，进而滋养、润泽、带动他的整个人文素养和品位，使它们经由外部实践最终内化为教师的自我需求和自我更新，成为助力教师专业素养和价值观教育工作的重要内生力量。

1. 言语表达

言语是通向心灵的独特通道，也是教师在教育教学中使用最多、最常见的情感表达的途径和方式。然而，教师真的理解言语在情感表达中的作用吗？真的会使用语言来帮助自己和学生之间获得生命上如同血脉般的联系与相互感应，从而最大限度地发挥言语在表达情感中的教育价值吗？对自己的言语方式加以考量、通过与学生的互动而不断调整自己的言语表达方式和时机，是教师情感表达能力提升十分重要的途径之一。范梅南在他的著作中举了这样一个例子，"一位老师说：'现在我要大家拿出课本来，翻到第 86 页。我不想听到任何的讲话声！你们首先阅读第十四课的说明，然后在阅读的基础上完成列出来的问题……'另外一位老师说：'卡西似乎已经准备好了。我们是不是像卡西一样，我们现在开始来讨论诗歌好吗？这些诗歌我们昨天觉得有趣极了，让我们翻到第 87 页来……'"①

这是我们在学校课堂中经常能遇到的看似平常的教师教学语言，但是却蕴含着十分不同的情感表达能力和内在的人文素养。第一位教师的言语是命令式的，他把自己放在师生关系的核心，教学过程是对学生发出自己的指示和号令；而第二位教师则是将学生的学习活动、临场的情感状态等放在教学活动和师生关系的首位，根据现场学生的状况做出判断，用尊重、协商的语言邀请学生一起参加接下来的学习活动。两者尽管都表达了情感，甚至我们也不认为第一位教师的语言里就有多少"歹意"，但是相比之下，显然第二位教师的语言所传递、表达出来的情感蕴含了平等、尊重和协商，这样的情感表达方式不仅对于学生而言，更易于接受，更重要的是，在某种程度上反映了教师通过语言表达情感的能力，反映了教师内在的学生

---

① [加]范梅南：《教学机智：教育智慧的意蕴》，李树英译，228 页，北京，教育科学出版社，2001。

观、教育观，因而也就在一定程度上折射出教师的人文素养。因此，如果我们注重对教师语言的敏感训练和有意识的调整，那么在使教师的语言表达情感的能力获得提高的同时，实际上也在帮助教师不断意识到语言背后所蕴含的人文底蕴和素养。细致地捕捉并记录我们的一些课堂教学、师生交往中的惯用语，我们就可以发现语言背后的支撑物，而在学校和教室笼罩着的那种言语气氛可能会阻止或者促成教师和学生间的联系与接触感。帮助教师明白语调的细小变化在表达情感方面的微妙效果，也就可能在理念和行动上一点点地提升他们的人文素养。

2. 互动、沉默与氛围

教育教学的过程绝对不是教师一个人自说自话，教师讲述的同时也是在倾听，讲述与倾听中还蕴含着沉默，在讲述—倾听双向信息与情感的交流与互动中，营造出一种情感的氛围。这些既是学生学习赖以存在的外在基础和条件，也是促进教师人文素养流露，并在其中不断调适自己情感表达能力、获得人文素养提升的十分重要的过程。

老师在课堂上与学生分享《千纸鹤》这个故事，缅怀那些由于人类冲突和战争而丧失了生命的人们。老师在介绍完故事背景之后，开始阅读课文，随着故事的展开，学生开始明显地发现老师有点控制不住自己了，他的声音在颤抖……老师突然停下来，对一位同学说："你能从这接着读下去吗?"在故事读完之后，老师发现许多同学都被故事感动了。有一些同学很快地用手擦擦眼睛，还有一些同学低下头，不愿让人看到他们被感动的样子。教室里寂然无声，接下来是长时间的沉默。

在这里教师颤抖的声音不是有意为之的，而是被故事打动所产生的真实情感的流露。学生因为感受到老师这种真实的被故事打动的情感，所以不但没有取笑老师，反而受到了老师的感染，当他们自己接着读的时候，这种情感也就随着阅读的继续展开而得到延续和扩散，擦眼睛、低头、长久的沉默……所有这些外在的行为举动都不是迫于教师的权威、知识学习本身的困难，也不是教学中刻意为之的教学技巧，而是一种情感表达的方式、一种情感氛围的渲染。故事的余音尚在，当故事所引发的情感与每个人生命中某种深层次的东西达成一致与和谐时，整个人就会在不经意间被卷入其中。由教师情感表达而引起的学生的学习变化也是教育自然展开的过程。

3. 眼神与动作

在教师的教育教学中，除了言语的交流之外，教师的眼神中所透露、表达的情感信号对于学生而言也是敏感和生动的。正如范梅南所说的，"不时地，老师和学生相互阅读着脸上的表情和眼神，去理解什么东西重要、有趣、干扰人、感人、令人厌烦、激动人心、让人心中不平静。……一个优秀的教师能够读懂孩子脸上的表情，就像细心的父母能够读懂自己的孩子脸上的各种表情一样"①。眼神传达的教师情感被学生捕捉到，成为学生"阅读"教师的窗口，诚实、欺骗、关心、尊重、信任……如果教师明了眼神在表达情感中的重要性，就会知道，真正的情感是没有办法隐藏的，而虚假的情感也总是容易透过眼神被发现。在忠实于自己的职业，表达自己真情实感的时候，教师由眼神传递的情感以及背后蕴含的人文素养——一个鼓励的点头、一个理解的目光、一个满怀深情的凝视、一个请求和开放性的脸部表情等，都不是一套简单的行为与技巧，更无法从关于课堂管理的培训中或者书本上学到。一个用温暖和支持的目光机智地鼓励学生的教师，必须要有对学生温暖的感情。这个教师必须成为他所传递的目光本身。

与眼神同样重要的还有教师在教育教学中的动作。内在的情感在一定程度上是通过外在的动作表现出来的。通过肢体动作，师生之间直观地展现、表达各自的想法和情绪情感。这就使得教师在教育教学场景中不必去理会那些抽象化的概念、符号，而直接面对活生生的教育教学现场和现场中的人的状况。在这里，一切的要求、规定都变得不那么重要，它们隐退到现象背后，使得现象和场景中的人得以"出场"，而这一切显现在我们(包括教师)面前的现象"以意识构成的方式显现在意识中"②，成为教师获得明证性的教育感知、认识的十分重要的源泉。

教师的工作是为了激发、回应学生的学习，教师恰当合适的动作、身体语言、表情语言等是构筑课堂和谐乐章的美好音符。通过在师生交往中对细微动作差别，如身体的自然倾向、目光专注侧耳倾听、友好的点头、微笑的表情等的注意和训练，不仅能够提高教师的情感表达能力，而且能够使得学生得到恰当、及时的回应，并且这种回应具有教育意义。师生之间通过动作相互接触，彼此靠近，彼此消

---

① [加]范梅南：《教学机智：教育智慧的意蕴》，李树英译，235 页，北京，教育科学出版社，2001。

② [美]施皮格伯格：《现象学运动》，王炳文、张金言译，41 页，北京，商务印书馆，1995。

除疑忌，建立亲密与信赖，甚而彼此开诚布公。当然，不良或者不适宜的动作有时也容易成为心灵沟通的障碍，那些机械、简单甚至是程式化的动作不仅不具有教育意义，而且将师生之间原本丰富的交往活动和形式简化为一些形式和符号，导致人与人交往中内容、情感被抽离掉；师生之间的对话因为这种简易符号的介入而与活泼多样的日常生活发生割裂。

教育是心灵的培养，教师工作的目标之一在于培养学生成为心灵丰富且健康的人。苏霍姆林斯基在《和青年校长的谈话》中谈道："教师是有情感修养的人，儿童每天都在亲身感受老师对其行为举止在他的心灵深处作出的最细腻的情感反应。这种反应就是用人道精神进行教育的强大基础，离开它，就无所谓学校。"①以教师情感人文素养为内源和外部表征的教师的情感基调、情感品质、精神境界以及生命质量和状态等构成教师本人价值观的特质、层次与境界，也是影响学生价值观的重要基础。内在情感和精神世界丰富并保持开放性的教师，更容易将个人的情感融入个人的偏好和教育教学、师生交往等生活之中。在积极情感素养和条件的支撑下，他们能够更多地关注学生情感（包括情绪）的表达，敏锐地发现学生沉默、对抗等消极情绪背后的精神活动并创造性地寻找到转化学生消极情绪为积极行动的契机。他们不仅关注学生外在的学习行为，更关注学生的精神世界，引导学生的价值观学习和生命成长。

强调并突出教师的情感人文素养，并非放弃对教师专业知识、技能的重视和训练，而只是特别关注教师对喜怒哀乐等情绪的认识、对情绪影响因素的认识、反省自己情绪的能力、改善自己情绪的能力以及以情感素养为基础和主色调的人文素养。教师以个人饱满的生命产生情感体验，并在生活中不断地回顾、反思这些体验，将它们呈现在意识当中，渐渐转化为再体验或再现的人文性理解。这种素养在外显表达上指向情感流露与觉察、情感交往与应对、情绪调适与反思的能力等；在内在素养上主要指向与情绪素养相关的人文素养；在态度方面表现为宽容、欣赏、尊重、关怀以及在行动方面表现为激发注意、创意思考、适当行动、机智调整等。

当然，一方面，由于教育学、教育职场工作所面对的是一个个复杂的、精细

①　[苏]苏霍姆林斯基：《和青年校长的谈话》，赵玮等译，123 页，北京，教育科学出版社，2009。

的、具有鲜活生命力和不同生活经历的人，因此，教师情感人文素养的构建和提升是一个漫长的过程。另一方面，教师自身的性情不一样，教学风格也迥异，教师的情感自然也各不相同。因此，教师的情感人文素养也并不是固定不变、具有统一标准的，教育的意义和作用因人的先天禀赋、性情而异，因过往生活经验而异，因即时情境中人的关系状况而异，教学总是具体人的教、具体人的学。教师的个人性情、先天禀赋以及教学风格如何，教师对他所教的学科、所从事的事业的挚爱程度如何，教师的职业态度是否认真和虔诚，教师对学生是否表现出发自内心的爱，是会被每一个学生感知到的。现代教师教育需要关心教师所处的状态，这种状态既包括教师作为个体人的生活经验和生命状态，也包括教师在其工作中是否能够顺畅应对、获得较多正面的反馈体验，乐于并积极地从教育改革和课堂教学中感受到适切性和拥有感。

人与其他万物的不同之处就在于人类生命的存在和延续必须有有意义的支撑和价值的衡量。那些在根基处给生命以支撑的(核心)价值观念，构成生命存在和延续的理由和动力。教师作为学生成长的陪伴者和引导者，如果具备良好的情感人文素养和条件，就更加能够引领学生的价值观学习，甚至他们本身就是价值观学习的榜样。他们通过将滋润生命的情感的种子播种在学生的心田，使它们在学生的人生经历当中慢慢散开、生根、发芽，内化为学生生命的价值取向，支撑起作为一个具体的人内心深处的亲情、友爱、自尊等观念与情感。这是一个生命获得完整、建构意义的必要过程，也是在情感的贯穿、编织下的碎片化的生命与生活过程的统整、凝聚并不断汇积成人格与精神的过程。

第六章
现代生活变迁与情感环境育人

重申价值和价值观的个体意蕴和教育意义，不仅是因为价值和价值观本身与人的生命尤其是生命中深层次的情感和精神息息相关，也是价值观形成过程和特征的规律要求使然。社会与个人密切相关，社会生活的变化以及对个体生命的影响从来没有像今天这样深刻过。文化以及与此相关的价值观和价值理念不仅构成当代儿童青少年成长的全部背景，而且深刻而全面地渗透在每个人的生活中，并重塑着一代人，进而影响我们对他们的认识。社会生活在变化和发展中呈现出的新特征、新问题，需要并值得每一个人去关注、面对。

对儿童青少年进行价值观教育，就更加不能回避这种背景。对儿童青少年所处的社会和时代环境的认识和把握，关系到他们道德成长和价值观塑造的精神底色和根基。基于学习者的立场，在由儿童青少年自身参与并建构的环境中重新审视他们，对如何展开以情感为基础的价值观学习和教育引导而言，也是十分必要的。对学校而言，立足时代，关注生活，重视情感在个体价值观形成中的重要作用，这是当代儿童青少年价值观教育值得深思的重大课题。

一、现代生活与儿童青少年的价值观状况

人类生活①是复杂的，是不断地变化着的。"生活"既是人类生存和存在所依，也是人的价值观的承载和来源。现代社会生活的变化对人们生活造成的冲击与影响是全方位的、深刻的。当代儿童青少年的成长，尤其是他们的情感以及与此相关的精神和价值观状况都与整个时代和社会生活密切相关，在社会生活的变化中呈现出

---

① "生活"是一个内涵和外延都十分广泛的概念。阿格尼丝·赫勒从个体与社会的角度将"生活"划分为"日常生活"和"非日常生活"。日常生活领域的维系主要依靠血缘、情感与经验；而非日常生活领域的维系主要依靠道德、制度和规范。不过，在现代社会，二者之间的界限越来越模糊，日常生活领域的情感、经验等因素逐渐渗透到非日常生活领域，非日常生活领域强调的责任、规范等也向日常生活领域蔓延。日常生活中的情感由工作等非日常生活引起，非日常生活领域的同事关系也逐渐代替传统的邻居关系。生活的这种变化渗透并影响到教育领域。随着教育的终身化和教育范围的扩大，人类教育已经不仅仅满足于学校当中，教育生活也不再只是学校生活。因此，这里我们所谈论的生活，是整体意义的生活，包括阿格尼丝·赫勒所说的日常生活和非日常生活，是生活的"整体"和"一般"，而不是特指某一个领域或具体形态的生活。

新的特征。

（一）现代人的生活变化与情感问题

在现代社会，生活已经并且将继续发生急剧的变化，这体现在生活的各个方面。这种变化带给人类的积极意义自然不用多说，而其在不同程度和层面上的消极影响也值得我们警醒。

第一，生活中的"非人"因素逐渐占据上风，这些"非人"因素主要指科技及其主导的技术理性思维方式。科技的进步的确帮助人提升了理性、丰富了物质、深化了认识，但人在享受现代文明发展成果的同时也逐渐远离自己。大部分人受技术的影响越来越深，以至于达到了依赖的程度。技术几乎从生活的手段和部分变成生活的目的和全部，而生活的主体——人则降格为它的附属。生活在表面光鲜的背后不断技术化，人则在物质丰富、技术发达的光环中不断地被分裂并走向趋同。受到"非人"因素的影响，生活和人的关系开始松动。

第二，与科技进步相一致，机器大工业生产和流水线作业的加工方式逐渐代替人自身的体力劳动，这不仅带来物质财富前所未有的增加，而且使人的身体得到解放，是生活和人的进步。然而，随着对技术和物质财富依赖的加强，生活和人逐渐被物质控制，物质主义、拜物主义等渗透于生活的各个方面，自然也影响到人的存在。人在获得身体自由与解放的同时，逐渐失去了精神独立和完整，找不到自己真正的所需所依。生活以物质生产为基础，但物质生产并非生活的全部，物质更不等同于物质生产。物质生产奠基了人的生活，不仅满足了人们的物质需求，而且滋养了人们的精神需求。

第三，以整个生活的技术化、非人化和物质化为背景，现代人的生活关系越来越浅显。在有人参与的传统生活里，构成并维持生活关系的是在场的人。人的劳动，人从自身需求出发的情感体验、精神需要、个性追求等都是生活关系的出发点。无论是生活关系的内容还是形式，都来自真实的人，生活自己塑造自己，其中充满了浓浓的人性气息。在现代社会，物质、权力、地位等在生活内容方面的影响越发明显，维持生活关系也不再需要人的亲自参与，网络、符号、图像，甚至是文字等代替了人与人的直接沟通。① 所有这些不仅造成生活关系中人的让位，而且它们自身的不稳定和虚拟性等都使生活关系变得僵硬、冰冷、浅显。这样的生活关系既不稳定，也容易破碎，甚至会引发个体精神与生活层面的大动荡。

第四，生活浅层化的表现之一就是生活的短暂化。它与生活中时间的变化有关。我们已经知道，在传统社会中人是时间的主人，人们在生活和生产的过程中形成自己的时间概念，并依据自身需求安排时间。正是在时间的层面上，生活才变得饱满而富有质感，无论是回忆还是规划生活，都是对时间的回忆与规划。时间使生活变得深刻，体验生活才成为可能。在现代社会，受生产与消费观念的影响，大多数人对时间的安排比任何时候都要周密，在既定的时间内完成计划好的任务早已经成为社会各个领域和人们的惯习；跟上时间，甚至赶在时间的前面似乎是生活的应有节奏。不仅如此，时间还成为一种资源和成本，对时间资本的估算、交易丝毫不亚于金钱。新的时间范式已经出现。人类看似掌控了一切，对时间规划得几近完美。但事实上，大多数人已经沦为时间的奴隶，不仅把自己搞得无喘息之机，而且使生活变得索然无味，短暂而空虚。

第五，生活浅层化的另一个表现是生活在空间范围上的狭窄化。现代交通与通信技术的进步的确丰富并方便了人与人之间的沟通交流。但是渠道的方便并不代表距离的缩短，更不能说明交流机会的增加。一方面，生活在空间上可以无限地拓

---

① 甚至可以毫不夸张地说，在生活物质化、技术化，"物"充斥着全部生活的同时，"物"自身又简化为各种符号。现代生活无论是在内容还是关系上，都已经被各种各样的符号代替，而唯独缺少了人的在场。罗兰·巴特（Roland Barthes）正是在这个意义上，把索绪尔关于语言的观点扩展到更广泛的社会生活领域，认为包括表情、姿态、沟通形式等在内的一切社会现象都可以被看成符号，并据此提出符号学的观点。符号学接纳一切符号系统，而不去管其本质和限制；图像、举止、声乐、客体，甚至一切与这些东西相关的集合。即使不是语言，至少也是一些意义系统，它们共同形成仪式、惯例以及公共娱乐的内容。

现代社会生活不仅越来越符号化，而且这些符号与物、人的关系越来越远、越来越抽象。符号自身逐渐变得自由和中立，不再或者鲜有具体的意义，与符号相连的只是另外的一些符号。

这就意味着，一方面，我们对物的消费并不源于生理或精神上的真实需求，而只是无意识的心理结果。不是我们需要消费（物品），而是符号制造了我们的消费需要。消费的不是物品本身，而是代表物品的那些符号，其目的仅仅是表明我们与消费同样物品（符号）的那些人是同一类而已。物质不再是必需品，而是符号和象征品。另一方面，在生活关系中使用和创造一些符号也并非特有的表意需要，它甚至只是一种毫无意义的"自娱自乐"。对人而言，与其说我们是被迫"卷入"生活，倒不如说是自己选择甚至是被诱惑地"服从"生活。有些看起来十分自由的人，甚至连自己的选择都无法左右，因为他们在精神上正在渐渐地失去自己，迷失方向。

展;另一方面,正是因为这种拓展的方便快捷,人与人之间不用见面,可以借助各种工具进行交流。这是生活的浅层化。它看似是生活空间的扩展,实际上是人类活动范围的缩小,人们彼此之间的情感交流很少、心理距离被拉远。人们也许交流很多,但见面很少;也许读写很多,但体会很浅;也许说得很多,但做得很少;也许住得很近,但心离得很远。

生活的变化是方方面面的,其核心是人的存在状况的变化。可以说,我们今天的这个样子是我们生活的结果。情感自然也不例外。现代生活的变化直接影响了社会整体的情感状态。无论人类的理智与逻辑思维如何发达,情感都是人成其为人的核心要素之一。没有宽阔而丰富的感情,就不能成为一个合格的人。① 生活在多大程度上影响一个人,就在多大程度上影响一个人的情感。

(二)生活变化对儿童青少年价值观状况的影响

第一,现代社会文化的娱乐化倾向在使人体验快乐的同时,也导致一定的问题。

这种娱乐一方面固然是现代人在繁忙之中获得短暂休憩和放松的方式之一;另一方面也可能会消解历史的宏大和生命的深刻,一切沉重、一切厚实都在这个过程中被娱乐化地对待。于是,也就不可避免地导致把生命(存在)游戏化,它寻求的是短暂的快感和欢乐,并悬置起痛苦、信念和一切跟生命主体相关的核心价值。②

时至今日,娱乐,不仅作为一种文化属性和文化环境,而且作为一种文化精神,正在逐渐渗透到青少年的价值观之中。在这种文化环境中,信息和内容本身的重要性似乎已经被信息传播的方式、呈现形式代替。"娱乐化"成为表达一切的方式,在无形中塑造着"另一种价值观"。其结果正如克里斯托弗·赖许所说的那样,现代社会制造了各种新式文盲。大家逐渐发现,自己无法自如而精确地运用语言,无法重温本国历史的基本史实,无法进行合乎逻辑的推论。③

---

① [苏]苏霍姆林斯基:《公民的诞生》,黄之瑞、张佩珍、姚亦飞等译,46 页,北京,教育科学出版社,2002。

② 朱大可:《生命中不能承受之乐》,载《文艺争鸣》,2007(6)。

③ 杨自伍:《教育:让人成为人》,429 页,北京,北京大学出版社,2010。

对于青少年而言，这种文化精神所造成的影响是巨大的。

一方面，青少年习惯被动地接受信息，接受生活中的偶遇和安排，缺少主动的思考。他们很少有磨炼意志的机会，也很少有可能在生活中锻炼自己主动地进行道德判断和筛选的能力。当外部环境正向、健康的时候，他们可以得到积极健康的价值观滋养；而当社会中风险不断增加、价值观多元、充斥着各种声音的时候，他们就往往会因为缺乏主动判断和选择的能力，而变成负面环境的受害者甚至是助推者。另一方面，缺乏主动思考以及甄别和筛选信息能力的青少年在不同的声音、信息面前，会逐渐感受到疲惫和厌倦。他们看起来对一切都感到好奇，实际上又对一切都感到平常，似乎无论发生什么，只要不涉及自身的利益，他们都可以表现出"无所谓"的姿态。在大量信息和不同的声音面前，青少年开始厌倦、疲惫和失去好奇心，一切事情都难以进入他们关心的范围和领域。

如果当代青少年很难、很少有机会体会刻骨铭心的爱，不仅影响到他们自身的生命状态，而直接影响其道德情感的形成，还使得他们的勇气、担当和接受道德锻炼的机会都在减少，价值观的形成失去了道德方向的引领，价值观内容本身也就成为空洞抽象的概念，失去了对于他们个人而言丰富温暖的意涵。

第二，历时性的社会生活变化在共时性的几代人生命中的意义是不同的，成人在衡量社会文化变化带来的进步时，容易忽略年轻一代的体验，儿童青少年青春生命的无限创造和可能性被简单化地理解成叛逆和非主流。

当代青少年生活在一个信息更加开放、价值观更加多元的时代。这种环境在深层次上形成了一种人们生活的流动的"文化空间"——人们生活与价值观上的诸多细节都在其中得以显现和展开。这一点对于与传统之间缺失生命勾连的当代青少年群体来说，更是如此：宏大的历史叙事逐渐在开放和多元之中被消解，而个体生命的细碎、小确幸以及个体化的体验对他们而言反而更加真实。他们总是或多或少地带着这种视角进入生活、审视生活，从而与传统之间产生种种不适应。他们基于个体生命中的真实感受和体验，并带着对未来的憧憬审视当下和既往，对司空见惯的现象有质疑，对社会和文化中的种种"怪相"会抗议，对成人告诉他们的道理喜欢刨根究底地问为什么。

他们发出的声音虽然有时候听起来是幼稚的、不接地气的，甚至在表达方式和途径上是极端的，但是这些声音背后的愿望以及体验却是真实的、鲜活的。对要研究他们、引导和教育他们的成人来说，首要的任务不是急于对他们的表现贴标签，更不是武断地灌输和强加给他们成人的想法。重新审视我们所处的社会和文化，反思文明进步的诉求和生而为人的初衷，儿童青少年身上所表现出来的"幼稚""鲁莽"，甚至"叛逆"其实也是成人经历过的。理解的最好办法是沟通和倾听，成人曾经也是儿童，经历过青少年时期，站在他们的立场，成人看待他们的观点以及相互之间的关系都应该改变：正视儿童青少年的声音，以及他们真实的喜怒哀乐背后的动机，也许所谓反叛背后显现出来的，恰恰是这个社会和文化价值观进步中难能可贵的善意和精神。因为成人来自过去，那些在成人看来是理所应当的价值观代表着进步，而在儿童青少年的参照系中，这些现在的进步则属于陈旧和过去。他们不知道成人的过去，成人眼中的"未来"并不是他们的"未来"，而成人的"现在"则正在成为他们的"过去"。他们对"成人的现在"的不满在成人看来可能是一种反叛，但在他们看来则是一种超越。

新一代的儿童青少年对未来有着更高的要求和期待，他们对社会文明的繁荣和进步有自己的"标尺"。从某种意义上讲，正是他们的这种"不满意"和"反叛"，迫使成人思考自己还在沾沾自喜的"辉煌"和"进步"，并永远不停止前进的步伐。这也正是一个民族和社会进步的力量所在。正是一代一代儿童青少年对社会提出了更高的期望，国家和民族才有更好的未来。在这个意义上，我们不应该对儿童青少年成长中的"反叛"现象感到压力重重甚至是畏惧。对于儿童青少年的价值观教育和引导，不仅仅是劝诫和教导，更应该倾听他们的声音，体察他们的诉求，并审慎地对待和引导。

第三，儿童青少年越来越面临着情感与精神上的"认同"问题以及他们价值观形成过程中的"认同危机"。

作为一种主观、复杂的认识和心理活动，认同是发生在双向或者多向的关系之中的。不仅个人认同中涉及情感，社会认同也一样具有情感意义。因为社会认同是个体知晓他归属于特定的社会群体，而且他所获得的群体资格会赋予其某种情感和价值意义。① 概言之，认同是建立在认知基础上的，深层次的情感体验、选择甚至

---

① ［澳］豪格、［英］阿布拉姆斯：《社会认同过程》，高明华译，9 页，北京，中国人民大学出版社，2011。

改变的过程，是认同者从自己已有的价值观和标准出发，对内部自我和外部他者展开的精神过程。具体而言：（1）在内容上，认同既可以是全部认同，也可以是部分认同。（2）在过程上，认同是涉及主观选择和评价的。由于各种原因，认识过程越来越难以接近所谓"真理"，认同的东西并不存在客观上的正确与否，但一定是符合认同者个人暂时的价值标准和诉求的。（3）在性质上，认同是可错的。也就是说，认同并不是完全忠实于事物"原貌"的，其中也许存在曲解，掺和了认同者的主观意愿。（4）对于认同者而言，认同的重点并不是要对内容或者事物的确认与赞同，而是在于通过认同这一认识和精神过程，规约自我行为，反观自我身份，寻找自我定位。在此意义上，认同问题成为一个终极性问题，是人类在社会实践中对自然与精神家园的探究、追寻和体悟的过程，是对生命意义与价值等永恒性问题的追问。只有在社会行动者将之内化，且将他们的意义环绕着这内化过程建构时，它才会成为认同。①

这就意味着，作为一种主观、向内的心理活动，认同并不是完全随意、没有外部条件要求的。尤其在价值与文化多元的社会中，如果人人都从自己的利益和价值取向出发去开展认识活动，那么真正的认同是很难实现的。而且，由于人类认识水平的有限性、认识对象的复杂多变性，以及认识本身的模糊、不确定性等因素的存在，寻求认同的过程实际上是非常不容易的。可以说，认同过程本身就是一个寻求认识上的相同或相近以及情感上的赞同或接受的过程。它是既承认差异，又寻求认识差异并试图接纳差异的过程，是融态度、认识、评价、情感、行为等在内的复杂的人类活动。认同不仅是主观的，也是发生在关系之中的。"正确地看待个性就要去承认我们的个人之善依赖于我们与其他人的关系。……没有这些关联，我们不能成为自由的自我，我们甚至根本不能成为自我。"②在这个意义上，认同还需要理解。没有理解，就不会有认识；没有理解，也不会有合理性的评价；没有理解，更不会有赞同与接纳。认同不仅仅是自我认同，还与他人有关，与理解紧密相连。

可见，寻求并达成认同的过程并非一帆风顺，尤其是对于成长中的儿童青少年

① ［美］卡斯特：《认同的力量》，夏铸九、黄丽玲等译，3 页，北京，社会科学文献出版社，2003。

② ［美］阿皮亚：《认同伦理学》，张容南译，38 页，南京，译林出版社，2013。

来说，它会受到来自成人、他人和社会权威与观念的压制。认同的形成既包括对"已有"的反思，还包括对"未有"的建构。无论是反思还是建构，都有一个过程，都需要一定的参照框架和标准。这个过程就是与他人和社会的互动交往，而供参照的框架和标准也来自他人和社会。一旦这个过程受到阻碍、失去真实性，或者参照的框架标准变得模糊、不确定，人们就会找不到认同的途径，失去方向感，搞不清自己是谁，从而产生认同危机。人们之间的交往受到阻碍或者流于形式、社会文化和价值规范的多元化等，都是造成现代人认同危机的主要原因。

二、价值观教育的"个体—环境"互生模式

当代社会的变化对人们的生产生活造成的影响是巨大的，对每一个个体的生活和生命体验所产生的冲击也是很大的。儿童青少年一代不仅生活于此，而且出生于此，这种状况对他们的意义和对成人是完全不同的。在此背景下，儿童青少年一代的成长和发展呈现出哪些新的特征？新的时代和社会环境在他们"成人"的过程中，有哪些新的特征值得我们关注，需要得到学校的重视？尤其是在对社会、生活、生命的感受和体验以及由此形成的价值观及其研究方面，与过去有什么不一样？

（一）"青少年"是谁：个体与环境互动中的"青少年观"

社会生活的变化对青少年的成长尤其对他们价值观的冲击和影响是显而易见的。一方面，价值和价值观的客观性、统一性神话被打破，上一辈人所拥有的很多价值观已经很难再在年轻人身上得到认同和延续。成人社会对一代又一代儿童青少年的发展倾注了心血，又充满了担忧。但是，成年人的这些担忧以及因为这些担忧制定和实施的各类社会政策，并没有得到年轻一代的认同。[1] 而年轻一代还处于不

① ［英］普劳特：《童年的未来：对儿童的跨学科研究》，华桦译，译丛总序1页，上海，上海社会科学院出版社，2014。

断成长中，他们既不接受成年人为他们规定好的价值观，又无法在短时间内确定他们自己的价值观，甚至同辈群体之间的价值观也有很大的差异。另一方面，在社会急剧转型过程中多种价值观的并存、碰撞，在丰富文化和促进文明互鉴的同时，也导致了人们尤其是年轻一代的价值观断裂和"真空"现象："现代人的悲剧在于人是这样一个存在：他竟忘记了'人是谁'这个问题。""我们知道人制造什么，但我们不知道人是什么。"①"许多人还是觉得不幸福。在物质世界极大丰富的同时，我们经常陷入沮丧、困惑和失落的海洋。"②

过去教育(包括价值观教育)所希望的那种通过一种知识学习和一种教育模式来培养青少年学生的想法已经很难适应这种变化，整个学校教育从在绝对中寻找生活的方向和意义，到从错综复杂的过程中和具体形式不断变化的基础价值中去寻找生活的方向和意义，还需要做某种调整。③ 否则，学校自身所处的社会关系中的诸如家校合作，以及学校教育内部所面临的种种诸如管理、教师发展、教学与课堂等方面，都将因为观念的落后和错位而无法培养适应未来社会发展需要的各种人才。我们需要大幅度转变我们心中的教育和个人范式，将我们的思考、感觉和行动重新定向。④ 而这种定向的转变，首先不是在教育或者学习方式上，而是在于"人"，在于我们究竟如何看待青少年这一人群。

目前，关于青少年还存在研究者思想意识之中根深蒂固以及在制度中已逐渐被固化的认识，那就是以年龄来划分研究对象，因为青少年在年龄上小于成人，从而成人也总是基于此认为青少年在发展程度，包括价值观上不如自己。对成人来说，青少年是和他们不一样的人，准确地说，是有待完善与成长的人。在对待青少年的态度上，成人也总是怀疑和关注并存。成人试图"了解"他们，解释他们的行为，却不能使他们保持不变。成人试图给予他们特别的关照和教育，认为他们是特殊的，是和"社会结构"不一致的，是需要"被改造的"。

---

① [美]赫舍尔：《人是谁》，隗仁莲译，5 页，贵阳，贵州人民出版社，1994。
② [加]贝克：《学会过美好生活——人的价值世界》，詹万生等译，导论，19~20 页，北京，中央编译出版社，1997。
③ [加]贝克：《学会过美好生活——人的价值世界》，詹万生等译，导论，11 页，北京，中央编译出版社，1997。
④ 联合国教科文组织国际教育和价值观教育亚太地区网络：《学会做事：在全球化中共同学习与工作的价值观》，余祖光译，9 页，北京，人民教育出版社，2006。

这种对于青少年的认识在两种人性论之间摇摆：邪恶论和天真论。事实上，这种"人性决定论"的观点是"认识论中心"思维的产物，它将青少年作为一个"概念"进行抽象化，然后希望通过一种一劳永逸甚至是标签化的方式来"定义"青少年。如此，青少年成为成人社会和成人文化"定义"的产物，而非他们自身。这不仅导致很多对于青少年的研究总是从一种固化的观点出发进行解读，而且使得研究的结果也只是作为一种"关于青少年的知识"在传播，很难引起青少年的兴趣，并获得他们的认同和理解。价值观本质上是在人的生命中形成的，而不是在他人的认识和观念中以概念的形式存在的。

回到青少年自身，我们不是定义青少年，而是解读他们。

青少年不是未完成的人，而是与成人不同的人。青少年不仅是一个年龄上与成人有差异的群体，而且是一个在生命特征上具有特殊性的群体——成年人也曾经是青少年，而青少年总有一天也会成为成人。"作为人群的青少年"和"作为生命阶段的青少年"是统一的。这就意味着，在对待青少年的态度上，不仅要把他们看成有待发展的人，而且要把他们看成在社会文化（包括价值观）中熏陶和建构的人。

青少年尽管身处一定的社会文化和价值观当中，受到社会文化的熏陶和影响，但他们并不是被动的信息和价值观接受者，更不是等待的被建构者，而是积极的社会行动者和建构他们自身存在的现实参与者。我们不能仅关注青少年与成人之间的差异而试图形塑他们，更应该超越在"青少年观"上的"生命阶段论"，对不同时空中作为"人群"以及"人群之中的个体"的青少年给予关注，审视他们成长的环境、他们对社会文化的态度以及他们的行为。

在时间维度上，"青少年"不仅是一个自然事实，而且包含对这种事实的解释。"青少年"这一身份不能简单地被解释为自然时间的流逝结果，"青少年"的经验也不能简单地被解释为身体的不成熟。我们应该将青少年置于社会和历史的长镜头之下，看到青少年时期生命发展所具有的朝气和"特别之处"：青春期的大脑使十几岁的孩子不像一个未完成的草图，而更像一个精致、敏感、适应能力很强的造物，几乎就是为了从家庭的安全环境进入复杂的社会而完美地设计出来的。① 一方面，他们已经与我们共处一个平台和历史时期，而且，由于年龄上的差距(不是说我们比他们成熟和有智慧，而是说他们可能比我们更活泼、更富有创造力)，他们在很多方面正在甚至已经超越我们。另一方面，无论是在和教育、工作及就业相关的方面，还是在他们的心理、生理和精神状况方面，青少年都因其是未来的成人而接受着评判、教育和保护。然而，青少年自己可能选择一种更为重视当下的世界观，拒绝这种未来导向的视角。②

我们不仅用"回溯"的眼光，认为他们是"不完善的"，是有待发展和走向成熟的，从而意识到青少年作为一个特定人群所具有的不成熟性和未完成性；而且用"前瞻"的眼光，将青少年置于一个我们还未曾经历的未来时间中，为他们的成长保留一些神秘的机会和可能，珍视他们可贵的建构力与创造力，并深刻洞察和移情性理解他们在这个过程中所表现出来的种种在我们看来是"幼稚""荒唐""可笑"乃至"反叛"的不合时宜的行为。

在空间维度上，必须承认，现代儿童青少年生活在一个和成人一样的社会之中，所不同的是，这种充满竞争和多元的社会对于成人而言，只是他们过去生活的延续，是建立在过去经验和价值基础上的创新或者补充，而对于儿童青少年来说，这种环境则是他们生活的全部。儿童青少年对于道德和价值的体验与成人是不同的。他们不仅受既有社会文化和规范的要求，而且在更大程度上在他们自己的生活中创造一种只属于他们自己的环境乃至秘密，彼此分享他们的体验和感受。尽管这些体验和感受有时候是很短暂的，甚至是经常变化乃至自相矛盾的，但是对于儿童青少年来说，它们都是真实并且令人难忘的。

由于儿童青少年的这种真实体验并未形成稳定的情感结构，因此，在他们价值观的建构中也就不具有持续性的力量，而是反反复复、处于摇摆之中。当代社会，价值观及其形成不仅是青少年个人生命发展的事情，而且与社会和文化关系密切，个人精神的发展不能脱离社会文化的变化。"社会提供了象征性的工具，包括物质

---

① [美]尼尔森、[美]洛特：《十几岁孩子的正面管教》，尹莉莉译，2页，北京，北京联合出版公司，2014。

② [英]詹姆斯、[英]简克斯、[英]普劳特：《童年论》，何芳译，67页，上海，上海社会科学院出版社，2014。

的和语言的，这些工具塑造了思维。……思维存在于互动性的物质活动中，而并非只是在个体的头脑之中。它是在个体、集体建构、历史性文化创造的共同作用下发生的。"①

这种互动既为青少年的成长提供了更多的机会和可能，是青少年步入成人社会的必经阶段，也在客观上提供了文化尤其是价值观上的冲突和摩擦的机会。

（二）在个体—环境建构中形成精神：价值观研究的人文实证视角

无论是在消极的意义还是积极的意义上，时空环境的改变都客观上带来了青少年对世界认知方式和感受的变化："青年们则更多关心生命的进程。青年人只希望表现生命力和过剩的生命力，而不管它包含的目的。因此，文化向着生命及其表现的运动几乎藐视一切形式的东西，并使青年人的生命的意义具体化"。②

在"具体化"的生命碎片和生活情境中，让青少年对于生命和生活有正确、合适和恰当的预期与认识十分重要。而这种预期和认识又与他们所体验到的情感密切相关。社会心理学家肯珀把预期看成情感动机机制中的一种重要成分，认为个体在与他人互动之前期待什么和实际上得到了什么将影响情感的唤醒和进程。他说如果人们期望获得某种东西（如权利和地位），但实际上获得了超出他们预期的东西，他们将体验到满意和感觉良好，同时也使他们对东西的给予者表达更多积极的情感；反之，则体验到羞愧、尴尬、抑郁，或对他人表示愤怒。③ 所以，青少年对于具体场景中的生命和生活的体验，影响着他们的情绪情感状态和性质，这些由于个体情感的掺和而构成的情感记忆和基调，成为他们生命的底色，青少年生命的意义就在这个过程中得到彰显、呈现和塑造。

现在，由社会文化变化所导致的当代青少年生存和生活的客观状况，以及由此引起的在对待青少年态度上的改变等，都要求对青少年的研究范式尤其是对他们进

---

① ［英］普劳特：《童年的未来：对儿童的跨学科研究》，华桦译，54 页，上海，上海社会科学院出版社，2014。

② ［德］西美尔：《现代人与宗教》，曹卫东等译，34 页，北京，中国人民大学出版社，2003。

③ ［美］特纳、［美］斯戴兹：《情感社会学》，孙俊才、文军译，178～179 页，上海，上海人民出版社，2007。

行价值观教育方面的视角的转换：在特别强调青少年个体的愿望（wishes）和要求（desires）以及被"倾听"的权利等方面，对他们的存在给予当代分析和日常理解。青少年不仅是一个社会群体，而且是群体中的"一个"；不仅是笼统抽象的"一般个体"，而且是特殊具象的"鲜活个体"。在"群体"—"个体"—"个体中的特殊和具体"的转变中，我们对儿童青少年进行研究和言说的话语方式在逐渐改变，这种方式能够处理童年的混杂性并且包容各种可能产生的分歧，不会迅速陷入二元性所要求的"净化"（purification）之中。① 在这个过程中，青少年以及由青少年塑造、建构的文化现象不仅仅是因果关系或者社会文化中的亚类抑或是有待完善乃至修正的部分，它们应该被描述成青少年社会关系的"构成"和"情境"。在此，可以说，不是我们的研究产生概念或者是我们的理性造就了"青少年文化"，而是他们自身的生活建构着他们的文化。正如哈德曼所言，将儿童作为他们自身而不是作为成人教育的接收器，要发现童年中是否存在一个自我管理的自主世界，并且这个世界不一定要反映成人文化的早期发展。②

过去"发展"的观点总是倾向于在单向的时间线条上看待儿童青少年的发展，并且试图将儿童发展的各个部分分开看待，以便做出更加细致、精确的描述和分析。这在获得研究便利的同时，也导致了研究对象的"失真"，更确切地说，是导致了儿童的"非儿童化"。甚至可以说，正是在这种研究过程中，"真实的儿童"不见了。事实上，儿童青少年作为一种"异质性"的结合，他们的社会、生物和精神特性都不是纯粹的实体或单独的块面，而是一个整体。

对这样一个"整体"进行研究和了解的过程并不是"纯粹"的。一方面，人类通过自身的力量认识了自然和社会，但并不是机械地反映他们的所见所得。个体的个性、动机、利益、旨趣、知识背景，甚至好恶倾向等都会影响他们对自然和社会的理解，从而影响人类各种知识的形成。另一方面，人在感知和认识这个世界的时候，并不是以孤零零的个体独立地建构他们关于这个世界的各种知识，他们需要仪

---

① ［英］普劳特：《童年的未来：对儿童的跨学科研究》，华桦译，65 页，上海，上海社会科学院出版社，2014。

② ［英］詹姆斯、［英］简克斯、［英］普劳特：《童年论》，何芳译，77 页，上海，上海社会科学院出版社，2014。

器、材料、设备，也需要方法、程序、流程。① 因此，找到一种更加尊重儿童青少年整体性特征的方式去认识和了解他们，是在儿童青少年价值观教育中重要而迫切的方法论和方法需求。这种方法不是要去任意地分隔开儿童和成人，好似他们是不同的物种。其真正的任务是在复杂的互动中，在相异的自然、话语、集合和混杂的物质里，去发现有多少种不同的儿童或成人形式出现。②

在此，情感教育的理论带给我们的深刻启发是：它呼唤将看待儿童青少年的视角从一般转向特殊，摒弃用一般的抽象理论看待儿童青少年的做法，主张还原儿童青少年的个体差异性，正视他们的个体体验，尤其是在他们自身建构的情境中获得自我明证的个体成长过程，而不是从空洞抽象的概念定义或者一般化的社会标签着眼于对儿童青少年进行一般化的判断并进行武断的教育。从重视自发性、随意性的思想意识中我们也能学到许多东西。在当代，通向价值的方法往往都太重视原则、理性，而对直觉、感觉和灵活性的注意不够。因而，需要一个"第三种选择"，它能将结构与自发性结合起来。③ 我们将这个"第三种选择"概括为一种人文主义的实证研究范式或者视角。

人文主义的实证研究视角着眼于个体的情感层面，但是并不否定社会文化和情境的重要性。正是情感以及与此相关的个体体验如此重要，才使得情境具有个人意义，环境才因此具有教育意蕴。正如哈特曼所言，只有我们情感状态的变化才是为我们直接自身意识到的东西。④ 情感只有在个体的互动之中，通过在环境建构过程中的变化才能被个体意识到，并因此显现出生命的灵动和多样。着眼于情感，实则关注的是由情感参与和建构的环境。关心环境，不是关注一种普遍的环境和情境状态，而是关注个体在情境中的自我建构和环境建构，关注的是环境与个体之间的联结。人文主义的方法不怎么在乎建立那种概念的体系框架，它的关注点是，在不同的情境之中、境遇之中显示个别和普遍怎么贯通起来，显示出这个活生生的、活在

---

① ［英］普劳特：《童年的未来：对儿童的跨学科研究》，华桦译，译者序，5~6 页，上海，上海社会科学院出版社，2014。

② ［英］普劳特：《童年的未来：对儿童的跨学科研究》，华桦译，上海，上海社会科学院出版社，2014。

③ ［加］贝克：《学会过美好生活——人的价值世界》，詹万生等译，157 页，北京，中央编译出版社，1997。

④ ［德］哈特曼：《道德意识现象学：情感道德篇》，倪梁康译，35 页，北京，商务印书馆，2012。

现象中的本质。①这个本质实际上指的是最关键、最独特的那个东西，它是在特定的情境下当场构成的，如"距离"与"沉默"。离开了情境就无法存在，只不过同时它又具有普遍意义罢了。

人文主义的实证研究并非不讲求证据，更不是排斥对真相的寻求，只不过它所言的"真相"不是一种不变的真理或者一般化的概念和理论，也不是对普遍化的诉求，而是对个体化的、具象的、带有深刻体验性质的意义的追寻。这种追求具有更加具体的特殊性而并不具有很好的一般性和普遍性。对于学校价值观教育而言，这一点显得更加必要。对儿童青少年价值观教育的研究需要把隐藏在正在发生着的、未经反思的瞬间的意图揭示出来，以便我们知道体现在行动中的意义。② 人文主义研究的"实证"就是对"意义"的挖掘，挖掘的过程既没有一种拿来即用的方法和模型，也没有一劳永逸的静态体系可供参照。它是反思性质的，是一种在其过程中显现其自身的反思意识和精神。对教育特别是价值观教育而言，正如行动与对行动的反思是不同的。在教育环境中，重新考虑自己的行为，看看自己的所为是否具有意向性意义，对研究可能会非常有帮助。③

需要说明的一点是，尽管人文主义的实证研究是希望重新界定和认识价值观教育，为更加充分地理解和解释青少年的成长提供依据和视角，但是与传统的认识论相区别，我们的努力以及达成的范式必须是解释学意义上的，它不是一种固化的、不变的模式，而是能够激发新的解释，向现实敞开。对于这种方法和范式本身的探讨还有待深入，而这个视角的提出不是要结束争论，而是要开启更广泛的争论。

（三）基于人文实证视角的情感性价值观教育模式与机制

价值观学习和知识、技能的学习实践活动之间有着密切的联系，甚至在某种意义上，知识学习、技能获取的过程也不同程度地渗透着价值观。所不同的是，专门的或者说以价值观学习为主要任务的学习实践活动不能通过对符号、信息的简单记

---

① 张祥龙：《朝向事情本身——现象学导论七讲》，19 页，北京，团结出版社，2003。
② [美]巴里特等：《教育的现象学研究手册》，刘洁译，100 页，北京，教育科学出版社，2010。
③ [美]巴里特等：《教育的现象学研究手册》，刘洁译，100 页，北京，教育科学出版社，2010。

诵展开，价值观不是通过简单告知、模仿学习就可以形成的。价值观的形成过程比知识教学、认知形成的过程等都需要更加长期的循环往复，需要经历复杂的"我"与"他者""自然"在交互联系中的身心浸入体验和生命与生命的相互碰撞。因此，指导价值观学习亦即开展价值教育实践活动的人，不仅要思考"把哪些价值教给学生"，而且要思考"这些价值是如何成为学生的价值观的"，亦即关心情感教育、价值观学习活动的特征和它们之间相互关联的可能。

一方面，价值观的习得和内化过程在根本上依赖人的需要，经过并表现为人的感受和情绪情感状态。没有个体的深刻体会与建立在情绪情感激发基础上的情理交融渗透的学习，只是一种肤浅的符号和记忆学习，价值观念中所包含的道理、蕴含的情感都很难甚至无法引起个体的共鸣和精神层面上的震颤从而深入人心，这样的过程不是价值观的学习，充其量只能是价值符号和价值概念、价值原则的记忆、强化和输入。

另一方面，具有不同个性的个体组成了群体或集体，其在个体的道德成长和价值观形成方面具有单一的个体化学习所不能代替的作用。正如苏联教育家苏霍姆林斯基所言，没有人所需要的感情，没有对人的热忱，是不可能建立起能教育人的集体的。① 关心集体的教育力量，就是关心其中每一个精神丰富、思想多元和个性不同的人。它意味着正视每一个人的特点、差异，多思考每一个学生能为集体做些什么，而不是仅仅把眼光放在那些学习好的学生身上。苏霍姆林斯基曾不止一次地论述集体在儿童道德品质成长中的作用，他说，为什么儿童在某一个集体里对同学负有责任感，珍视同学们对他的信任，而在另一个集体里则不管别人对他有什么看法和说些什么，都满不在乎，抱无所谓的态度？为什么进了一个好的集体，即使最不守纪律、最懒散的孩子，也会像换了一个人似的，逐渐成为工作认真的劳动者和正直的同学？② 集体是道德和价值观学习的工具，而集体本身的道德品质和集体中所具有的价值观念、道德氛围等，都是个体价值观学习和良好的道德品质形成的重要源泉。

---

① 毕淑芝、唐其慈、王义高：《苏霍姆林斯基的全面发展理论》，65 页，上海，上海教育出版社，1991。

② 毕淑芝、唐其慈、王义高：《苏霍姆林斯基的全面发展理论》，64 页，上海，上海教育出版社，1991。

正如诺丁斯所言，人际关系是每个人都要学习的，每个人不仅需要了解作为个体的自我，处理好与自我的关系，而且还应当更好地理解我们所处的组织或者团体。每个人都生活在一定的关系之中，无论是在价值观学习的目的还是意义方面，价值观都不仅仅是个体的。学习价值观除了要安顿好自己的生活之外，还要处理好自己与他人、社会和环境的关系。个体的价值观学习过程是在整个环境和他人的关系与互动之中展开的。我们不能无视他人及社会环境在价值观学习中的地位和影响。

因此，对于价值观学习实践来说，在社会关系中学习，或者说，在与社会中结成的关系和文化中获得情感的磨炼和价值观的洗礼，亦即"情感性价值观教育"，或是一种可以探索的模式与路径。

这种既包含个体又蕴含集体的价值观学习活动，与人的情感变化和发育、成长的特征具有相似性。一方面，学生在童年时期所获得的道德原则、道德规范、道德认知，要在反复的实践中上升为一种道德信念。他们在情感和人格上所受到的感染和熏陶，使得他们在心里真正地接纳和认同道德原则，而不只是让道德停留在简单而肤浅的认知层面。另一方面，这种信念的基础是在童年时期就奠定的，如果孩子们看到的、听到的以及所进行的一切事情都具有真切、善良、美好的含义，那么他们也就自然地在心里埋下求真、向善和求美的种子，向往一切具有善意和美的人与事，而排斥与此相反的那些人与事，进而具有分辨是非善恶的能力。

作为一种更深刻的体验，道德信念不会自动产生，它会借助情感并最终上升为更高一级的情感。反复的、经由实践而体验和生发出来的快乐、享受并且高尚的情感基调和倾向能使身处其中的人感到激动、振奋。

在此，融积极情感培育与价值观学习为一体的仪式活动因为较好地统整、融合了道德价值观学习实践和情感的特征，所以具有较好的教育功能和操作意义。

人类学家维克多·特纳的经典定义特别强调仪式的"规范"和"信仰"成分，认为仪式是特定场合的规范的正式行为，虽然没有放弃技术手段，但是对神秘或者非经验的存在以及力量的信仰是排在第一位的特征。作为一种"社会戏剧"，仪式是群体性的，是由一个个活生生的、具有不同个性差异的人组成的，每一个人都有不同的性格、需要、兴趣、审美和年龄特征。所以，仪式是动态的而非静止的，它的作用在于稳定群体，消除其内部的压力和紧张，但是它不否认群体内部的差异以及由这些差异带来的紧张甚至冲突。

在学校道德与价值观教育中，仪式的作用尤其凸显。

在仪式活动中个体的差异得到最大限度的包容，个性情感与精神得到彰显。不同于课堂教学和狭隘的认知教学目标，在仪式活动中，每一个人都是感情和个性上的平等体，众多不同个性的人聚集在一起，他们不用担心自己因为学业不好而受到老师或者他人的责罚。只要富有个性，能够感受，他们就或多或少地能够在其中获得自己的感受和体会。

仪式活动提供了价值观生成的群体学习空间和情感支持环境。在仪式活动中，由于参与者、行动者——价值观学习的主体有了他人作为参照系，有了在群体和集体中产生的愉快、荣誉和责任的情感作为支撑，他们往往能够在更大程度上克服个人行动中产生的一系列困难和不利因素，从而在这个过程中感受到自我价值和意义，这是个体价值观念和道德习惯养成的重要机会和实践形式。

仪式活动所具有的放大、渲染作用，以及跨时空的精神贯通和共时空的情感震颤，可以更加充分地发挥情感教育功能，是一般的个体体会和单纯的个人心理体验所不能达到和难以实现的。在学校以"育人"为导向的仪式活动中，学生和教师是当事人和参与者，无论是前期准备还是过程参与环节，都有感同身受的体会，他们在仪式中获得共在感，体会责任、荣誉和担当，在共在之中获得自我心灵的丰富和精神的陶冶，这是仪式作为一种重要的集体教育形式所具有的情感和道德价值共融、一体的特征，在个体的品德成长和价值观学习中具有独特意义。

在此，以 N 学校的仪式活动为例，说明情感性价值观教育模式的独特特征和具体的路径、机制。

1. 着眼于生活日常，积淀积极的情感经验

价值观教育的起点和目标都应指向生活。对生命还处于不断成长、成熟和发展完善之中的儿童青少年来说，学校生活仍然是构成他们全部生命和生活经历的重要部分。学校日常生活蕴含着丰富而重要的价值观教育契机和资源，情感性的价值观教育工作应基于这样的日常生活，在其中播撒、酝酿、寻找涵养青少年积极价值观和道德品质的种子，使他们不断地在自己的生活中积淀具有道德意蕴和积极价值指向的情感经验，这也是他们在学校中能够触摸到的最真实的道德生活和情感经历。

基于生活的价值观教育是真实的，因而也是具体、可触摸的。价值观教育是为

了学生生命人格的完整和生活得更好，因此，它必然要深深扎根于学生生活的土壤。在 N 学校九年级的德育活动青春仪式中，设计了"重温入队一课""分享成长故事""解下红领巾"等活动。这些活动没有离开学生自己的生活经历，让他们围绕自己已有和正在发生的日常生活去重温、分享和行动。依托具体、真实的生活经验，学生参与而不是教师说教或者抽离了学生经验而另外寻找、杜撰、设计一些场景和活动，能够在亲自参与中再次唤醒过去生活经历中的情感，内在的生命和情感体验真实、具体、深刻和持久。

生活是一个动态发展的过程，在生活经历中积累情感经验也是一个不断生长、发展的过程。基于生活的情感性价值观教育注重人的积极道德情感的不断积淀，更看重在长期生活经历中形成连续的情感经验系统。N 学校的诚信仪式教育活动不是突发奇想的临时性工作安排，而是有着长时间的生活和情感基础。该校自学生七年级入学开始就在他们的生活中不断地渗透一些诚信方面的教育，到七年级下学期开展诚信宣誓仪式，孩子们已经在学校有了大半年耳濡目染的诚信感受和体验。有了这样的生活阅历和情感积累，诚信仪式上的宣誓才有了使孩子们诚信情感和价值观层次的提升以及达成情感共鸣、升华并达到精神"巅峰"的情理交融的价值观教育效果。

过去生活经历中积累的情感体验需要在新的生活和情境中被唤醒并不断地发展、拓展以生长出新的道德和价值意义。一个系统、连贯的情感链条渗透、贯穿在日常活动中，成为一种隐性的情感氛围而弥散在学校教育活动的各个方面。学校应当充满生活的气息，更应当为道德价值观思维和习惯的训练提供和营造积极的情感氛围。N 学校的诚信教育不是孤立、单一的知识教学或者活动设计，而是从"诚信雨披"到"诚信超市""流动图书馆""就餐自助刷卡""学唱诚信之歌"再到"诚信主题班会""讲述身边的诚信故事""诚信宣誓仪式"等，形成了一个渗透校园生活方方面面的系列课程。如果说单个活动的力量在于考察、激发和唤醒学生的道德情感和意识，那么所有这些活动联合起来，便会形成一种弥漫在整个校园生活中的"诚信"情感场，它以外部无形的力量"敦促""熏陶"每一个人。在没有售货员和任何监督的超市自助投币买东西，在无人监督的食堂自助刷卡就餐，在没有管理员和任何记录的图书馆自助借还书，考验的是学生的诚信意识，在经历对可能"不诚信"心理和行为的内心的挣扎、内疚、自责、谴责中培养他们正向的诚信情感体验和精神人格，也逐渐形成一种将"诚信"精神融于境、化于心、践于行的校园诚信美德氛围。

2. 全身心浸入，注重情感的"积聚"和"递进"

人的生命现象以及我们对于生命的感受都是极为复杂的，它们交织在一起，毫无规律地流动，时强时弱，忽明忽暗，美学家朗格形象地比喻它为森林中的灯火。对于学生而言，那些他们每日看到、听到的人和事，感受到的情感很容易被淹没在琐碎、瞬间即变的生活中而难以激发他们内在真实、复杂、深刻的生命感受。干巴巴的说教和抽象的语言文字之所以在价值观教育方面效果让人不太满意，就是因为它们还不能完全忠实地再现和表达人的复杂的内在生命和情感。在这一方面，艺术以及与艺术相关的，富有道德、审美意蕴的活动、仪式等具有其特有的优势与条件。

价值观教育活动中适当借助一些声、光、电等现代媒体技术，群聚而形成的大场景，与内容适宜的语言、节奏、韵律等都更容易使原本平淡的生活、情感被激发、唤醒和放大，在情感渲染、同感共受等的作用下获得积极情感短时间内的积聚。在 N 学校，为了使学生零碎的感官刺激和体验得到加深、巩固和升华，在经历了长时间的"每日日常"生活以后，忽然用一个活动或仪式来进行总结、提炼，孩子们日常平淡、琐碎甚至是有些肤浅的感官刺激在活动中积聚成情感上的惊讶、意外和惊喜。例如，在八年级的离队入团仪式上，孩子们在规范的教程、指导者富有深情的语言、缓缓的音乐中，亲手解下佩戴了将近八年的红领巾，整齐地叠好放进自己的衣袋，和自己过去将近八年的少先队生活告别。简单的行为之中有语言、音律、节奏、动作，和自己的同伴在一起共同完成、见证，日常零碎的生活经验获得了具有深刻情感体验的价值，激起孩子们内心难忘而有意义的爱国、荣誉、珍惜、自豪的情感。尽管每个人具体的感受程度会有不同，但是他们都被一种相同的情感氛围笼罩。他们聚集在一个特殊的情感场域中，全身心地沉浸其中，陶醉其中。

多感官刺激，全身心地浸入参与、体验，既是情绪情感的集中积聚、爆发和共时空震颤，又是在一系列嵌套的社会背景中设计的循序渐进的情感递进和升华。情感性的价值观教育活动设计以激发、升华真实的、具有道德意蕴的情感为主线，活动的场景、材料、内容等均源于学生的日常生活，但不是生活材料的随意堆积。在具体的活动设计中，如何取舍材料并组织相互嵌套、连续的活动，以实现学习者情感自然、顺畅地过渡、传递和逻辑循环地递进上升而具有道德意义的全身心体验，显得十分重要。例如，在诚信仪式活动中，环节之间是嵌套和递进的，遵循的是情感和价值上的层层深入、相互推进。"诚信在你我身边""榜样在你我眼前""诚信靠你我行动"三个相互嵌套和递进的板块，先是引导学生回忆在自己生活中经历过的蕴含"诚信"精神、体现"诚信"价值的活动、事件，发现和总结那些生活中可能常常在做却未必意识到的有关"诚信"的零碎经验，感受到"诚信"不是遥远的、高不可攀和无法触及的口号与精神，它就融在自己生活的点滴之中。

如果说第一个环节是希望调动每个人的生活经验，激发正面、积极的个体情感的话，那么接下来的"榜样在你我眼前"这个环节更多地着眼于个体与他人之间的经验共享和情感交流，请"诚信之星"的参评者讲述他们的诚信之路，对于在场的孩子们来说，是一次超越个体经验的、更大范围的视野开阔和情感激荡。在回忆诚信经历和情感的"自观""他观"的过程中，每个人的体验都获得了更大范围、更深层次上的碰撞、交流，每个人都在碰撞和交流中反思、调适自己的体验，获得全身心的融合情感和认知的精神提升。在最后的"诚信靠你我行动"环节中，以自我经验、与他人交流分享经验所激起、调适的情感为铺垫和基础，再进行集体宣誓、诚信火炬接力等行动，这既是总结，也是升华。情感和认知在这场仪式之中实现交融、共通，达成精神的默契与共识。

3. 内容充实有效，具有道德意义和价值引导作用

根据人情绪情感的发展特征，辅之以外在环境和条件的营造等，来激发和深化青少年积极的情感经验、提升他们以道德情感为主要倾向和导向的情感品质，是情感性价值观教育的一个重要特征。因此，情感性价值观教育过程不是刻意的情感宣泄、煽情和表演。深刻、有效的价值观教育过程既能运用情绪情感特有的易感、放大、同感共受等机制激发、调动教育者和学习者的情绪情感，唤醒他们的情感经验，使他们全身心地参与到教育活动中，又必然地伴随和蕴含着充实的内容、一定的思考和积极的价值导向在内，因而是有效、充实的内容的"集合"。如果缺少能够引起参与者深思、使他们感到"被触动"的有效信息和内容，单纯的情感激发就容易变成空洞、抽象的情绪刺激，不仅不能称为情感性的道德教育，而且还可能因为失去了价值指引要么脱离了生活，令人产生造作、浮夸和不真实的厌恶感；要么

成为活动组织者自说自话、自吹自擂的表演和独角戏。

所谓"有效"，首先应该是充实。一者，整个教育过程和活动的设计是经过筛选、凝练的，是有充实的信息点的；二者，活动给人的感觉是有事可做、有趣味。例如，在 N 学校的"青春之约"篇章中，老团员为新团员颁发团员证、演唱歌曲，优秀学长为学弟学妹们鼓劲⋯⋯整个过程有榜样行动、集体交流、他人分享，环环相扣，充实而紧凑。在青春仪式的"青春之迹"篇章中，重温入队一课、分享自己的成长故事等环节，都可以把参与者的积极性调动起来，让他们把自己入队时的所思所想、在成长中的故事等进行总结、提炼，从而将自己的思考和体会带进活动之中。

有效的活动设计和过程需要参与者智力上的投入，要能够引起他们的思考，让人感受到"有意义"。苏霍姆林斯基曾言，思想教育的任务，就在于把社会意识转化为自我意识。① 在情感性价值观教育活动的设计和实施过程中，情感的激发需要伴随着学习者的自我思考才能真正实现情感素养的提升和道德价值的升华。因此，它一方面能够抓住参与者的认知和情感特点，"以我心入你心"；另一方面借助这种同感共受，在情感之中适时、恰当地调动参与者的思维，让他们去回想、思考具有一定价值意涵、认知冲突的事件。例如，"现场阅读家长的一封青春贺信"，之所以让在场的人感动、难忘、惊讶，就是因为父母与孩子通过这样一种方式来进行沟通交流，从而引起他们内心的某种带有"反思"性质的情感波澜，家长与孩子以情感的方式（如拥抱）解开、表达他们平日里难以解开、表达的"心结"与情感，获得意想不到的沟通效果。

情感既是个体的也是群体的，情感性价值观教育活动依赖群体中人与人之间在交往过程中的互动。不同爱好、经历和情感的个体所组成的群体活动有助于增进孩子之间情感和价值观的碰撞。在群体、集体中，借助集体的力量开展价值观教育活动，既是价值观教育工作的应有内涵，也是情感性价值观教育实施的一个重要路径。情感迁移、渲染、情感氛围的营造等都有赖于群体，而道德也必须在一定的情境和人与人结成的关系中显现其"价值"。N 学校的户外集会、座谈交流、分享成

---

① 毕淑芝、唐其慈、王义高：《苏霍姆林斯基的全面发展理论》，73 页，上海，上海教育出版社，1991。

长、班级诚信文化建设等，都是在"身边的人"与"我"共同合作、交流、讨论中完成的，是帮助引导个体从"我"走向"他人""社会"，在群体和集体中获得积极情感支撑和道德情感品质成长的价值观教育活动设计。

三、情感性班集体：学生价值观学习的精神家园

班级、班集体是学校教育中常见的组织单元和形式，班级管理和班集体建设一直都是学校教育实践中不能割舍的重要部分，在学生道德品质的成长与价值观教育、形成等方面发挥着重要的育人阵地和中介桥梁的作用。中国有着悠久的"集体"文化和教育传统，进入 21 世纪以来，基础教育课程改革中对于包括学生自主性、探究性以及个性张扬等在内的学生主体地位的重视和强调对于改变过去教育中压抑的思想观念与教学育人生态，增进学生在学习、交往等社会生活中获得人格与身心健全、和谐发育，促进知情统一、自我与社会相辅相成的道德品质和价值观念生长以及价值观教育从"灌输"走向"内生"等，都具有重要的意义。由此，解放学生的身心、还原学生作为个体人的人性需求和特征并依此开展教育活动等正在不断深入人心的理念，构成对班级、班集体建设客观上的挑战。在此教育现实和背景下，如何看待并处理好个性和共性、个体与集体的矛盾和张力，并回应班级、班集体的定位、目标和建设路径等问题，既是班集体研究中有所缺失却十分重要的理论议题，也是通过班集体建设而发挥班级育人的价值观教育实践的需要。①

（一）班集体的文化传统及其整合育人目标

由以"仁爱"为核心，扩展到人伦关系，再到国、家、天、地，中华文化传统历来重视"集体""共同"等的重要性，其中对于他人利益、整体利益、公共利益乃至集体利益的重视，使得"集体"等思想观念深深融进中国人的血脉。在中华传统

---

① 王平：《在集体中育人——"情感性班集体"及其建设路径》，载《中国教育学刊》，2019(5)。

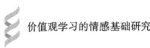

文化中，集体或者含有"集体"因素和特征，突出"集体"主题的"他人""国家""公共""共同"等对象、意涵、因素和观念都是要着重强调的。其重要性主要体现在伦理层面，并且内含集体对个人、个体的意义乃至它们之间深刻的辩证关系：修身齐家治国平天下，是一个整体，个人发展（修身）是为了最终实现"治国""平天下"；有国才有家，天下为公，大家对小家、集体对个体也显出其更高层面上的发展价值和伦理意义。中华传统文化看重集体，强调集体的重要性，甚至倡导集体大于个体，但并不否认集体在个体发展中的作用。强调集体是为了每一个个体更好，个体的价值需要通过集体得到体现和发挥，某些时候对个体以及个体利益的放弃甚至是牺牲，看似是个体对集体的让位，实则是"小我"对"大我"的成全，是超越简单、低级层次的需要而向个体伦理和精神成长与迈进的表现。个体与集体在这个层面上跨过表层简单的对立和矛盾，而达到深层次的统一和一致。

　　然而，在很长一段时间，我们在看待集体与个体的关系时，将二者对立起来，在思想宣传和教育方面重集体轻个人，强调为了集体牺牲个人等的价值观念。近年来，对于这种思想和价值观念的态度有所改善，对个体、个人、个性的看重既是经济文化领域思想价值观念变化的结果，也是对每一个活生生的人的生命的关注，具有一定的积极意义。

　　这种情况在教育中有显著表现，并通过在教育观念、教育教学、教育管理等方面的渗透而对学生的道德与价值观产生影响。在班级和班集体领域，近年来广为关注和受到热议的"走班"现象较为突出地反映了这种情况。可以说，"走班"的尝试，正是基于对学生个体的生命需求和差异的尊重，最大限度地还学生学习的选择和自主权。这既可以看成教育领域对传统过于看重"集体"并以此造成个体生命受到压制等问题在班级管理和教育组织形态上回应的一次新的尝试和探索，也在客观上造成对班级和班集体的挑战和质疑：在"走班"现象日盛的情况下，班级和班集体还有存在的必要吗？如何重新衡量其价值和意义？

　　我们知道，"走班"的初衷是要充分尊重学生的生命和个性发展，在其表现形式上，主要强调并保障学生的自主选择、组合的自由、机会和可能性。由此，有三点需要特别注意：一是学生要知道自己的需要和实际情况，也就是对自己包括身心、性格以及学习情况在内的各个方面有较为全面和准确的判断；二是学生有可以选择的机会和内容，也就是学校可以为学生提供多样化的、菜单式的教师、课程和组织模式；三是学生有选择的能力，即学生能够在基于较好的自我判断的基础上选择较为合适与匹配的教师、同伴、课程、学习和教育生活方式。"了解""合适""可选择"和"能选择"是"走班"应有的几个重要特征。对学生而言，这意味着自我管理，学生开始去尝试、探索、思考，慢慢发现什么是适合自己的，什么是不适合自己的，学会做选择。对学校和教师而言，这既是一次教育和组织观念的转变，也是对教学和教育组织管理能力的挑战。

毋庸置疑，"走班"在加强学生自我选择的意识、培养学生的选择和判断能力等方面确有裨益，在帮助学生学习尝试、探索、选择符合自己需要的学习方式等方面，看似尊重了学生个性化的发展需求，实际上容易流于仅仅关注片面化的学习需求。它关注给予学生选择的"机会"，但较少关心如何帮助学生进行选择，而分层走班必然带来学生在形式上的流动与分散。在相关配套的支持观念和教育组织方法还不能同步跟上的情况下，班主任很少见到自己的学生，集体活动的开展以及在集体中照顾学生的道德发展和价值观教育、发现学生的问题、培育学生的情感品质等都较以往有更多的困难。

"走班"现象使得在处理个体与集体、个性与共性的关系问题上从一个极端走到另一个极端。尽管在"选择"中，学生个体的喜好、判断等情感隐性地发挥作用，但是总体而言，容易导致他们只是盯着学习和成绩，而忽视学习中的人际交往以及在人际交往中获得包括个人情感在内的整体性人格健全成长和获得支撑的机会。在其中，集体与共同生活可能使每一个个体所依持的温暖、公正、向上、友好、安全的情感需求难以得到很好的照顾和发展。在帮助学生获得深层次的成长支撑，真正选择那些符合他们将来可持续性地健康发展的课程和学习过程等方面都还需要做进一步探索。而对学生公共精神、团体意识等的重视不够也容易造成学生与人交往意识、合作共处意识、过公共生活的能力等方面锻炼和培养的欠缺等。

综上，"走班"在客观上对传统的"班集体"观念和形式构成了挑战，但是并不能发挥乃至替代原来班集体的作用和功能。班集体及其建设如何继承传统文化中优秀先进的思想财富，回应新的教育发展形势和个体发展需求并在张力中平衡二者的关系，是需要重新思考的问题。

那么，班集体如何能够为达到以上目标而承担起责任呢？首先要从对于"班集体"的认识开始。自捷克教育家夸美纽斯在《大教学论》中提出"班级授课制"

开始，"班级"这种最基本的学习组织形式便因其适合多数人接受教育的需求等优点而受到重视并在近现代普及教育和提高教育教学质量等背景下迅速发展，影响到世界各地。作为一群人聚集在一起学习知识的场所，"班级"主要发挥其"教学班"的作用——便于教师的授课为大多数的人所学习，便于知识的传授和普及。

与"班级"有所不同的是，"班集体"属于"集体"的一种类型，是苏联社会心理学和教育学中的一个概念，主要指在"班级"形态基础上建设发展而成的，在组织结构、规章制度和功能目标上都有较为严格、紧凑规定的教育组织形式。良好的"班集体""应具有正确的政治方向、共同的奋斗目标、坚强的纪律、正确的舆论，以及团结友爱、勤奋好学的好风气"①。如此看来，"班集体"不同于"班级"，它是有意识、有目标地建设、发展而成的，不仅作为"学习单元"而成为学生学习知识的场所，而且在其自身的组织结构、规章制度以及其他各个方面都发挥着作为整体组织的育人功能。在社会学的研究中，"班集体"是除了家庭以外的，个体成长的最小的社会单元。作为初级社会化组织，学生在班集体中通过过集体生活、学习群体规范、遵守群体制度而获得自身的初步社会化。

如果说班级还是一个临时聚集的"教学班"的话，那么"班集体"则是一个较为成熟的"教育班"。学生在"班集体"中所发生和受到的教育影响不仅是"学习知识"，从"班级"到"班集体"意味着，作为一个"育人"场所、班集体具有整合育人的目标、它是一个目标明确的场所、一个相互交流思想的场所、一个充满正义感的场所、一个纪律严明的场所、一个相互关心的场所，一个欢庆聚会的场所。② "班集体"作为一个"教育单元"，将各个要素整合起来育人、"过程育人"。班集体对学生的学习活动给予支持，因为只有使班集体的每一个成员满足这些需要，班级才能成为名副其实的学习集体。学习集体与班集体必须是具有支持性气氛的集体③；班集体更包含对学生作为生命整体的成长上的支持，除了为师生的教与学提供"行政框架"和形式上的"组织机构"之外，"班集体"作为一个整体在环境、制度、交往等

---

① 华中师范学院等五院校：《教育学》，290页，北京，人民教育出版社，1980。
② ［美］波伊尔：《基础学校：一个学习化的社区大家庭》，王晓平等译，22页，北京，人民教育出版社，1998。
③ 黄小莲、刘力：《多元文化背景下的当代班级教育研究比较》，载《全球教育展望》，2010(7)。

方面都发挥着育人的功能。

苏联教育家马卡连柯"在集体中，通过集体进行教育"的灼见仍然值得我们今天再一次地回顾和温习。班集体不是教育的目的，集体是学生在一起学习、生活的共同体。共同体是一个"温馨"的地方，是一个温暖而又舒适的场所。它就像是一个家，在它的下面，可以躲避风雨；它又像是一个壁炉，在严寒的日子里，靠近它，可以暖和我们的手。① 作为学习的共同体，学生能够在班集体中得到更多来自集体力量的支持，这些力量能够给予他们单靠他们自己不能或者难以获得的学习的知识、乐趣、动力和能力；作为生活共同体，班集体应当是未来社会健康、和谐的公共生活的雏形，学生可以在班集体中过这样的公共生活。学生在参与、创造班集体的建设和公共生活中，能够经历个人与他人的交往、个体利益与他人和集体利益的碰撞，从而不断学习如何处理好这些关系。无论哪一个方面，集体都对个体的成长影响很大，正如马卡连柯所说的那样，即使最好的儿童，如果生活在组织不好的集体里，也会很快变成一群小野兽。

（二）情感性班集体：理念与目标

在一个越来越看重个体生命和个体发展价值，同时又越来越强调人们之间相互依存、彼此依赖的共同体理念建设的复杂背景下，学校教育，特别是班集体发展和建设的现状都迫切需要我们重新思考集体与个人的关系，重新审视并构建新的班集体与个体的关系形态。与传统对于"班集体"的定义有所不同，我们认为，今天比以往任何时候都更加迫切需要从内质上呼唤以个体积极健康的社会性情感发育为支撑的、有情感温度的、充满人性关怀的集体。在这种集体中，个体的积极情感体验得到保护和发展，消极情感得到最大限度的消解或者转化，从而通过每个个体以积极、健康的情感状况为基础的健全人格来构成更好的班集体，展开有质量且健康的班级生活。这种班集体既不是简单化地作为一种象征性的形式而一味地看重所谓"个性"，又区别于传统的只有整体、忽视个体，只讲整体、不讲个体，只讲集体、不讲个人的"集体主义"。我们将其命名为"情感性班集体"。

---

① ［英］鲍曼：《共同体》，欧阳景根译，2 页，南京，江苏人民出版社，2007。

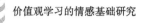

1. 凸显班集体的情感维度

班集体不是自然存在的，而是在建设中逐渐形成并处于不断地变化和发展之中的。在这个过程中，作为个体的人的情感应发挥重要的作用，即班集体的建设要以其中每个个体的情感为基础。不关心其中每个个体的情感状态，情感扭曲或者缺失情感的班集体只能依靠权威、规章制度和外部压力来维持，而这些对于其中的每个个体而言，是很难的或者根本就不具有个人意义，它给个人带来的只能是压抑、控制甚至伤害。这样的班集体看起来似乎是一个整体，但实际上只是一个具有脆弱外型的、内部松散和缺少灵魂的形式，其实质性的具有凝聚作用的灵魂和精神是缺失的。这只会导致集体与个体之间的进一步对立冲突，甚至还会因为与每个个体生命之间的不和谐而对个体生命的成长造成一定的伤害；而越是缺少个体生命气息和个体生命参与的班集体，越是要寻求外界的规章制度来进行管理和约束，如此，便形成恶性循环。

一个健康的、有质量的班集体一定是能够维护并促进人的情感朝向积极健康的方向发展的。人构成集体，人是集体的元素和一切集体活动的最高目的，集体为了个体成为更好的人而存在，其最终目的是人的发展。人的发展不能离开社会和群体，更不能缺失人的情感维度。人的情感维度的发育需要社会和集体，缺少集体和公共生活的情感发育只能囿于个人自我封闭的狭小空间之中，不仅容易导致情感品种的简单、单一，而且情感的韧性和稳定性都会因为缺乏完善而健康的集体生活的历练而脆弱、多变。这就导致个体的情感要么像温室里的花朵，经不起实际生活的磨砺，难以成为支撑个体广泛而复杂的社会生活的积极力量；要么就停留在个人不切实际的幻想和想象当中，并可能因为情感社会性缺失而形成自私、自怜、自叹甚至危险的个体人格。

无论是作为学习共同体还是生活共同体，集体都是由个人组成的集体，而个人也必然是生活在集体中的个人。由个人组成的集体中的每个人除了拥有自己的个性之外，还受到来自他人和整个集体的影响。集体中的每个人因为个性与共性的张力与统一而成为一个情感共同体。作为情感共同体，从情感教育的角度来看，班集体主要不是用来管理学生、规训学生的组织机构，而是由个人的以情感为基础的生命构成的，为了"更好生命"的共同体。个人的情感要在班集体中获得更好的发育生长，而班集体的存在和建设也是为了其中每个生命体都能得到照顾和发展。在这个意义上，班集体应该是一种充满人与人之间情感关怀的场所，正如诺丁斯所说的，班级应该成为这样一个地方：学生们在其中合法自由地展示和探索他们多种多样的人生目的。伴随着强烈的好奇心和探求欲，教师和学生共同生活和成长。我们必须追求人的全面发展，这种追求不会限制和阻碍学生的智力发展。即使有这种妨碍的可能性，我们也应该愿意冒这种风险，因为我们更愿意看到学校培养出这样的人：他们应该与人和平相处；他们善待自然环境；他们待人接物都追求一种理智与和谐。① 班集体应是文明的、培养并传递人类共同社会生活所需要的品质的场所，是萌发民主意识、培养参与能力和合作态度的学生成长的重要场所。

作为一个情感共同体，班集体可能打破以往单纯或者较为突出的行政组织与框架，而成为一个在形式上开放的、不断发展和完善的组织。也就是说，不是以行政组织和形式上的"人员组合"来划分班级，并将其"建成"班集体，而是以"情感"为纽带组成班级并以此为基础"生成"班集体。这种凸显情感共同体特征的班集体既可以保留以往行政组织形式的班级组织和结构，也可以超越行政组织与结构，跨越时间和空间，而在不同年级、年龄的学生之间建立起形式上松散而实质上个体之间具有情感联系与沟通的班集体。其中，学生之间可以互不相识，班集体中甚至可以没有学生干部和规章制度——学生主要不是依靠制度约束和管理聚合在一起的，而是依靠情感这一纽带联系在一起的。

2. 情感性班集体的目标和内涵

与传统理解的班集体不同的是，我们这里所提的情感性班集体更加强调班集体与人的关系，特别是与人的情感互为促进的关系，即既关心学生的发展，又关心班集体的建设，最终指向学生情感、人格品质的健全发展。情感性班集体的目的是关注班集体中的每个个体的情感和生命成长，发挥情感在班集体建设中的积极作用，并最终实现班级"集体育人""共同生活育人"的功能和目标。同时，又看重并强调班集体以及班集体中的生活、规章制度、文化环境、人际交往等在个体情感培育中的积极作用，让学生的情感发展与集体发育在相互促进中获得双赢，个体与班集体形成相互支撑、互为作用而良性循环的发展。

———————————

① ［美］诺丁斯：《学会关心——教育的另一种模式》第 2 版，于天龙译，20 页，北京，教育科学出版社，2014。

情感性班集体着重强调班集体对人的特殊功能，特别是班集体在人的社会性情感发育以及在某些特殊的情感品质如使命感、责任感、荣誉感、公正感等方面培育的优势地位。人的情感发展需要集体，没有集体，情感就不够完善、健全和健康，不够丰富和饱满。

具体而言，应把情感性班集体建设关注的焦点应是放在学生的情感、精神的丰富上。同时，又反过来通过学生个人的情感、精神来丰富班集体的建设、充实班级生活，使得班集体成为一个能够最大限度照顾到其中每一个人的情感和精神发育、人格成长需求的，融合人际交往、民主公正、理性和情感的，较为健全的公共生活场所和公共精神培育场所。

个体因为有了班集体而变得更好、更健康、更具有生命力。尤其不因为偶然地掉落在一个群体当中而感受到情感上的压迫、紧张或者淡漠，而是在班集体中获得情感上的适应和支撑，并且在其中发育出归属感、责任感、公正感、使命感等社会性情感，从而不断提升自己的情感品质与情感文明程度，获得情感丰富、饱满的发展。同时，因为个体的情感得到了很好的、较为健全的发展，尤其是社会性情感的发育完善，又能够支持他们、促使他们更好地组成一个班集体，在集体中更好地生活、学习，并参与班集体的建设和发展，使得这样的班集体因为有了一个个情感健康、丰富、正向、公正的个体的存在而成为健康的公共生活的场所，并可能在其中孕育、发展出公共的制度和精神。在情感性班集体中，个体情感与集体情感、个人品格与集体精神之间能够获得很好的共生、共处、共存和共（互）通。

情感性班集体的建设，就是希望借助"共同的情感"（集体情感）这一纽带，尽可能地把所有的成员结合在一起，使他们成为一个精神集体、情感集体（产生凝聚感）。同时，又能够因为这个集体的存在以及为了更好地维护这个集体的发展，而关心其中的每个个体，尤其是个体的情感，使得个体的情感能够在个人性和社会性之间不断地碰撞、冲击，最终达到一种平衡状态。这种状态能够最大限度地支持大多数集体成员的情感发展，为他们个人的情感发育提供机会支持、环境支持以及制度（理性）支持。当然，这个过程中可能会出现一些个体情感与集体情感的矛盾乃至冲突，但是集体能够提供的不是压制、忽视个体的情感需求，而是在集体的契约制度以及给予个体的安全、信任、友好、公正、理性的氛围中使得个体社会性情感获得发展。最终，个体因为集体的支持而获得情感和精神上的发展与升华，并在集体中感受和体验到更高层次的社会性情感，尤其是道德感等情感状态。同时，集体也因为每个人情感的成熟、健康而成长为一个更好的集体和公共生活的平台。

朱小蔓教授在与苏霍姆林斯卡娅教授对话的时候就集体与个体的关系有过这样的论述："集体是由丰富的个性组成的，每个人的才能和天赋组成了集体，因而集体不是由一个单一的价值观体系构成的。但集体中又必然会存在最有价值的权威，或者说存在着一种核心的价值观。这种权威价值观是为大多数人所认同的，是经历过时间的磨砺而沉淀下来的思想。每个个体都能分享集体的权威价值观并以自己的独特方式给予认同。个体绝不是一堆马铃薯，如果他们所生存的集体缺少共认的价值观的话，集体就变成了没有灵魂的乌合之众。集体应该也必须用最重要的东西、最有价值的东西来影响个体个性的成长。这样，集体就变成了对个体有着精神作用的组织了。……个性的发展就是个体不断分享个体之外的社会性财富的过程，而个体之外的社会性财富来源于集体的思想灵魂。""越是由不同的多样个性组成的集体，集体所提供给每个个体的'个体之外的社会性财富'就越多，集体所蕴含的影响个体成长的力量就越大，集体所能生发出的有利于个体个性发展的资源就越丰富。"①一个有着良好情感氛围的学校班集体中蕴含着大量的这种"个体之外的社会性财富"——它不排斥其中丰富的个体和个人价值观，但因为有共通情感的联结，它又存在一种核心的价值观，如公平、正义、责任、使命、荣誉、尊重与信任、民主意识、规则意识、参与意识与能力……它们是集体的灵魂，更与个体复杂的社会性情感交融不分，是个体价值观成长与精神、个性和人格发育的重要资源与财富。

因此，我们可以这样来表述，情感性班集体的建设过程，就是在班集体中最大限度地关注每一个学生的生命及其成长需求，对学生进行个体完整人格教育和社会性教育的过程。它在根本上是在集体中关注个体，以个体促进集体建设的教育性过程。

（三）在建设情感性班集体的过程中培育道德情感

"情感性班集体"这一理念并不是对以往班集体观念和建设工作的否定，而是

---

① 朱小蔓：《与世界著名教育学者对话》第一辑，25页，北京，教育科学出版社，2014。

希望能够在班集体的建设中，更适当地处理好个体与集体的关系，使两者互为促进，更好地发挥班集体在回应时代和个体发展需求、问题以及促进学生个体健康成长方面的积极作用。

在青少年学生的成长发育中，一个重要部分就是他们心理和情感的发育。虽然在不同的年龄和发育阶段，他们的心理和情感特征有所不同，但是越来越丰富、细腻、复杂，同时又伴随着每个人的成长，成为与青少年价值观成长纠缠在一起的、对他们价值观影响最为直接而又隐秘的因素。这种状况在每个人身上的具体表现有所不同，又反映到他们在学校生活的具体过程和行动中，并在学校生活的不同方面不断地经受着调整、变化和发展。青少年学生社会性情感的发育以及与此相关的社会伦理和道德品质的塑造与发展在他们价值观的形成和教育中占据着关键的地位。学校班级生活、班集体教育活动等在其中的影响不能被忽视，而情感性班集体就是通过班集体培育青少年的社会性情感和伦理道德情操的，从而助力他们通过教育、学习而形成积极健康的价值观。

在青少年的成长过程中，与他们价值观形成关系密切的道德情感主要有以下几种。

1. 自我认知感

随着年龄和阅历的不断增长，青少年学生的认知能力不断提高，不仅对自身以外的事物的认知，而且对自己的认知亦即自我认知的意识、需求都在不断增强：对自身生理、心理特点的了解，对自身兴趣、禀赋的理解，对个体存在的一些深层的追问……这一年龄期有自我确认的强烈需求。学业中的胜任感，是青少年安宁、自足、愉悦情感的主要来源。[①] 并且，这种自我认知感的发展还伴随着自我空间感的形成：个体开始营造属于自身的私密生活空间，逐渐形成自己独立的心理和精神空间。这些私密的空间对个体的生命成长有越来越重要的作用，对他们形成什么样的为人处世的观念，如何感受自己生命以及自己与他人、世界的关系等价值观的形成有重要的影响。当这个空间受到挤压和侵犯时，所出现的焦虑、压抑甚至怀疑、自卑、不安全等不良心理反应不仅影响青少年学生的心理健康，而且牵涉到他们积极健康的价值观和生命体验的形成。

① 　朱小蔓：《情感教育论纲》第二版，120 页，北京，人民出版社，2008。

2. 集体归属感

在自我意识逐渐强化、自我空间开始形成的同时，青少年学生的集体归属需要也在同步增强，他们渴望认识自己、了解自己，同时也渴望自己能够被他人认识、被他人接纳和了解。希望在与他人和集体的交往中分享自己的观点，渴盼得到他人的关注、理解，希望在其中扮演一定的角色，承担一定的责任……是青少年学生在成长过程中十分正常的心理和情感需求，也是必须经过的不可或缺的一个生命阶段。他人对自己的接纳与认同程度，亦即由此而形成的集体归属感，是同每个人对于自我的认知和了解密切相关的。尤其是青少年学生，常常会根据"他人眼中的我"来强化、塑造并不断形成他们的自我认知；自我认知感的基调、程度又反过来影响他们在与他人和集体相处中所秉持的观点态度与行事方式，从而在一定程度上影响到对于集体的认同和归属感。如果这种被理解、认可和接纳的归属需求能够被恰当地满足，那么就会有助于青少年学生形成比较和谐融洽的个体与他人、个体与集体的关系，从集体中获得自我成长的积极情感哺育，从而以更加积极、顺畅的生命状态、生命关系融入集体生活、建设集体生活，在其中形成和谐的价值观和生命态度。

3. 公平感与正义感

公平感和正义感是作为社会性动物的人在生活中不能回避的重要的社会性情感。孔子在《论语》中说："丘也闻有国有家者，不患寡而患不均，不患贫而患不安。盖均无贫，和无寡，安无倾。"[①]将不公平、不公正看成导致贫困、不和乃至国家危险的重要原因。作为个体对公平正义的理性认知以及在涉及公平正义的现实问题时内心的真实情感反应和操守，公平感与正义感既不是抽象的，也不是绝对的，而是蕴含、体现在每个人的具体所处情境之中的。对于青少年学生而言，学校和班级既是他们体验、形成公平感与正义感的具体情境，也是培养他们公平感与正义感的具有教育意义的场所。青少年学生的公平感与正义感主要体现在他们对学校与班级生活中的公正或不公正事情的情绪反应和情感态度上。但是，由于理性认知的不成熟以及具体情境的差别，他们对于公平和正义内涵的理解也在不断地变化。尊重并肯定学生对公平和正义的需求、结合具体的情况展开充分的讨论辨析、发觉并敏

---

① 《论语·大学·中庸》，陈晓芬、徐儒宗译注，198 页，北京，中华书局，2015。

感于学生内在深层次的公平和正义的情感体验等，都是班集体教育中需要加以注意的方面。培养学生对于弱者的同情和关爱既是公平感和正义感的重要的不可舍弃的内涵，也是通过班级生活，在集体中形成有关爱、关怀弱者精神的有"温度"的公平感与正义感的重要教育措施。因为这种同情弱者的"善"的情感是学生将来走向社会之后"做一个好人"的前提，也是他们在自我和他人的生命联结之中不断丰富、拓展、深刻体验，形成公平正义价值观的可贵的一部分。

4. 责任感与使命感

在一个生活共同体中，任何人都不能逃避责任与使命。从小处讲是责任，从大处讲是使命，是作为个体的人对自身所应担负的责任的全心应对的情感状态及其升华。责任感与使命感在个体内心是相依相连的，它们既是人的自觉而主动的承担，也是建立在人的精神基础上的对公平感与正义感的躬行实践和进一步延伸拓展。当一个人将个体成长和集体发展紧密联系起来，并在其中感觉到自己之于集体的位置和集体之于自己的重要性的时候，他的眼界也就获得了拓展，他的生存与发展空间也就得到了扩大。在承担责任和使命的过程中不断体会人我共依、人我共生、人我共同发展的朴素道理，从自然人成长为社会人、道德人。在学校和班级生活中培养学生的责任感与使命感，首先，要培养他们对自己负责任的"自立""立己"的精神和态度，使他们思考自己生命和生活的价值与意义、规划并憧憬自己的人生，等等。其次，要善于察觉他们拥有的勇于承担责任和使命的情感质素，在一些看似普通的日常生活事件中培养他们的勇气和责任担当。

为培养青少年的以上情感，建设情感性班集体，以下几个方面值得关注。

首先，班集体中的交往是学生社会性情感发展的重要介质。班集体在个体社会性情感(主要不是基础性情感)的发展方面发挥着不可替代的作用。与基础性情感不同，社会性情感是需要在交往和社会关系中获得支持和发展的。班集体的特征恰恰在于能够为人与人之间的交往提供平台。因为个体在离开家庭进入学校之后便要过一种公共生活，在其中，同伴和老师是除了父母等有血缘关系的人之外，与个体共处的"他人"，个体与个体的交往也就不再是血缘关系基础上的交往，而是建立在社会伦理和共同性基础上的交往。因此，建立什么样的班级人际交往关系，如何为同伴、师生之间的健康交往做出支持性的努力，是建设情感性班集体的关注重点和着手点之一。

其次，班集体中的规章制度是生成良好情感品质、进行情感教育的重要载体和形式支持。为了维护个体与他人之间的关系，进行持续性的、健康的交往，班集体作为公共生活的场所，就必须有一定的规章制度。它们不是与个体的情感发育相违背的，更不是与情感无关的。规章制度在合理利用的情况下，对于个体情感的积极发展具有促进作用。例如，休谟认为，在集体中，人与人之间的同感共鸣就是建立在社会契约基础上的，因为以社会契约为基础的社会反馈机制有助于强化个体的情感倾向并扩大这种情感，甚至派生出其他的社会性情感来。因此，如何制定班集体中的规章制度，在规章制度的表达、呈现形式以及制定过程等各方面都可以并且也应当体现学生个体的情感特征和发展需求。

再次，班集体的情境以及在班级环境中形成的集体情感是勾连个体与集体的情感纽带，对于情感性班集体建设具有重要意义。除了交往之外，班集体为学生生活的展开提供了具体的、有质感的、鲜活的场景。在这些场景中，学生进行交往，体会不同的情感。同时，他们也在其中不断地感受别人的情感状况，学习如何与他人相处，并以此为基础，有可能形成共同的集体情感和情感氛围。这种集体情感导向影响其中每个个体的潜意识和情感倾向，塑造他们的价值观，关乎班集体的性质和文化状态，影响个体的情感发育。

最后，教师，特别是班主任是班集体的主心骨和灵魂，对于集体文化的塑造，对于学生个体的关心以及其本人作为一个整个的人在学生中的榜样作用等都关乎班集体以及学生个体的成长。情感性班集体对班主任提出了更高的情感教育修养和能力的要求，具有情感人文素养的班主任以及班集体建设和活动、班级公共生活过程中的情感交往的质量、品质等，是情感性班集体建设尤其需要注重和加强研究的。①

---

① 李家成、唐云增：《教育转型背景下班主任群体的自我觉醒与前行——2015 年班集体理论与实践专题研讨会综述》，载《中国教育学刊》，2015(7)。

主要参考文献

阿皮亚．认同伦理学[M]．张容南，译．南京：译林出版社，2013.

埃斯库罗斯．埃斯库罗斯悲剧集[M]．陈中梅，译．沈阳：辽宁教育出版社，1999.

爱因斯坦．爱因斯坦文集(第三卷)[M]．许良英，赵中立，张宜三，编译．北京：商务印书馆，1979.

巴里特等．教育的现象学研究手册[M]．刘洁，译．北京：教育科学出版社，2010.

柏拉图．柏拉图文艺对话集[M]．朱光潜，译．北京：人民文学出版社，1963.

包尔生．伦理学体系[M]．何怀宏，廖申白，译．北京：中国社会科学出版社，1988.

鲍曼．共同体[M]．欧阳景根，译．南京：江苏人民出版社，2007.

北京大学哲学系外国哲学史教研室编译．古希腊罗马哲学[M]．北京：生活·读书·新知三联书店，1957.

贝克．儿童发展[M]．吴颖，等译．南京：江苏教育出版社，2002.

贝克．学会过美好生活——人的价值世界[M]．詹万生，等译．北京：中央编译出版社，1997.

贝克．优化学校教育：一种价值的观点[M]．戚万学，赵文静，唐汉卫，等译．上海：华东师范大学出版社，2003.

贝里．伟大的事业——人类未来之路[M]．曹静，译．北京：生活·读书·新知三联书店，2005.

毕淑芝，唐其慈，王义高．苏霍姆林斯基的全面发展理论[M]．上海：上海教育出版社，1991.

波伊尔．基础学校：一个学习化的社区大家庭[M]．王晓平，等译．北京：人民教育出版社，1998．

陈嘉映．海德格尔哲学概论[M]．北京：生活·读书·新知三联书店，1995．

戴茂堂．人性的结构与伦理学的诞生[J]．哲学研究，2004(3)．

狄德罗．狄德罗文集[M]．王雨，陈基发编译．北京：中国社会出版社，1997．

第斯多惠．德国教师培养指南[M]．袁一安，译．北京：人民教育出版社，2010．

杜威．民主主义与教育[M]．王承绪，译．北京：人民教育出版社，1990．

范梅南．教学机智——教育智慧的意蕴[M]．李树英，译．北京：教育科学出版社，2001．

冯建军．生命与教育[M]．北京：教育科学出版社，2004．

弗兰克纳．善的求索——道德哲学导论[M]．黄伟和，包连宗，马莉，译．沈阳：辽宁人民出版社，1987．

弗林斯．舍勒的心灵[M]．张志平，张任之，译．上海：上海三联书店，2006．

弗洛姆．爱的艺术[M]．李健鸣，译．上海：上海译文出版社，2008．

福柯．临床医学的诞生[M]．刘北成，译．南京：译林出版社，2001．

戈夫曼．日常生活中的自我呈现[M]．黄爱华，冯钢，译．杭州：浙江人民出版社，1989．

格罗斯伯格．改变情感结构，有可能改变世界[N]．社会科学报，2015-09-03．

龚霞光．道德的心理机制研究[J]．湖南社会科学，2013(4)．

古谢伊诺夫，伊尔利特茨．西方伦理学简史[M]．刘献洲，等译．北京：中国人民大学出版社，1992．

国际教育基金会．培养心情与人格：人生基本目标教育[M]．北京：北京大学出版社，2005．

哈奇森．论激情和感情的本性与表现，以及对道德感官的阐明[M]．戴茂堂，李家莲，赵红梅，译．杭州：浙江大学出版社，2009．

哈特曼．道德意识现象学：情感道德篇[M]．倪梁康，译．北京：商务印书馆，2012．

海德格尔．人，诗意地安居：海德格尔语要[M]．郜元宝，译．桂林：广西师范大学出版社，2000．

豪格，阿布拉姆斯．社会认同过程[M]．高明华，译．北京：中国人民大学出版社，2011．

赫舍尔．人是谁[M]．隗仁莲，译．贵阳：贵州人民出版社，1994．

胡塞尔．欧洲科学的危机与超越论的现象学[M]．王炳文，译．北京：商务印书馆，2001．

怀特海．科学与近代世界[M]．何钦，译．北京：商务印书馆，2011．

黄小莲，刘力．多元文化背景下的当代班级教育研究比较[J]．全球教育展望，2010(7)．

卡斯特．认同的力量[M]．夏铸九，黄丽玲，等译．北京：社会科学文献出版社，2003．

卡西尔．人论[M]．甘阳，译．上海：上海译文出版社，1985．

康德．康德著作全集(第四卷)[M]．李秋零，主编．北京：中国人民大学出版社，2005．

克莱因，里维埃．爱·恨与修复：梅兰妮·克莱因与琼·里维埃演讲录[M]．吴艳茹，译．北京：中国轻工业出版社，2014．

李家成，唐云增．教育转型背景下班主任群体的自我觉醒与前行——2015年班集体理论与实践专题研讨会综述[J]．中国教育学刊，2015(7)．

李家莲．道德的情感之源：弗兰西斯·哈奇森道德情感思想研究[M]．杭州：浙江大学出版社，2012．

李强，谭华．罗杰斯[M]．昆明：云南教育出版社，2011．

李润洲．"情感态度与价值观"教育的目标设定与实现路径[J]．教育发展研究，2015(Z2)．

里纳尔迪．对话瑞吉欧·艾米利亚：倾听、研究与学习[M]．周菁，译．南京：南京师范大学出版社，2014．

联合国教科文组织国际教育和价值观教育亚太地区网络．学会做事：在全球化中共同学习与工作的价值观[M]．余祖光，译．北京：人民教育出版社，2006．

联合国教科文组织．为了21世纪的教育：问题与展望[M]．王晓辉，赵中建，等译．北京：教育科学出版社，2002．

梁涛，顾家宁．国学问题争鸣集(1990—2010)[M]．桂林：广西师范大学出版社，2010．

林崇德．发展心理学[M]．北京：人民教育出版社，1995．

刘铁芳．自我认识的提升与个体价值精神的超越——论当代教育中的价值引导[J]．高等教育研究，2006(12)．

鲁洁．一个值得反思的教育信条：塑造知识人[J]．教育研究，2004(6)．

论语·大学·中庸[M]．陈晓芬，徐儒宗，译注．北京：中华书局，2015．

蒙培元．人是情感的存在：儒家哲学再阐释[J]．社会科学战线，2003(2)．

孟建伟．科学与人文精神[J]．哲学研究，1996(8)．

孟昭兰．人类情绪[M]．上海：上海人民出版社，1989．

莫兰．复杂性理论与教育问题[M]．陈一壮，译．北京：北京大学出版社，2004．

尼尔森，洛特．十几岁孩子的正面管教[M]．尹莉莉，译．北京：北京联合出版公司，2014．

倪梁康．自识与反思——近现代西方哲学的基本问题[M]．北京：商务印书馆，2002．

诺丁斯．教育哲学[M]．许立新，译．北京：北京师范大学出版社，2008．

诺丁斯．学会关心：教育的另一种模式(第2版)[M]．于天龙，译．北京：教育科学出版社，2014．

庞学铨．新现象学的情感理论[J]．浙江大学学报(人文社会科学版)，2000(5)．

普劳特．童年的未来：对儿童的跨学科研究[M]．华桦，译．上海：上海社会科学院出版社，2014．

邱琳．人的存在与价值教育[J]．教育研究，2012(5)．

秋田喜代美，佐藤学．新时代的教师[M]．陈静静，译．北京：教育科学出版社，2013．

瑞泽尔．后现代社会理论[M]．谢立中，译．北京：华夏出版社，2003．

萨特．存在与虚无[M]．陈宣良，等译．北京：生活·读书·新知三联书店，1997．

萨瓦特尔．伦理学的邀请——做个好人[M]．于施洋，译．北京：北京大学出版社, 2008.

施皮格伯格. 现象学运动[M]. 王炳文, 张金言, 译. 北京: 商务印书馆, 1995.

史华罗. 中国历史中的情感文化——对明清文献的跨学科文本研究[M]. 林舒俐, 谢琰, 孟琢, 译. 北京: 商务印书馆, 2009.

史密斯. 全球化与后现代教育学[M]. 郭洋生, 译. 北京: 教育科学出版社, 2000.

宋君修. 休谟道德发生理论的先验分析[J]. 西南民族大学学报(人文社会科学版), 2013(11).

苏霍姆林斯基. 公民的诞生[M]. 黄之瑞, 张佩珍, 姚亦飞, 等译. 北京: 教育科学出版社, 2002.

苏霍姆林斯基. 和青年校长的谈话[M]. 赵玮, 等译. 北京: 教育科学出版社, 2009.

苏霍姆林斯基. 育人三部曲——把整个心灵献给孩子[M]. 毕淑芝, 赵玮, 唐其慈, 等译. 北京: 人民教育出版社, 1998.

泰戈尔. 在爱中彻悟: 泰戈尔瞬息永恒集[M]. 刘建, 刘竟良, 译. 天津: 天津人民出版社, 2009.

特纳, 斯戴兹. 情感社会学[M]. 孙俊才, 文军, 译. 上海: 上海人民出版社, 2007.

万俊人. 义利之间: 现代经济伦理十一讲[M]. 北京: 团结出版社, 2003.

王平. 青少年价值观教育中的情感视角[N]. 中国社会科学报, 2016-12-22.

王平. 情感教育视阈下的教师人文素养提升: 理念与行动[J]. 教育科学研究, 2019(3).

王平. 仪式: 一种社会情感与价值观学习维度[N]. 中国教育报, 2017-06-29.

王平. 在集体中育人: "情感性班集体"及其建设路径[J]. 中国教育学刊, 2019(5).

王平. 注重情感性的价值教育实践[N]. 中国社会科学报, 2018-12-06.

王平. 走向"整全人"的价值教育——兼论道德情感与价值的统一关系[J]. 教育研究, 2018(9).

王岳川，刘小枫，韩德力．东西方文化评论(第四辑)[M]．北京：北京大学出版社，1992.

乌克提茨．恶为什么这么吸引我们？[M]．万怡，王莺，译．北京：社会科学文献出版社，2001.

西美尔．现代人与宗教[M]．曹卫东，等译．北京：中国人民大学出版社，2003.

休谟．人性论[M]．关文运，译．北京：商务印书馆，1980.

雅思贝斯．时代的精神状况[M]．王德峰，译．上海：上海译文出版社，1997.

雅斯贝尔斯．什么是教育[M]．邹进，译．北京：生活·读书·新知三联书店，1991.

亚米契斯．爱的教育[M]．梁海涛，蔡雪萍，译．上海：上海人民出版社，2005.

杨自伍．教育：让人成为人[M]．北京：北京大学出版社，2010.

詹姆斯，简克斯，普劳特．童年论[M]．何芳，译．上海：上海社会科学院出版社，2014.

张祥龙．朝向事情本身——现象学导论七讲[M]．北京：团结出版社，2003.

郑信军．青少年的道德情感：结构与发展[M]．杭州：浙江大学出版社，2015.

周辅成．西方伦理学名著选辑(上卷)[M]．北京：商务印书馆，1964.

朱大可．生命中不能承受之乐[J]．文艺争鸣，2007(6).

朱小蔓，李敏．国际全民教育发展对价值观教育的新诉求[J]．全球教育展望，2009(10).

朱小蔓，刘巧利．尊重价值观学习特性及学习者——论中学生社会主义核心价值观教育[J]．中国教育学刊，2016(3).

朱小蔓．情感德育论[M]．北京：人民教育出版社，2005.

朱小蔓．情感教育论纲[M]．北京：人民出版社，2007.

朱小蔓．素质教育之我见[J]．江苏高教，1997(4).

朱小蔓，王平．从情感教育视角看教师如何育人——对落实《中小学德育工作指南》的思考[J]．中国教育学刊，2018(3).

朱小蔓，王平．情感教育视阈下的"情感—交往"型课堂：一种着眼于全局的新人文主义探索[J]. 全球教育展望，2017(1).

朱小蔓，王平. 在职场中生长教师的生命自觉——兼及陶行知"以教人者教己"的思想与实践[J]. 南京师大学报(社会科学版)，2017(3).

朱小蔓. 永恒的道德，无尽的思念——写在俄罗斯著名伦理学家季塔连科教授20周年忌辰[J]. 教育研究，2013(5).

朱小蔓. 与世界著名教育学者对话(第一辑)[M]. 北京：教育科学出版社，2014.

竹立家. 道德价值论[M]. 北京：中国人民大学出版社，1998.

佐藤学. 课程与教师[M]. 钟启泉，译. 北京：教育科学出版社，2003.

A. J. Ayer. Language，Truth and Logic[M]. New York：Dover Publications，1952.

N. K. Denzin. On Understanding Emotion[M]. San Francisco：Jossey-Bass，1984.

M. Rokeach. The Nature of Human Values[M]. New York：The Free Press，1973.

M. S. Pritcharal. Reasonable Children：Moral Education and Moral Learning[M]. Lawrence：University Press of Kansas，1996.

Virginia Held. Feminist Morality[M]. Chicago：University of Chicago Press，1993.

后　记

当今时代，教育不仅是一件关系到个人生命质量和生活福祉的事情，而且作为国家战略成为一项关乎民族和社会发展进步的事业。教育与每个人息息相关，在教育的地位和意义都越来越重要的时代，个人与教育之间的关联是深层次的。

我们看到，很多过去需要依靠教育，准确地说是以识字、记忆等认知发展为着眼点的发展目标和任务已经不能满足当代儿童青少年的发展需要，信息技术和人工智能技术的发展促进了教育的变革。与过去相比，教育现在有更多的机会和空间去关心认知以外的包括人的想象力、创造力等在内的更多元、交叉和深层次的全人发展需要。那些在教育和人类发展历史上早已提出的、人类孜孜以求的心灵和精神需要如今不是不重要了，而是有了被重新提及并得到更多关注的可能性。价值观就是这其中的一个核心议题。

可以说，从有人类开始，便有了价值观和以价值观为核心或者围绕价值观而展开的争论。无论在不同文化和民族之间，还是在人与人之间，价值观的具体表现形式、渗透情况等都可以多种多样，但是人对于价值观的需要以及价值观对于人的重要性都是一样的。如今价值观越来越重要，而价值观教育实践的困难也越来越明显：与教什么、如何教等问题相连，为什么要教、如何有效地教等深层次的问题逐渐暴露在每一位教育工作者面前，等待我们去回答。

价值观教育在整个教育中的位置被不断地强调，甚至在广泛的意义上，我们可以说整个教育都是价值观教育。今天，对这样一个"老话题"进行"新思考"已经不仅是为了弥补某种缺憾或者回应某种要求，还与我们每个人息息相关。因为倘若不如此的话，我们就无法在一个价值观多元而又强调文明互鉴、文化尊重的人类命运共同体时代获得更好的发展和生存。

本书就是对这些问题进行理论思考和实践探索的结果。

需要说明的是，对价值观教育的研究可以有很多不同的视角和立场，而本书基于情感教育思想主张和研究旨趣来立论与展开，既是自己的研究兴趣所在，也多少带着一些学术研究上的"私心"：从 2012 年真正在专业学习上开始情感教育研究以来，常常在不同场合遇到一些专家学者和一线教育工作者，他们将情感教育看作心理学的研究领域，认为情感是和认知相对立的一个范畴，把情感教育看成情绪管理。面对这些误解，我更加感觉到情感教育不仅作为一个教育的实践领域，而且作为一种教育思想的重要性。2015 年博士毕业进入工作岗位后，结合自己一直以来关注道德教育的理论研究和实践，当时便希望能够从"情感"的角度，基于情感教育思想旨趣，对学校价值观教育进行重新审视，期望能够在价值观教育的一些基本理论问题上做出一些探索性的工作。这既是对学校价值观教育和道德教育现象、问题的尝试性解释，也是对情感教育思想理论的一次检验和拓展。

现在全国上下正在经历着一场突如其来的新冠肺炎疫情的考验。在这场没有硝烟的战役中，涌现了许许多多令人感动的人和事，让我们真切地感受到友爱、信任和守望相助的人间大爱。当然，也有一些争论、批评摆在我们面前，考验着我们的价值观和价值判断与选择的能力。我们不仅在其中深切地体会到休戚与共的"同胞"之情，还感受到全球人类的命运相连。这些都说明了价值观不是抽象的，而是与我们的生命和生活同在的；价值观不是可有可无的外在要求，而是我们生命的一部分。正是因为我们生活在一起，我们才成为人，才有对真情和良知的需要，才感受到正义和坚守的可贵。

作为国家社会科学基金教育学青年项目"青少年价值观学习的情感基础研究"的最终成果，本课题的研究得到了很多师长的指导、关心。北京师范大学檀传宝教授、朱旭东教授、周均教授，中央财经大学冯秀军教授，上海师范大学刘次林教授，中国教育科学研究院高宝立研究员、吴安春研究员，南京师范大学顾建军教授、冯建军教授等，都对课题的开展和研究给予了指导、关心。田家炳基金会的项目参与以及北京中学、江苏南通田家炳中学众多一线教师的加盟、参与给课题研究增添了很多不一样的色彩，让我们真正体会到教育实践的智慧。

北京师范大学出版社郭翔欣然允诺出版拙作，他对学术和教育事业的支持令我感动。责任编辑宋星以专业、认真、负责的态度完成书稿的编校工作，为本书增色不少。同时，本书还得到南京师范大学教科院教育学优势学科建设经费的支持和资助，教科院领导和同事给予的鼓励和支持，在此一并致谢！

感谢我的家人。学术研究是辛苦的，常常伴随着孤独。一直以来，我没有太多的时间陪伴他们，他们还默默地承担了大部分的家务，因此我才能更加专心地投入这项研究工作中去。我欠他们的太多太多，但愿在这亲情浇灌中生成的勤劳和热忱是我们共同体悟到的精神财富和价值共识，成为彼此命运相连的纽带。

最后，要特别感谢我的恩师朱小蔓先生。先生是我学业上的导师，更是我人生很多重要时刻的参与者、见证者，是我精神上的引领者。在该项课题的研究过程中，先生不仅一直关心课题的进展，为我在学习和工作期间提供了便利的研究环境，而且多次与我讨论、交流。书中的很多观点都凝结着先生的心血。先生坚持抱病为拙作撰写序言，使我备受感动、鼓舞和鞭策。遗憾的是，还未见到本书正式出版，先生就已经与我们天人永隔，她的序言竟成为她留给我的"最后的教诲"。悲痛之余，唯有谨记先生教导，沿着先生开拓并钟爱一生的研究领域坚持走下去，以慰先生在天之灵，以为教育事业尽自己绵薄之力。

王平

2020 年 10 月 1 日